LE PROGRAM

Développez des jeux 3D avec Unity

Will Goldstone

Traduit par Philippe Beaudran,
avec la contribution technique de Nicolas Colliot,
responsable développement chez Yamago

PEARSON

Publié par Pearson Education France
47 bis, rue des Vinaigriers
75010 PARIS
Tél. : 01 72 74 90 00
www.pearson.fr

Mise en pages : TyPAO

ISBN : 978-2-7440-2426-9

Titre original :
Unity Game Development Essentials

Traduit de l'anglais par Philippe Beaudran
avec la contribution technique de Nicolas Colliot

ISBN original : 978-1-847198-18-1

Édition originale publiée par
Packt Publishing Ltd
32 Lincoln Road, Olton
Birmingham, B27 6PA, UK
www.packtpub.com

Table des matières

À propos de l'auteur

Will Goldstone est concepteur et formateur dans le domaine de l'interactivité et vit dans le Sud-Ouest de l'Angleterre. Il passe beaucoup de temps en ligne à concevoir des sites web et développer des jeux, mais également à proposer des formations en ligne dans de nombreuses disciplines liées à l'interactivité.

Ayant découvert Unity dans sa première version, il s'emploie depuis à promouvoir le concept de «développement de jeux accessible à tous». Il utilise Unity pour créer des jeux destinés au web et à l'iPhone d'Apple.

Vous pouvez contacter Will Goldstone par le biais de son blog – **www.willgoldstone.com** –, sur lequel vous en apprendrez plus sur ces différentes activités en ligne. Il consacre son temps libre à la conception graphique, à écrire de la musique et à jouer au frisbee sur la plage.

Je voudrais remercier ma famille et mes amis pour leur soutien durant la réalisation de cet ouvrage, qui n'existerait pas sans eux. Je remercie également les membres de l'équipe Unity Technologies et les participants au canal IRC Unity pour leur patience lorsque j'ai commencé à m'intéresser au développement dans Unity. Un grand merci à Dan Blacker, Joachim Ante, Emil Johansen, Cliff Peters, Tom Higgins, Charles Hinshaw, Neil Carter, ToreTank, Mike Mac, Duckets, Joe Robins, Daniel Brauer, Dock, oPless, Thomas Lund, Digitalos et à tous ceux que j'oublie.

Préface

Unity est un outil de création 3D pour Mac OS et Windows. Les moteurs de jeux sont les mécanismes qui fonctionnent en coulisse de tous les jeux vidéo. Ce "moteur" prend les décisions, qu'il s'agisse des graphismes ou des mathématiques qui régissent chaque image à l'écran. À partir du rendu – l'affichage des graphismes à l'écran, l'intégration d'une méthode de contrôle et d'un ensemble de règles à suivre pour le jeu –, les développeurs s'appuient sur le moteur pour "construire" le jeu. Les moteurs de jeu 3D actuels reposent sur une quantité impressionnante de code méticuleusement écrit. C'est pourquoi ils sont souvent revendus, modifiés et réutilisés, une fois que le jeu pour lequel ils ont été créés est terminé. Le moteur Unreal Engine d'Epic Games en est un bon exemple. Développé à l'origine, à la fin des années 90 pour Unreal – un jeu de tir à la première personne (FPS) –, il a ensuite été réutilisé sous licence par d'autres développeurs et a connu un énorme succès dans des centaines de simulations et de jeux commerciaux plus récents.

En raison du niveau de complexité et du coût que représente la création de tels moteurs de jeu commerciaux, il est très difficile de se lancer dans l'industrie du jeu vidéo sans étudier en profondeur les langages de programmation comme le C++. En effet, les jeux sur console et ordinateur sont construits autour du C++ car il s'agit du langage le plus efficace en termes de rapidité de calcul actuellement, et que la structure et les commandes des moteurs de jeux commerciaux exigent des milliers et des milliers de ces lignes de code pour fonctionner. Le code de Unity utilise la compilation juste-à-temps (JIT, *Just In Time*) et la bibliothèque C++ Mono (libre de droits et d'accès au code source). Grâce à la compilation JIT, le code écrit pour Unity est compilé par Mono juste avant son exécution. C'est essentiel pour les jeux qui doivent exécuter du code à des moments précis. En plus de la bibliothèque Mono, les fonctionnalités Unity tirent également parti d'autres bibliothèques logicielles, comme le moteur physique PhysX de Nvidia, OpenGL et DirectX pour le rendu 3D et OpenAL pour l'audio. Toutes ces bibliothèques sont intégrées à l'application, si bien que vous n'aurez pas besoin d'apprendre à utiliser chacune d'entre elles ; il vous suffit d'apprécier ce qu'elles vous permettent de réaliser en toute transparence dans Unity.

Les développeurs de moteurs de jeux construisent également des outils pour commander les fonctions de code qu'ils ont créées. Par exemple, un ensemble d'instructions définit la forme (ou topographie) d'un terrain, son aspect visuel, et même la façon dont sont gérées ses déformations dans le jeu. Mais cet ensemble d'instructions serait inefficace en tant qu'élément du moteur de jeu s'il n'était pas relié à un outil visuel permettant de contrôler ces propriétés. Souvent, les développeurs de moteur de jeu créent donc une interface graphique (GUI, *Graphical User Interface*) afin que les membres de l'équipe de développement du jeu puissent plus facilement manipuler les éléments du moteur. Ces outils facilitent non seulement le processus de création du jeu mais rendent également le moteur accessible aux acheteurs potentiels et aux équipes de postproduction. Cela est également vrai pour Unity, et une très importante communauté d'utilisateurs partage ses outils sous forme de plugins. Pour en savoir plus, visitez le wiki de la communauté Unify à l'adresse : **http://www.unifycommunity.com/wiki**.

Beaucoup de personnes tentées par le développement se heurtent à la difficulté d'apprendre les langages de programmation comme C++ et les moteurs qui l'utilisent. Si on n'a pas suivi des études de programmation ou d'animation par ordinateur, il est en effet difficile de se lancer dans l'apprentissage des concepts, des méthodes et des principes de conception nécessaires à la production de jeux vidéo. Unity Technologies est une des entreprises qui a décidé de rectifier cette situation. Après avoir créé son propre moteur de jeu en 2001, cette société de développement de jeux danoise a cherché à rendre ses outils abordables en offrant une solution simple axée sur l'utilisateur que tout le monde puisse utiliser. L'équipe a choisi de conserver le code source qui alimente le moteur dans les coulisses et de fournir une interface graphique complète afin que l'utilisateur puisse contrôler le code source de ce puissant moteur sans jamais avoir à créer lui-même de nouveaux éléments dans celui-ci. Ce facteur a rendu Unity très populaire auprès des nouveaux développeurs et explique probablement pourquoi vous lisez cet ouvrage. En définissant des concepts logiques et en regroupant par catégorie les méthodes communes utilisées pour produire des jeux, Unity met la puissance de son moteur au service de l'utilisateur, lui permettant d'obtenir un maximum de résultats avec un minimum d'efforts, afin qu'il se concentre sur le facteur le plus crucial de tous : le gameplay (la jouabilité).

En attirant de nombreux développeurs de jeux, Unity a comblé un vide sur le marché du développement des jeux vidéo, ce que peu d'éditeurs peuvent prétendre. Unity est en effet l'un des moteurs de jeux les plus dynamiques de son secteur car il permet de produire des jeux 3D professionnels aussi bien sur Mac, sur PC ou sur le Web. Comme le moteur existe également dans des versions destinées à la Nintendo Wii et à l'iPhone d'Apple, il offre un accès au marché des ordinateurs mais aussi à celui des consoles et des mobiles une fois que vous maîtrisez les bases.

L'évolution rapide de l'industrie du divertissement et du marketing nécessite que les jeux soient produits rapidement. Aussi, de nombreuses entreprises se tournent vers des solutions intégrées comme Unity pour que leurs créateurs sortent de meilleurs produits le plus facilement possible. Depuis la sortie en 2009 de la version 2.5 et ses premiers pas sous Windows, Unity est de plus en plus utilisé. Mais qu'est-ce que Unity ? Comment fonctionne-t-il ? Que peut-il réaliser ? Et surtout, comment ce programme permet-il de développer des jeux 3D en seulement quelques semaines ?

Le contenu de cet ouvrage

Ce livre est conçu pour couvrir un ensemble d'exemples faciles à suivre, qui culminent dans la production d'un jeu de tir à la première personne (FPS) en 3D dans un environnement interactif (une île). En abordant les concepts communs aux jeux et à la production 3D, vous allez voir comment utiliser Unity pour créer un personnage jouable qui interagit avec le monde du jeu et comment réaliser des énigmes que le joueur devra résoudre pour terminer la partie.

Voici un aperçu, chapitre par chapitre, des thèmes abordés :

- **Chapitre 1. Bienvenue dans la troisième dimension.** Ce chapitre couvre les concepts clés que vous aurez besoin de comprendre pour compléter l'exercice de ce livre. Il présente rapidement les concepts 3D et les processus utilisés par Unity pour créer des jeux.
- **Chapitre 2. Environnements.** Votre monde virtuel est, à l'origine, totalement vide ! Vous allez donc commencer par étudier les différentes manières d'intégrer des terrains, d'importer des modèles 3D créés en dehors de Unity. Vous découvrirez également comment utiliser d'autres fonctionnalités du moteur Unity comme le son et les lumières afin de définir l'environnement du jeu et de le rendre fonctionnel.
- **Chapitre 3. Personnages jouables.** Chaque jeu a besoin d'un héros, n'est-ce pas ? Au cours de ce chapitre, vous étudierez chacun des éléments qui constituent le personnage incarné par le joueur, depuis les contrôles d'entrée en passant par les caméras et la gestion des collisions. Une fois que vous aurez appris de quoi est formé le personnage du joueur, vous l'intégrerez dans l'environnement du jeu et vous effectuerez une petite promenade sur votre île.
- **Chapitre 4. Interactions.** Les jeux vidéo reposent avant tout sur les interactions dans le monde virtuel. Que serait un personnage jouable s'il ne pouvait effectuer aucune action ? Nous présenterons donc ici la détection de collision et le raycasting. Vous verrez comment combiner ces techniques avec du code et des animations pour transformer votre création statique en éléments qui réagissent aux actions du joueur.
- **Chapitre 5. Éléments préfabriqués, collections et HUD.** Il est essentiel de donner au joueur un sentiment d'accomplissement dans le jeu. Pour cela, vous aurez besoin de lui rappeler les actions qu'il a effectuées et de lui donner un but à atteindre. Pour cela, vous créerez un système d'affichage tête haute ou HUD (*Heads Up Display*). Autrement dit, vous apprendrez comment afficher du texte et des illustrations qui changent dynamiquement au cours du jeu.

  Vous réaliserez ensuite un mini-jeu de collecte d'objets, dans lequel le personnage du joueur devra ramasser des piles pour pouvoir entrer dans un bâtiment de l'île.

- **Chapitre 6. Instanciation et corps rigides.** Presque tous les scénarios de jeu que vous pouvez imaginer imposent de créer ou de "reproduire" des objets dans l'environnement. Il est essentiel pour tous les développeurs débutants de connaître et de savoir utiliser cette notion, appelée *instanciation* en programmation, qui consiste à créer des objets lors de l'exécution du jeu.

  Vous verrez comment améliorer l'interactivité de votre jeu en créant un jeu de tir simple ; en lançant des objets sur des cibles, le joueur pourra débloquer une partie de l'environnement. Vous découvrirez ainsi non seulement l'instanciation, mais aussi comment utiliser les corps rigides.

- **Chapitre 7. Systèmes de particules.** De nos jours, un jeu en 3D doit impérativement proposer quelques effets visuels intéressants pour attirer le joueur. Dans ce dessein, vous créerez un feu de bois pour que le personnage du jeu se réchauffe. Pour cela, vous utiliserez deux systèmes de particules, l'un pour les flammes et l'autre pour la fumée.

  Vous verrez comment les systèmes de particules permettent d'imiter le comportement d'un feu et comment rendre chaque particule réaliste en utilisant des images. Enfin, vous éteindrez ce feu afin de donner un objectif au joueur : l'allumer pour ne pas périr de froid !

- **Chapitre 8. Conception de menus.** Pour qu'un jeu soit agréable, ses menus doivent avoir un aspect professionnel et être faciles à utiliser. Qui voudrait d'un jeu dont le bouton Démarrer est impossible à trouver ? Ce chapitre abordera les différentes façons de créer des menus et d'autres interfaces utilisateur avec lesquelles le joueur pourra interagir.

  Vous élaborerez des menus en utilisant à la fois les textures GUI et la classe GUI afin de créer des interfaces redimensionnables qui puissent être utilisées aussi bien dans les jeux destinés au Web que dans les applications autonomes.

- **Chapitre 9. Dernières retouches.** Lorsque vous réalisez un jeu, en particulier dans Unity, il arrive un moment où vous créez un élément interactif dont vous êtes si fier que vous souhaitez lui ajouter une touche supplémentaire pour le mettre en valeur.

  Au fil de ce chapitre, nous détaillerons l'utilisation du son, les effets de lumière, le rendu des traînées lumineuses et d'autres effets dynamiques simples à implémenter, afin de transformer votre simple jeu fonctionnel en produit fini.

- **Chapitre 10. Compilation et partage.** Vous verrez comment exporter votre jeu pour le Web et en tant que projet autonome. Nous étudierons les différents réglages dont vous devez tenir compte lorsque vous préparez le produit fini, comme la qualité graphique, les commandes de contrôles, et plus encore.

- **Chapitre 11. Procédures de tests et lectures complémentaires.** Vous verrez comment continuer votre apprentissage au-delà de cet ouvrage et comment recueillir des informations auprès des testeurs pour améliorer votre jeu. Nous vous aiderons à préparer votre projet pour qu'il soit testé par un large public afin de recueillir des avis et des commentaires et produire des jeux encore meilleurs !

Ce dont vous avez besoin

Pour réaliser les exercices de cet ouvrage, il vous faut :

- Une copie installée du logiciel Unity (une version d'essai est disponible sur le site **Unity3D.com**).
- Une connexion Internet afin de télécharger des modèles 3D et des ressources depuis la page dédiée à cet ouvrage sur le site de Pearson (**http://www.pearson.fr**).
- Un ou plusieurs logiciels de modélisation 3D, bien que cela ne soit pas obligatoire. Tous les matériaux utilisés sont fournis. Si vous débutez dans le domaine de la modélisation, vous pouvez télécharger une application gratuite compatible avec Unity comme Blender sur le site **Blender.org**.

À qui s'adresse cet ouvrage

Formateur sur Unity depuis plusieurs années, j'ai découvert que le principal grief de ses utilisateurs ne portait pas sur le logiciel lui-même, mais plutôt sur le manque de didacticiels destinés aux novices ne possédant pas une formation en programmation.

Dans le contexte actuel, cette situation est rare, bien sûr, mais un outil comme Unity, qui facilite autant la production, accroît l'urgence d'un tel guide didacticiel.

Si vous êtes un concepteur ou un animateur qui souhaite faire ses premiers pas dans le développement de jeux vidéo, ou si vous avez tout simplement passé de nombreuses heures assis devant des jeux vidéo et que vous fourmilliez d'idées, Unity et ce livre pourraient constituer le point de départ idéal. Nous supposons que vous n'avez aucune connaissance en production de jeux vidéo et nous vous expliquons tout depuis le commencement. Nous vous demandons simplement d'être passionné et de vouloir réaliser de grands jeux.

Conventions typographiques

Cet ouvrage utilise plusieurs styles de texte afin d'établir une distinction entre les différents types d'informations. En voici quelques exemples ainsi qu'une explication de leur signification.

Le code qui apparaît dans le corps du texte est présenté de la manière suivante : "Nous pouvons inclure d'autres contextes, par l'utilisation de la directive `include`".

Voici un exemple de bloc de code :

```
if(collisionInfo.gameObject.name == "matchbox"){
  Destroy(collisionInfo.gameObject);
  haveMatches=true;
  audio.PlayOneShot(batteryCollect);
```

Les nouveaux termes et les mots importants sont en *italiques*. Les mots affichés à l'écran, dans les menus ou les boîtes de dialogue, par exemple, seront en petites capitales comme ceci : "Cliquez sur le bouton SUIVANT pour passer à l'écran suivant."

Dans la notation des raccourcis clavier, la première variante est toujours pour Mac OS, la seconde pour Windows. Appuyez sur Entrée/F2 signifie donc Entrée sur Mac OS et F2 sur Windows.

Codes sources en ligne

Les fichiers des exemples de code ainsi que les instructions permettant de les utiliser sont disponibles depuis le site Pearson (**http://www.pearson.fr**) en suivant le lien "Codes sources" à la page consacrée à cet ouvrage.

1

Bienvenue dans la troisième dimension

Avant de commencer à utiliser un programme 3D, vous devez impérativement comprendre l'environnement dans lequel vous allez travailler. Comme Unity est avant tout un outil de développement 3D, beaucoup de notions développées dans ce livre demandent que vous compreniez en quoi consistent le développement 3D et les moteurs de jeux. Il est essentiel de cerner ces notions avant d'aborder les questions pratiques des chapitres suivants.

Comprendre la 3D

Étudions les principaux éléments des mondes 3D et la façon dont Unity permet de développer des jeux en trois dimensions.

Les coordonnées

Si vous avez déjà travaillé avec un programme d'illustration 3D auparavant, la notion d'*axe Z* vous est probablement familière. L'axe Z représente la profondeur et s'ajoute aux axes X, pour le plan horizontal, et Y, pour le plan vertical. Dans les applications 3D, les informations sur les objets sont indiquées selon un système de *coordonnées cartésiennes*, autrement dit au format X, Y, Z. Les dimensions, les valeurs de rotation et les positions dans le monde 3D peuvent toutes être décrites de cette façon. Dans ce livre, comme dans d'autres documents concernant la 3D, ces informations sont écrites entre parenthèses, de la manière suivante :

(10, 15, 10)

Cette écriture s'explique principalement pour des raisons de clarté, mais aussi parce que ces valeurs doivent être écrites de cette façon dans le code. Indépendamment de leur présentation, vous pouvez partir du principe que tout ensemble de trois valeurs séparées par des virgules est présenté dans l'ordre X, Y, Z.

L'espace local et l'espace global

La différence entre *l'espace local* et *l'espace global* est une notion essentielle. Dans tout logiciel 3D, le monde virtuel est techniquement infini, si bien que cela peut être difficile de garder une trace de l'emplacement des objets qu'il contient. Dans tous les univers 3D, il existe un point d'origine, aussi dénommé *zéro*, et représenté par les coordonnées (0, 0, 0).

Toutes les coordonnées des objets 3D sont relatives à l'origine globale. Cependant, pour rendre les choses plus simples, on utilise également l'espace local (également appelé *espace de l'objet*) pour définir la position des objets les uns par rapport aux autres (voir Figure 1.1). L'espace local suppose que chaque objet possède sa propre origine, qui correspond à celle de ses poignées d'axes – il s'agit généralement du centre de l'objet. En créant des relations entre les objets, on peut alors comparer leurs positions les uns par rapport aux autres. Ces relations, appelées *relations parent-enfant*, permettent de calculer les distances entre les objets en utilisant l'espace local, la position de l'objet parent devenant la nouvelle origine pour chacun de ses objets enfants. Pour en savoir plus sur les relations parent-enfant, reportez-vous au Chapitre 3, "Personnages jouables".

Figure 1.1

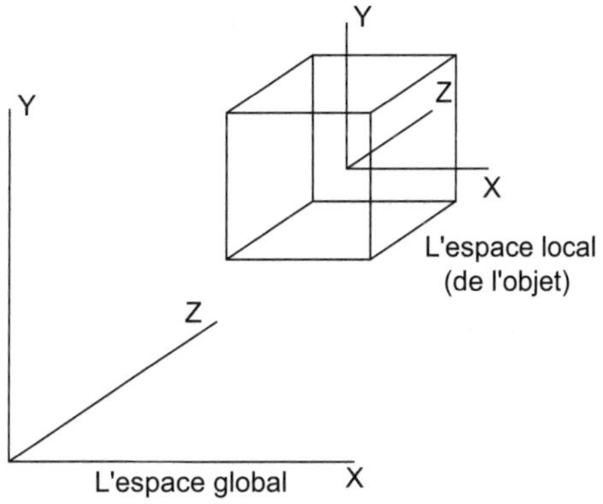

Les vecteurs

Vous verrez également des vecteurs 3D décrits en coordonnées cartésiennes. Comme leurs homologues 2D, ce sont simplement des lignes tracées dans le monde en 3D qui possèdent une direction et une longueur. Les vecteurs peuvent être déplacés dans l'espace global mais restent inchangés. Ils sont utiles dans le contexte d'un moteur de jeu, car ils permettent de calculer la direction des objets ainsi que les distances et les angles relatifs entre les objets.

Les caméras

Les caméras sont essentielles dans le monde 3D, car elles offrent un point de vue sur ce qui s'affiche à l'écran. Leur champ de vision ayant une forme de pyramide, elles peuvent être disposées à n'importe quel point dans le monde, être animées ou attachées à des personnages ou des objets comme éléments du scénario d'un jeu.

Les caméras 3D ont un *champ de vision* (FOV, *Field of Vision*) réglable et offrent un point de vue sur le monde 3D. Dans les moteurs de jeu, vous remarquerez que les effets de lumière, les flous de mouvement et les autres effets sont appliqués à la caméra pour simuler la vision de l'œil humain sur le monde du jeu – vous pouvez même ajouter quelques effets cinématographiques, comme les effets de réflexion du soleil sur l'objectif.

La plupart des jeux 3D modernes utilisent plusieurs caméras pour montrer certaines parties du monde du jeu que la caméra attachée au personnage n'est pas en train d'examiner – comme un "cut", pour reprendre un terme cinématographique. Dans Unity, il est possible d'utiliser plusieurs caméras dans une seule scène et de les contrôler à l'aide du code, pour que chacune d'elles devienne à tout moment la caméra principale lors de l'exécution du jeu.

Plusieurs caméras peuvent aussi être utilisées dans un jeu pour contrôler séparément le rendu de certains éléments 2D et 3D lors du processus d'optimisation. Vous pouvez, par exemple, regrouper des objets sur des calques puis paramétrer les caméras afin qu'elles procèdent uniquement au rendu des objets sur certains calques. Vous contrôlez mieux ainsi les rendus individuels de certains éléments dans le jeu.

Les polygones, les arêtes, les sommets et les maillages

Tous les objets 3D se composent de formes 2D interconnectées appelées *polygones*. Lorsque vous importez des modèles créés dans un programme de modélisation, Unity convertit tous les polygones en *polygones triangles* (appelés également *faces*), qui sont, à leur tour, formés de trois *arêtes* connectées. Les points de jonction des arêtes sont appelés *points* ou *sommets*. Quand les moteurs de jeux connaissent ces sommets, ils peuvent effectuer des calculs sur les points d'impact, connus sous le nom de *collisions*, en utilisant une détection de collision complexe grâce aux *Mesh Colliders* (selon le maillage même de l'objet), comme dans les jeux de tir pour détecter l'emplacement exact où une balle a touché un autre objet. En combinant beaucoup de polygones reliés entre eux, les applications de modélisation 3D permettent de construire des formes complexes, les *maillages*. Outre la construction de formes en 3D, les données stockées dans les maillages ont de nombreuses autres utilisations, par exemple être utilisées comme surfaces sur lesquelles les objets peuvent se déplacer, en suivant les sommets.

Il est crucial que le développeur d'un projet de jeu comprenne l'importance du décompte de polygones. Cette quantité de polygones indique le nombre total de polygones utilisés par un modèle mais aussi dans un niveau de jeu entier. Plus ce nombre est élevé et plus l'ordinateur est sollicité pour procéder au rendu des objets à l'écran. Cela explique pourquoi le niveau de détail a augmenté au cours des dix dernières années, depuis les premiers jeux en 3D à ceux d'aujourd'hui – il suffit pour s'en convaincre de comparer visuellement les jeux *Quake* d'Id Software (1996) de *Gears Of War* d'Epic Games (2006). Grâce à l'amélioration des technologies, les développeurs de jeux peuvent maintenant utiliser un nombre beaucoup plus élevé de polygones pour les personnages et les mondes 3D de leurs jeux. Et il n'existe aucune raison que cette tendance s'inverse.

Les matériaux, les textures et les shaders

Les *matériaux* sont un concept commun à toutes les applications 3D. Ils fournissent le moyen de définir l'apparence visuelle d'un modèle 3D. Ils gèrent tout, des couleurs de base aux surfaces réfléchissantes constituées d'images.

À partir d'une simple couleur et de la possibilité d'utiliser une ou plusieurs images – connues sous le nom de *textures* – dans un seul matériau, celui-ci fonctionne avec le *shader*, qui est un script chargé du style de rendu. Avec un shader de réflexion, par exemple, le rendu du matériau réfléchira les objets environnants tout en conservant sa couleur ou l'apparence de l'image qui lui est appliquée comme texture.

Dans Unity, les matériaux sont simples à utiliser. Tous les matériaux créés dans votre logiciel de modélisation 3D seront importés et recréés automatiquement par le moteur de Unity, en tant que ressources que vous pouvez ensuite utiliser. Vous pouvez également créer vos propres matériaux à partir de zéro, en définissant des images comme fichiers de texture et en sélectionnant un shader dans une grande bibliothèque intégrée. Vous pouvez aussi rédiger vos propres scripts de shader ou implémenter ceux écrits par des membres de la communauté Unity, ce qui vous offre une plus grande liberté par rapport aux éléments fournis.

Fondamentalement, lors de la création de textures pour un jeu dans un logiciel graphique comme Photoshop, vous devez être conscient de la résolution. Les textures d'un jeu doivent être de forme carrée et leurs dimensions des puissances de 2. Autrement dit, elles doivent avoir les dimensions suivantes :

- 128 × 128
- 256 × 256
- 512 × 512
- 1 024 × 1 024

Le moteur du jeu pourra utiliser des textures de ces dimensions comme tiles – les juxtaposer pour former une surface. Vous devez également tenir compte de la taille du fichier de texture, car ses dimensions ont un impact direct sur la puissance de traitement exigée par l'ordinateur du joueur. Par conséquent, pensez toujours à donner à vos illustrations la plus petite taille 2D possible, sans trop sacrifier à la qualité.

La physique des corps rigides

Pour les développeurs de moteurs de jeux, le *moteur physique* constitue un moyen de simuler les conditions du monde réel pour les objets dans les jeux. Dans Unity, le moteur du jeu utilise PhysX de Nvidia, un moteur physique commercial très employé et très précis.

Dans les moteurs de jeux, un objet n'est pas soumis aux lois de la physique par défaut. La raison en est que cela exigerait beaucoup de puissance de calcul, mais aussi parce qu'il est inutile d'utiliser le moteur physique sur tous les objets. Dans un jeu de voitures en 3D, par exemple, il est logique que les voitures soient soumises à l'influence du moteur physique, mais il n'y a aucune raison que cela soit le cas de la piste ou des objets environnants, comme les arbres, les murs, etc. C'est pourquoi vous devez assigner un composant

RigidBody (corps rigide) à chaque objet que le moteur physique doit contrôler lors de la création du jeu.

Les moteurs physiques des jeux utilisent le système dynamique des corps rigides pour créer un mouvement réaliste. Ainsi, au lieu d'être de simples objets statiques dans le monde en 3D, ils peuvent posséder les propriétés suivantes :

- Masse
- Gravité
- Vélocité
- Friction

Comme la puissance du matériel et des logiciels augmente, la physique des corps rigides, qui permet des simulations variées et réalistes, est de plus en plus largement utilisée dans les jeux (voir Chapitre 6, "L'instanciation et les corps rigides").

La détection de collision

Plus cruciale dans les moteurs de jeu que dans l'animation 3D, la détection de collision est la façon d'analyser le monde 3D pour les collisions entre objets. En donnant un composant Collider (composant de collision) à un objet, on place effectivement un filet invisible autour de ce dernier. Ce filet imite la forme de l'objet et il est chargé de signaler toute collision avec d'autres colliders afin que le moteur de jeu réagisse en conséquence. Dans un jeu de bowling, par exemple, un simple collider sphérique entoure la boule, tandis que les quilles ont soit un collider simple en forme de capsule, soit un Mesh Collider (un composant de collision respectant le maillage de l'objet) pour une collision plus réaliste. Au moment de l'impact, les colliders de tous les objets touchés envoient un rapport au moteur physique qui leur dicte leur réaction en fonction de l'orientation de l'impact, de la vitesse et d'autres facteurs.

Dans cet exemple, si on emploie un Mesh Collider qui suit exactement à la forme de la quille, le résultat est plus précis mais aussi plus *coûteux* en termes de calcul. Autrement dit, la puissance de calcul demandée à l'ordinateur est plus importante, ce qui se traduit par une baisse des performances – d'où le terme coûteux.

Les concepts essentiels de Unity

Unity simplifie le processus de production d'un jeu en proposant une série d'étapes logiques pour construire tous les scénarios de jeu que vous pouvez imaginer. Unity n'est pas spécifique d'un type de jeu ; le programme offre un canevas vierge et un ensemble de procédures cohérentes afin que votre imagination soit la seule limite à votre créativité. Grâce au concept de *Game Object* (GO), vous pouvez scinder les éléments du jeu en objets faciles à gérer, constitués de nombreux *composants* individuels. En individualisant chaque objet dans le jeu, puis en lui ajoutant des composants pour le rendre fonctionnel, vous êtes en mesure d'étendre votre jeu à l'infini d'une manière progressive et logique. Les composants possèdent des variables – pour l'essentiel des paramètres permettant de les contrôler. En ajustant ces variables, vous contrôlez totalement l'effet que ce composant a sur votre objet. Prenons un exemple simple.

Le fonctionnement de Unity

Pour intégrer une balle qui rebondit dans le cadre d'un jeu, par exemple, on commence par créer une sphère, ce qui peut rapidement être réalisé à partir des menus de Unity. On obtient alors un nouveau Game Object possédant un maillage en forme de sphère (un filet de forme 3D) et un composant RENDERER (de rendu) pour qu'il soit visible. On peut ensuite ajouter un corps rigide (composant RIGIDBODY) pour indiquer à Unity que l'objet doit utiliser le moteur physique. Ce composant intègre les propriétés physiques de masse et de gravité ainsi que la capacité d'appliquer des forces à l'objet, soit lorsque le joueur agit dessus, soit lorsqu'il entre en collision avec un autre objet. La sphère va maintenant tomber sur le sol lors de l'exécution du jeu, mais comment la faire rebondir ? C'est simple ! Le composant COLLIDER possède une variable *Physic Material* – un paramètre du composant RIGIDBODY qui définit la réaction de celui-ci au contact des surfaces des autres objets. Il suffit donc de sélectionner le paramètre prédéfini *Bouncy* pour obtenir une balle qui rebondit en seulement quelques clics.

Cette approche simplifiée pour les tâches les plus élémentaires, comme dans l'exemple précédent, semble prosaïque au premier abord. Toutefois, vous découvrirez bientôt qu'elle permet de réaliser très simplement des tâches plus complexes. Étudions rapidement les concepts clés de Unity.

Les ressources

Ce sont les composants de base de tous les projets Unity. Des éléments graphiques sous forme de fichiers image, aux modèles 3D en passant par les fichiers son, Unity désigne tous les fichiers utilisés pour créer un jeu comme des ressources (*assets*). C'est pourquoi tous les fichiers utilisés dans le dossier d'un projet Unity sont stockés dans un dossier enfant nommé Assets.

Info

*Ce livre s'accompagne de fichiers de ressources disponibles sur la page dédiée à cet ouvrage sur le site Pearson (***http://www.pearson.fr***). Téléchargez et décompressez cette archive pour profiter de son contenu. Ce processus fait partie intégrante du développement d'un jeu dans Unity.*

Les scènes

Considérez les *scènes* comme des niveaux de jeu individuels ou des zones de contenu (les menus, par exemple). En construisant votre jeu avec de nombreuses scènes, vous pourrez répartir les temps de chargement et tester les différentes parties une par une.

Les objets de jeu (Game Objects)

Lorsqu'une ressource est utilisée dans une scène de jeu, elle devient un nouvel objet de jeu, ou Game Object, que Unity désigne sous le nom de *GameObject*, en particulier dans les scripts. Tous les GameObjects contiennent au moins un composant : TRANSFORM, qui indique simplement au moteur de Unity la position, la rotation et l'échelle d'un objet – tous décrits en coordonnées X, Y, Z (ou en dimensions dans le cas de l'échelle). La position, la rotation ou l'échelle d'un objet peut également être définie dans les scripts. À partir de ce premier composant, vous allez construire d'autres objets de jeu possédant d'autres composants afin d'ajouter les fonctionnalités nécessaires à la construction de toutes les parties du jeu.

Les composants

Les composants se présentent de différentes manières. Ils peuvent être utilisés pour créer un comportement, définir l'apparence ou exercer une influence sur la fonction d'un objet dans le jeu. En "attachant" les composants à un objet, vous pouvez appliquer immédiatement de nouveaux éléments du moteur de jeu à votre objet. Les composants les plus courants pour créer des jeux sont fournis avec Unity, depuis le composant RIGIDBODY, mentionné plus tôt, jusqu'aux éléments plus simples comme les lumières, les caméras, les émetteurs de particules, etc. Pour créer des éléments plus interactifs dans le jeu, vous écrirez des scripts, qui sont considérés comme des composants dans Unity.

Les scripts

Tout en étant considérés comme des composants par Unity, les *scripts* sont un élément essentiel de la création de jeux et méritent, à ce titre, d'être vus comme une notion clé. Dans ce livre, vous écrirez vos scripts en JavaScript, mais Unity offre également la possibilité d'utiliser les langages C# et Boo (un dérivé du langage Python). Nous avons choisi de présenter Unity avec du code JavaScript car il s'agit d'un langage de programmation fonctionnel dont la syntaxe est simple. En outre, certains d'entre vous ont peut-être déjà rencontré JavaScript dans d'autres logiciels, comme son dérivé ActionScript dans Adobe Flash, ou l'ont utilisé pour le développement web.

Unity ne nécessite pas d'apprendre le fonctionnement du code de son propre moteur ni de savoir comment le modifier, mais vous utiliserez des scripts dans presque tous les scénarios de jeu que vous développerez. Ces scripts sont assez simples et aisément compréhensibles après quelques exemples, car Unity possède sa propre classe prédéfinie de comportement – un ensemble d'instructions auxquelles vous ferez appel. Les scripts peuvent être intimidants, en particulier pour les nouveaux utilisateurs de Unity qui ne connaissent que la phase de conception et découvrent le développement. Nous allons les présenter étape par étape, afin de vous en montrer l'importance et les possibilités qu'ils offrent.

Pour écrire des scripts, vous pourrez utiliser l'éditeur de script autonome de Unity. Sous Mac OS, cette application s'appelle *Unitron*, et sous Windows, *Uniscite*. Ces applications distinctes se trouvent dans le dossier de Unity sur votre ordinateur. Elles s'ouvrent chaque fois que vous créez ou modifiez un script. Lorsque vous modifiez les scripts et que vous les enregistrez dans l'éditeur de script, celui-ci est immédiatement mis à jour dans Unity. Vous pouvez également choisir votre propre éditeur de script dans les Préférences de Unity si vous le souhaitez.

Les éléments préfabriqués

L'approche du développement dans Unity repose principalement sur la notion de GameObject, mais le programme propose également une façon astucieuse de stocker les objets comme ressources afin de pouvoir les réutiliser dans différentes parties d'un jeu, en les "reproduisant" ou les "clonant" à tout moment. En créant des objets complexes constitués de différents composants et paramètres, vous construisez de fait un modèle que vous pouvez réutiliser plusieurs fois, chaque instance pouvant être modifiée individuellement. Prenons l'exemple d'une caisse : vous pouvez définir la masse de cet objet dans le jeu et écrire des comportements scriptés pour sa destruction. Vous utiliserez probablement cet objet plus d'une fois dans le même jeu, voire peut-être dans d'autres jeux que celui pour lequel il a été conçu.

Les éléments *préfabriqués* permettent de stocker l'objet complet, ses composants et sa configuration actuelle. Considérez simplement les éléments préfabriqués comme des conteneurs vides dans lesquels vous stockerez des objets pour former un modèle de données réutilisable, comparable à la notion de *MovieClip* dans Adobe Flash.

L'interface

Les différents panneaux qui composent l'interface de Unity peuvent être ancrés et déplacés. Comme dans de nombreux autres environnements de travail, vous pouvez donc personnaliser l'apparence de l'interface. Étudions la disposition par défaut :

Figure 1.2

Comme le montre la Figure 1.2 (version Windows), l'interface se compose de cinq panneaux :

- SCENE [1]. Le panneau où le jeu est créé.
- HIERARCHY [2]. Contient la liste des GameObjects présents dans la scène.
- INSPECTOR [3]. Les paramètres de l'objet ou de la ressource actuellement sélectionné.
- GAME [4]. Le panneau de prévisualisation, actif uniquement en mode Lecture.
- PROJECT [5]. Contient la liste des ressources de votre projet et agit comme une bibliothèque.

Les panneaux *Scene* et *Hierarchy*

Le panneau SCENE est celui dans lequel se construit la totalité d'un projet de jeu dans Unity. Il offre par défaut une vue en perspective (entièrement en 3D) mais il peut présenter une vue de haut, du bas, de côté ou de face. Il s'agit du rendu complet et modifiable de l'univers du jeu que vous créez. Faites glisser une ressource dans ce panneau pour qu'elle devienne un objet de jeu. La vue du panneau SCENE est liée au panneau HIERARCHY, qui répertorie tous les objets actifs dans la scène actuellement ouverte par ordre alphabétique croissant.

Figure 1.3

Le panneau SCENE s'accompagne de quatre boutons de contrôle très utiles (voir Figure 1.3). Ces contrôles, accessibles à l'aide des raccourcis clavier Q, W, E et R, permettent d'exécuter les opérations suivantes :

- **Hand (Main) [Q].** Permet de naviguer dans le panneau SCENE afin de visualiser différentes parties du monde ou depuis différents angles. Maintenez la touche Alt enfoncée pour faire pivoter la vue et la touche Cmd (Mac OS) ou Ctrl (Windows) pour zoomer. Appuyez également sur la touche Maj pour effectuer ces changements de perspective plus rapidement.
- **Translate (Translation) [W].** C'est l'outil de sélection. Vous pouvez totalement interagir avec le panneau SCENE et repositionner un objet à l'aide de ses poignées d'axe dans ce panneau après l'avoir sélectionné dans les panneaux HIERARCHY ou SCENE.
- **Rotate (Rotation) [E].** Il fonctionne de la même manière que l'outil TRANSLATE, les poignées d'axe permettant de faire tourner l'objet sélectionné autour de chacun de ses axes.
- **Scale (Échelle) [R].** Là encore, le fonctionnement est identique à celui des outils TRANSLATE et ROTATE. Cet outil permet d'ajuster la taille ou l'échelle d'un objet à l'aide de ses poignées.

Lorsque vous sélectionnez un objet dans le panneau SCENE ou HIERARCHY, il est immédiatement sélectionné dans les deux panneaux et ses propriétés s'affichent dans le panneau INSPECTOR. Toutefois il peut arriver que vous ne voyiez pas dans le panneau SCENE un objet sélectionné dans le panneau HIERARCHY : la touche F vous permet alors de centrer la vue sur l'objet en question. Il suffit de le sélectionner dans le panneau HIERARCHY, de placer le curseur sur le panneau SCENE et d'appuyer sur la touche F.

Le panneau *Inspector*

Le panneau INSPECTOR est le principal outil pour ajuster chaque élément des objets de jeu et des ressources de votre projet. Tout comme l'Inspecteur de propriétés dans Adobe Flash et Dreamweaver, le contenu de ce panneau est sensible au contexte. Autrement dit, il affiche les propriétés correspondant à l'objet sélectionné – il est donc sensible au contexte dans lequel vous travaillez.

Le panneau INSPECTOR affiche tous les composants de l'élément sélectionné ce qui permet d'en ajuster les variables à l'aide d'éléments simples comme des zones de saisie de texte, des curseurs, des boutons et des menus déroulants. Beaucoup de ces variables utilisent également le système de glisser-déposer de Unity, ce qui signifie qu'avec cette méthode vous pouvez définir des paramètres plutôt que de sélectionner une valeur dans un menu déroulant, si cela est plus pratique.

Ce panneau n'a pas uniquement pour rôle d'afficher les éléments qui composent les objets. Il peut également afficher les préférences de votre projet selon l'option que vous sélectionnez dans le menu EDIT (Édition). Les propriétés des composants s'affichent dès que vous sélectionnez de nouveau un objet ou une ressource.

Figure 1.4

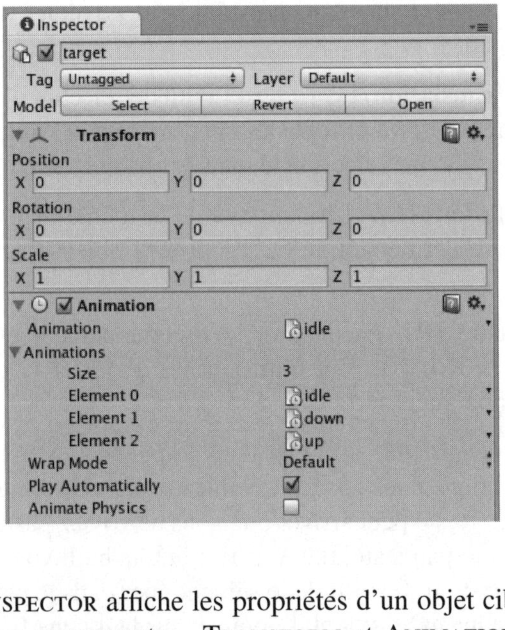

À la Figure 1.4, le panneau INSPECTOR affiche les propriétés d'un objet cible dans le jeu. L'objet lui-même possède deux composants – TRANSFORM et ANIMATION –, dont vous pouvez modifier les paramètres dans le panneau INSPECTOR. Notez également que vous pouvez désactiver temporairement un composant à tout moment, ce qui est très utile pour effectuer des tests et expérimenter différentes possibilités. Pour cela, il suffit de décocher la case située à gauche du nom du composant. De même, pour désactiver un objet entier, décochez la case en regard de son nom en haut du panneau Inspector.

Le panneau *Project*

Le panneau Project (projet) offre une vue directe du dossier Assets (ressources) du projet. Chaque projet de Unity se compose d'un dossier parent, qui contient trois sous-dossiers : Assets, Library (bibliothèque) et Temp lorsque l'Éditeur de Unity est ouvert. Les ressources placées dans le dossier Assets sont immédiatement visibles dans le panneau Project et sont importées automatiquement dans le projet Unity. De même, si vous modifiez et enregistrez une ressource du dossier Assets dans une application tierce comme Photoshop, Unity la réimportera, si bien que les modifications effectuées s'afficheront immédiatement dans le projet et dans toutes les scènes qui utilisent cette ressource en particulier.

Astuce

L'emplacement et le nom des ressources doivent être uniquement modifiés dans le panneau Project. L'utilisation du Finder (Mac OS) ou de l'Explorateur Windows (Windows) risque en effet de rompre les connexions dans le projet Unity. Pour déplacer ou renommer les objets du dossier Assets, utilisez le panneau Project.

Le panneau Project s'accompagne d'un bouton Create (créer). Celui-ci permet la création de tous les types de ressources disponibles dans Unity – scripts, éléments préfabriqués et matériaux, par exemple.

Le panneau *Game*

Le panneau Game (jeu), qui s'affiche lorsqu'on clique sur Play, propose un aperçu réaliste du jeu. Il dispose également de paramètres de résolution de l'écran, ce qui est utile pour visualiser le point de vue du joueur dans certains ratios, comme le 4:3 (par opposition à un écran large). Avant de cliquer sur Play, rappelez-vous ceci :

Attention

En mode Lecture, les ajustements que vous apportez à tous les éléments de la scène de jeu ne sont que temporaires. Ce mode est uniquement un mode de test, si bien que, lorsque vous cliquez de nouveau sur Play pour arrêter le jeu, toutes les modifications apportées en cours de lecture seront annulées. C'est souvent très déroutant pour les nouveaux utilisateurs, alors n'oubliez pas !

Le panneau GAME peut également être paramétré à l'aide de l'option MAXIMIZE. On obtient alors un aperçu proche du plein écran en mode de lecture – la taille du panneau recouvre la totalité de l'interface. Notez que vous pouvez également agrandir n'importe quel panneau de l'interface. Il suffit pour cela de placer le curseur sur le panneau à agrandir puis d'appuyer sur la barre d'espacement.

En résumé

Nous avons découvert au cours de ce chapitre les concepts clés que vous avez besoin de comprendre pour compléter les exercices de ce livre. En raison de contraintes d'espace, nous ne pouvons pas tout présenter en détail, car le développement 3D est un domaine d'étude très vaste. C'est pourquoi nous vous conseillons de chercher des informations supplémentaires sur les sujets abordés, afin de compléter vos connaissances. Chaque logiciel dispose de ses propres didacticiels et ressources consacrés à son apprentissage. Si vous désirez apprendre à créer des modèles 3D pour les utiliser dans Unity, nous vous recommandons de choisir et de vous familiariser avec le programme qui vous convient le mieux. Vous trouverez une liste des programmes compatibles avec Unity au Chapitre 2, "Environnements".

À présent que nous avons vu rapidement les concepts 3D et les processus utilisés par Unity pour créer des jeux, vous allez commencer à utiliser le logiciel pour créer l'environnement de votre jeu.

Au chapitre suivant, nous aborderons l'éditeur de terrain, un outil simple à utiliser pour commencer la création d'un jeu situé dans un environnement extérieur. Avec lui, vous construirez une île à laquelle vous ajouterez des fonctionnalités au fil des chapitres suivants afin de créer un mini-jeu dans lequel le joueur devra allumer un feu de camp après avoir récupéré des allumettes dans un avant-poste dont la porte est verrouillée.

2

Environnements

Pour construire votre monde en 3D, vous utiliserez deux types différents d'environnement : les bâtiments et les éléments de décor créés dans une application de modélisation 3D tierce mais aussi des terrains créés à l'aide de *l'éditeur de terrain* de Unity.

Vous verrez rapidement ici comment définir les paramètres nécessaires à l'importation des modèles créés en dehors de Unity, mais vous utiliserez principalement les outils propres à Unity pour créer des terrains. Vous verrez en particulier comment :

- créer votre premier projet Unity ;
- créer et configurer des terrains ;
- utiliser les outils de terrain pour construire une île ;
- éclairer les scènes ;
- utiliser le son ;
- importer des paquets de ressources ;
- importer des modèles 3D externes.

Les logiciels de modélisation externes

Étant donné que la conception 3D est une discipline à part entière, nous vous recommandons de vous pencher sur un didacticiel analogue à celui-ci pour l'application de votre choix. Si vous débutez, voici une liste des logiciels de modélisation 3D actuellement pris en charge par Unity :

- Maya
- 3D Studio Max
- Cheetah 3D
- Cinema 4D
- Blender
- Carrara
- Lightwave
- XSI

Ce sont les huit applications de modélisation recommandées par Unity Technologies : elles sont capables d'exporter les modèles dans un format qui peut être automatiquement lu et importé par Unity, une fois qu'ils sont enregistrés dans le dossier Assets du projet. Les formats de ces huit applications conservent l'ensemble des maillages, des textures, des animations et des squelettes (une forme d'ossature) dans Unity, alors que le système d'animation par squelette utilisé par des programmes moins connus peut ne pas être pris en charge lors de l'importation dans Unity. Pour une liste exhaustive de compatibilité, consultez le site : **http://unity3d.com/unity/features/asset-importing**.

Les ressources

Les modèles utilisés dans ce livre sont disponibles en ligne au format .fbx (format natif pour Unity qui est commun à la plupart des applications de modélisation 3D).

Lors du téléchargement du contenu nécessaire pour les exercices de ce livre, vous aurez besoin du système de *paquets de ressources* de Unity. L'importation et l'exportation de paquets de ressources dans Unity à l'aide du menu Assets permettent de transférer des ressources d'un projet à un autre en conservant les *dépendances*. Une dépendance est tout simplement une autre ressource liée à celles que vous importez ou exportez. Lors de l'exportation d'un modèle 3D dans le cadre d'un paquet de ressources Unity par exemple (à destination d'un collaborateur, ou simplement entre vos propres projets Unity), vous devrez transférer les matériaux adéquats et les textures associées avec les modèles ; ces ressources connexes sont alors appelées *dépendances du modèle*.

Dans ce livre, nous vous indiquerons quand télécharger des paquets Unity et les ajouter à vos ressources. Pour cela, il vous suffira de cliquer sur ASSETS > IMPORT PACKAGE.

Votre premier projet Unity

Unity existe sous deux formes différentes : une version gratuite et une version professionnelle[1]. Nous nous en tiendrons ici aux fonctionnalités accessibles aux débutants, autrement dit aux options de la version gratuite.

Lors du premier lancement, le programme s'ouvre sur le projet de démonstration *Island Demo*. Comme son nom l'indique, il s'agit effectivement d'un projet destiné à présenter les capacités de Unity et à permettre aux nouveaux utilisateurs de découvrir certaines fonctionnalités du programme en étudiant les créations de ses développeurs.

Vous allez commencer avec un projet vierge. Pour cela, cliquez sur FILE > NEW PROJECT afin de fermer le projet actuellement ouvert et d'ouvrir la boîte de dialogue PROJECT WIZARD (assistant de projet). Vous pouvez sélectionner un projet existant ou en créer un en choisissant parmi plusieurs *Asset Packages* (paquets de ressources) avec lesquels commencer.

Info

Si vous souhaitez lancer Unity en ouvrant directement le PROJECT WIZARD, appuyez simplement sur la touche Alt (Mac Os et Windows) tout en lançant l'Éditeur de Unity.

Choisissez l'emplacement où votre projet sera enregistré. Sélectionnez un chemin de fichier dans le champ PROJECT LOCATION (emplacement du projet) ou cliquez sur BROWSE (parcourir) et choisissez un emplacement dans la boîte de dialogue qui s'affiche. Notre projet s'appelle *Projet 1*, mais vous pouvez choisir un autre nom. Cochez ensuite la case en regard de STANDARD ASSETS afin de disposer des ressources fournies par Unity Technologies. Cliquez enfin sur le bouton CREATE[2].

1. Il existe également des versions spécifiquement dédiées à la Wii ou à l'iPhone.
2. Sur certaines versions, PROJECT LOCATION, BROWSE et CREATE s'intitulent PROJECT DIRECTORY, SET et CREATE PROJECT.

Figure 2.1

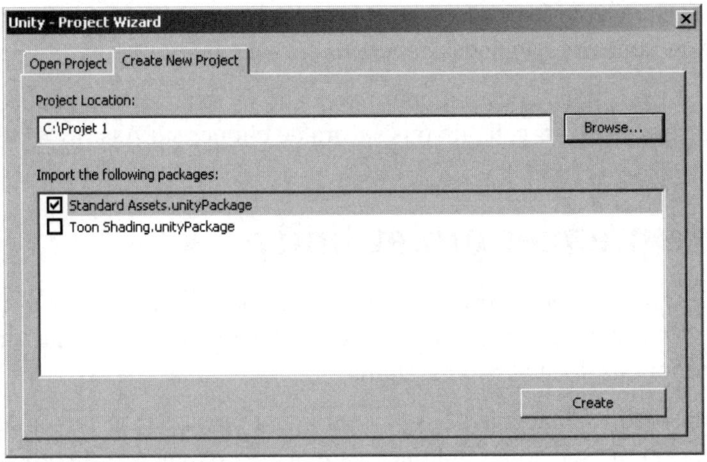

L'éditeur de terrain

Un éditeur de terrain est indispensable pour tout développeur qui souhaite créer un jeu se déroulant en extérieur. Unity en intègre un depuis sa version 2.0, ce qui facilite et accélère la construction des environnements.

Pour Unity, un terrain est simplement un objet de jeu sur lequel on applique certains composants en particulier. Le terrain que vous allez bientôt créer est, à l'origine, une *surface plane*, une forme 3D à une seule face, mais il peut être transformé en un ensemble géométrique complet et réaliste et inclure des détails supplémentaires – arbres, rochers, feuilles – et même des effets atmosphériques, comme le vent.

Les fonctionnalités du menu *Terrain*

Pour découvrir les fonctionnalités suivantes, un terrain est nécessaire. Pour cela, commencez par créer un objet TERRAIN dans le jeu. Vous pouvez le faire dans Unity en cliquant simplement sur TERRAIN > CREATE TERRAIN.

Avant de pouvoir modifier le terrain, vous devez configurer différents paramètres, notamment ses dimensions et le niveau de détail. Le menu principal TERRAIN permet non seulement de créer un terrain pour le jeu, mais aussi d'effectuer les opérations suivantes.

Importer et exporter des *heightmaps*

Les *heightmaps* (cartes d'élévation) sont des graphismes en 2D, dont les zones claires et foncées représentent la topographie du terrain. Elles peuvent être importées et représenter une alternative aux outils permettant de définir les élévations de terrain au pinceau dans Unity.

Créées dans un logiciel d'illustration comme Photoshop et enregistrées dans un format .RAW, les heightmaps sont souvent utilisées dans le développement des jeux, car elles sont facilement exportées et transférées entre les applications de dessin et les environnements de développement comme Unity.

Comme nous allons créer notre environnement avec les outils de terrain de Unity, nous n'utiliserons pas de heightmaps externes dans le cadre de ce livre.

Définir la résolution d'une heightmap

Figure 2.2

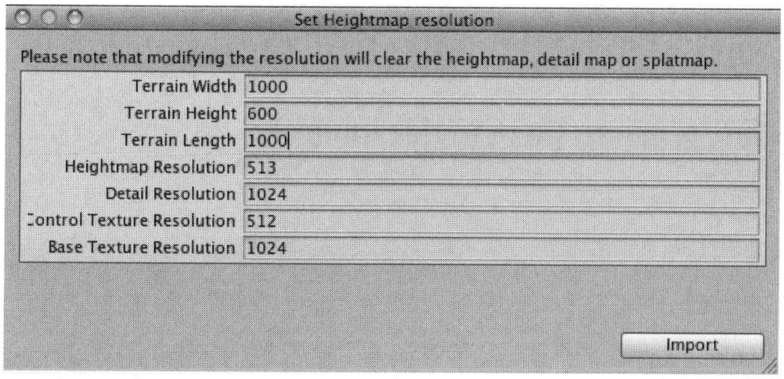

La boîte de dialogue Set Heightmap resolution permet de définir un certain nombre de propriétés du terrain que vous venez de créer. Vous devez toujours ajuster ces paramètres avant de créer la topographie du terrain, sinon le terrain risque d'être partiellement réinitialisé si vous les redéfinissez par la suite.

- **Terrain Width, Height and Length** (largeur, hauteur et longueur). Ces valeurs sont exprimées en mètres. Notez que Height définit ici la hauteur maximale que la topographie du terrain peut avoir.
- **Heightmap Resolution.** C'est la résolution, exprimée en pixels, de la texture que Unity stocke pour représenter la topographie. Bien que les dimensions des textures dans Unity doivent généralement être une puissance de deux dimensions (128, 256, 512,

etc.), les résolutions heightmap comptent toujours un pixel supplémentaire car chaque pixel définit un sommet. Ainsi, dans l'exemple d'un terrain de 4 × 4, quatre sommets seraient présents le long de chaque section de la grille, mais les points où ces sommets se rencontrent – y compris leurs extrémités – seraient au nombre de cinq.

- **Detail Resolution.** Connue sous le nom de *Detail resolution map*, c'est la résolution de la surface stockée par Unity. Celle-ci définit précisément la manière dont vous pouvez placer des *détails* sur le terrain. Les détails regroupent les caractéristiques supplémentaires du terrain comme les plantes, les rochers et les arbustes. Plus cette valeur est élevée et plus vous pouvez positionner les détails avec précision sur le terrain.
- **Control Texture Resolution.** C'est la résolution des textures (appelées *Splatmap* dans Unity) lorsqu'elles sont peintes sur le terrain. La valeur de CONTROL TEXTURE RESOLUTION correspond à la taille et, par conséquent, au détail de toutes les textures sur lesquelles vous allez peindre. Comme pour toutes les résolutions de texture, il est préférable de conserver une valeur assez basse pour obtenir de bonnes performances. Il est généralement conseillé de la laisser à sa valeur par défaut (512).
- **Base Texture Resolution.** La résolution de la texture utilisée par Unity pour faire le rendu des zones de terrain éloignées de la caméra dans le jeu, ou de toutes les textures sur un ordinateur ancien et peu performant.

Créer la *lightmap* (la liste des lumières)

Figure 2.3

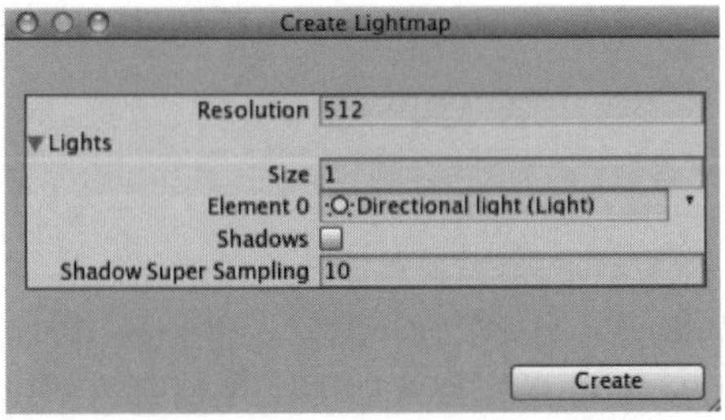

La boîte de dialogue CREATE LIGHTMAP est utilisée pour générer un rendu semi-permanent de l'éclairage sur les textures qui donnent l'apparence à la topographie. Si vous créez un petit terrain accidenté, par exemple, puis que vous souhaitiez inclure une montagne au centre, vous devrez choisir les outils de terrain. Toutefois, compte tenu de l'ombre projetée sur le terrain par cette montagne, vous devez recréer la lightmap afin de faire le rendu des zones sombres sur les textures situées dans la zone à présent ombragée.

La section LIGHTS de cette boîte de dialogue permet d'augmenter le nombre de lumières utilisées pour le rendu de la lightmap. Par exemple, la scène peut être éclairée principalement par une *Directional Light* (lumière directionnelle), qui agit comme la lumière du soleil à partir d'une certaine direction. Vous pouvez également intégrer certaines *Point Lights* (lumière en un point) pour des lampes d'extérieur ou des feux.

Lorsque vous créez une topographie à l'aide des outils de terrain, vous risquez de devoir modifier les paramètres de création de la lightmap au fur et à mesure que le paysage évolue. En créant une lightmap pour les zones claires et les zones sombres sur le terrain, vous réduisez également la puissance de calcul nécessaire lors de l'exécution du jeu, car une partie de l'éclairage est déjà calculée. À l'inverse, l'éclairage dynamique du terrain est plus coûteux en termes de calcul.

La fonction *Mass Place Trees*

Cette fonction réalise exactement ce que son nom indique : disposer un certain nombre d'arbres sur le terrain. Les paramètres associés à un arbre en particulier sont définis à la section PLACE TREES du composant TERRAIN (SCRIPT) du panneau INSPECTOR.

Cette fonction n'est pas recommandée pour une utilisation générale, car elle n'offre aucun contrôle sur la position des arbres. Employez plutôt PLACE TREES (placement d'arbres) du composant TERRAIN (SCRIPT) afin de peindre les arbres manuellement et ainsi obtenir une disposition plus réaliste.

La fonction *Flatten Heightmap*

La fonction *Flatten Heightmap* (aplatir la carte d'élévation) permet de donner à tout le terrain la même élévation. Par défaut, la hauteur du terrain vaut 0. Si vous souhaitez que l'élévation par défaut soit supérieure, comme nous le faisons pour l'île, vous pouvez alors utiliser cette fonction pour définir la valeur Height.

La fonction *Refresh Tree and Detail Prototypes*

Si vous modifiez les ressources qui composent des arbres et des détails déjà peints sur le terrain, vous avez alors besoin d'utiliser *Refresh Tree and Detail Prototypes* (rafraîchir les prototypes d'arbres et des détails) pour les mettre à jour.

Les outils de terrain

Nous allons étudier les outils de terrain afin que vous puissiez vous familiariser avec leurs fonctions avant de commencer à construire l'île.

Comme vous venez de créer le terrain, il doit être sélectionné dans le panneau HIERARCHY. Si ce n'est pas le cas, sélectionnez-le dès maintenant afin d'afficher ses propriétés dans le panneau INSPECTOR.

Le composant *Terrain (Script)*

Dans le panneau INSPECTOR, les outils de terrain sont indiqués sous le nom TERRAIN (SCRIPT). Le composant TERRAIN (SCRIPT) met à disposition les différents outils et paramètres spécifiques du terrain en plus des fonctions disponibles dans le menu TERRAIN.

À la Figure 2.4, vous voyez qu'il s'agit du deuxième de trois éléments en rapport avec l'objet de jeu TERRAIN (les autres composants étant TRANSFORM et TERRAIN COLLIDER).

Figure 2.4

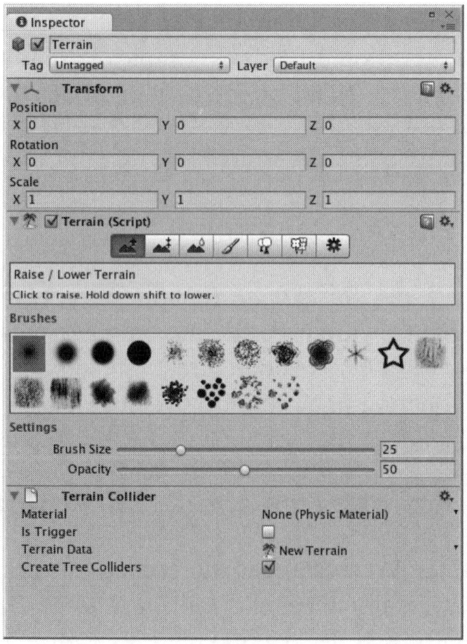

Le composant Terrain (Script) comprend sept sections, qui sont facilement accessibles à l'aide des boutons situés en haut du composant. Voici un rapide aperçu de leurs capacités respectives.

L'outil *Raise/Lower Terrain* (élever/abaisser le terrain)

Il permet d'élever certaines zones sur lesquelles vous peignez à l'aide de l'outil Transform (touche W).

Figure 2.5

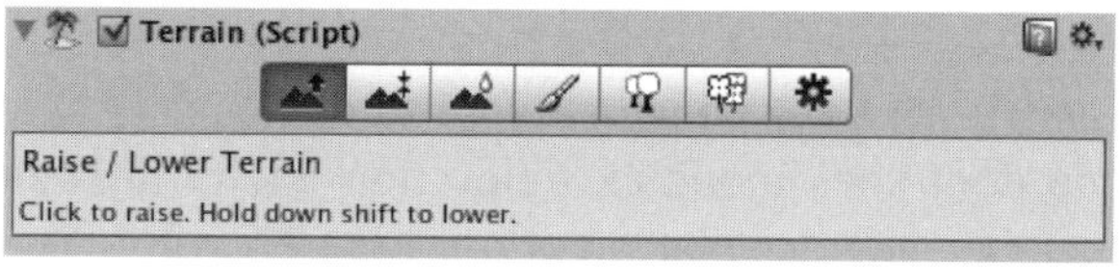

Vous pouvez également définir le style de brosse, la taille et l'opacité (efficacité) de la déformation que vous effectuez. Pour obtenir l'effet contraire, à savoir un abaissement de la hauteur, appuyez en même temps sur la touche Maj.

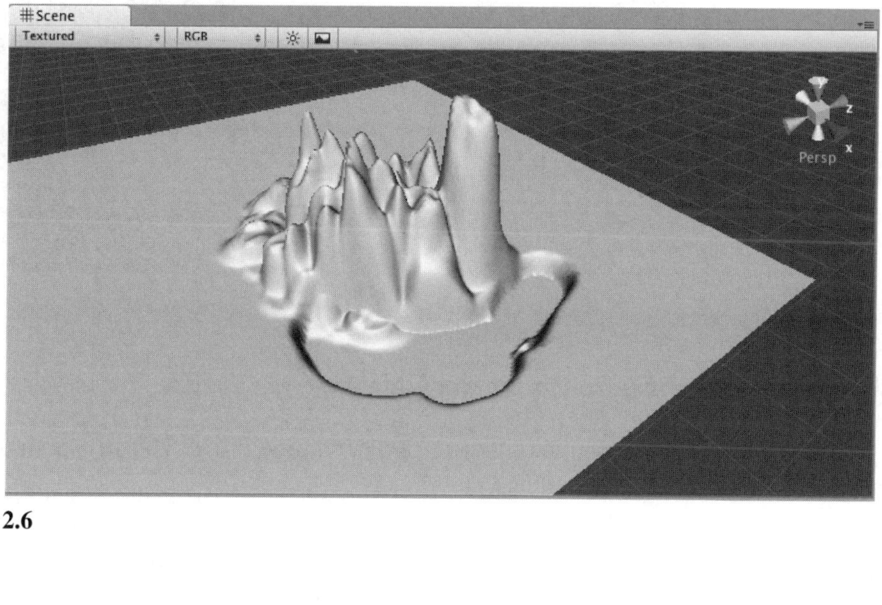

Figure 2.6

L'outil *Paint Height* (peindre jusqu'à hauteur)

Il fonctionne de manière analogue à l'outil RAISE/LOWER TERRAIN mais il possède un paramètre supplémentaire : Height.

Figure 2.7

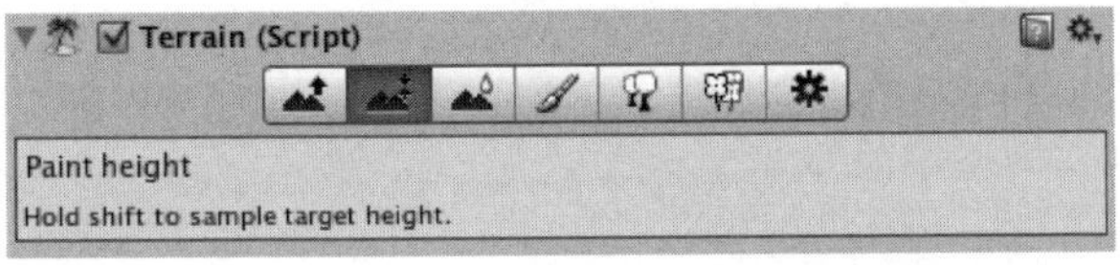

Cela signifie que vous pouvez définir la hauteur que vous allez peindre. Lorsque la zone de terrain dont vous modifiez l'élévation atteint la hauteur spécifiée, elle s'aplatit, vous permettant de créer des plateaux (voir Figure 2.8).

Figure 2.8

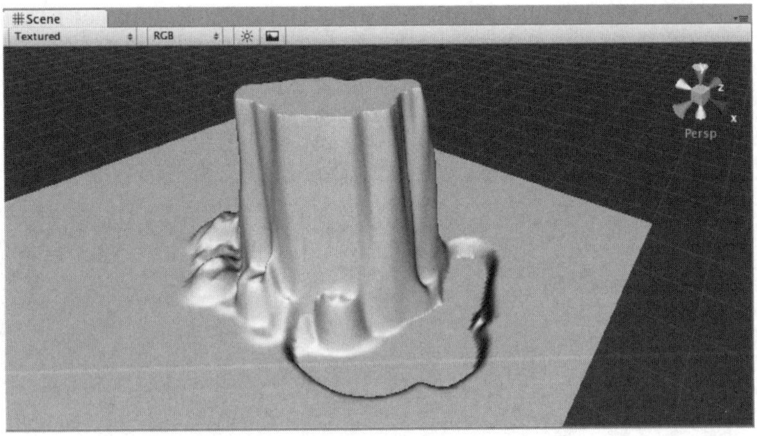

L'outil *Smooth Height* (adoucir les dénivelés)

Il sert principalement en complément d'autres outils, comme PAINT HEIGHT, pour adoucir les dénivelés abrupts de la topographie.

Figure 2.9

Le plateau de la Figure 2.9 présente, par exemple, une pente très abrupte. Pour adoucir les contours de cette élévation, nous nous servirions de cet outil afin d'arrondir les angles (voir Figure 2.10).

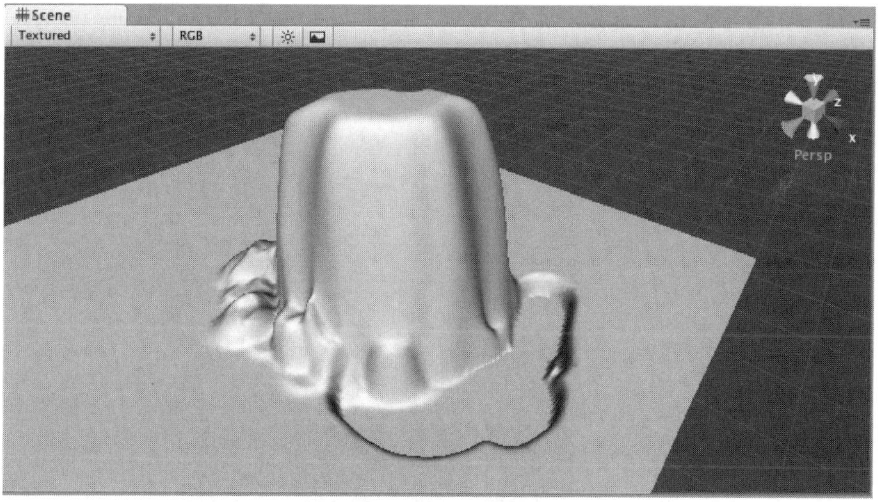

Figure 2.10

L'outil *Paint Texture* (peindre des textures)

Il s'utilise pour peindre les textures sur la surface du terrain (nommées *Splats*) dans Unity.

Figure 2.11

Avant de peindre avec des textures, vous devez d'abord les ajouter à la palette dans la zone TEXTURES de cet outil. Pour cela, cliquez sur le bouton EDIT TEXTURES, sélectionnez ADD TEXTURES puis, dans le menu déroulant SPLAT, choisissez un des fichiers de texture actuellement dans votre projet et définissez les paramètres de taille de la texture choisie.

La Figure 2.12 montre trois textures ajoutées dans la palette. La première sera peinte sur tout le terrain par défaut. En combinant ensuite plusieurs textures de différentes opacités et en peignant à la main sur le terrain, vous pouvez donner un aspect réaliste à tous les types de surface.

Pour choisir la texture avec laquelle peindre, cliquez simplement sur son aperçu dans la palette : un contour bleu l'encadre alors.

Figure 2.12

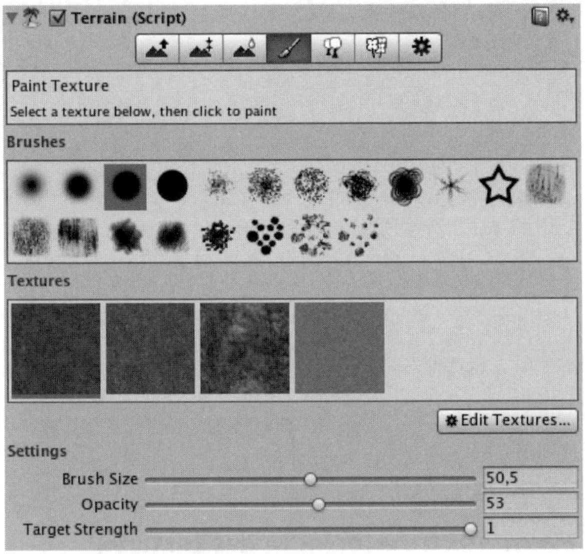

L'outil *Place Trees* (disposer des arbres)

Comme son nom l'indique, cet outil permet de placer, à la souris (en peignant ou par de simples clics), des arbres sur le terrain, après que les ressources à utiliser ont été définies.

Figure 2.13

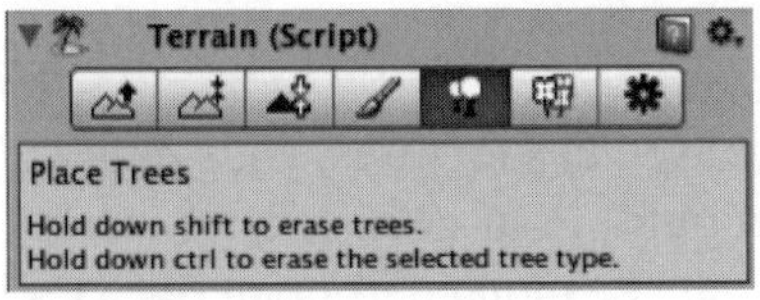

Comme pour les textures de l'outil Paint Texture, cet outil dispose d'un bouton Edit Trees pour ajouter, modifier et supprimer des ressources de la palette.

La section SETTINGS dispose des options suivantes :

- **Brush Size.** Définit la quantité d'arbres à peindre à chaque clic.
- **Tree Density.** Définit la distance entre les arbres que vous peignez.
- **Color Variation.** Applique une variation de couleur aléatoire aux arbres lorsque vous en peignez plusieurs à la fois.
- **Tree Width/Height.** Définit la taille de la ressource arbre que vous peignez.
- **Tree Width/Height Variation.** Permet grâce à la variation aléatoire de la taille des arbres de créer des zones boisées de manière plus réaliste.

Appuyer en même temps sur la touche Maj inverse également ses effets : les arbres déjà peints sont effacés. Appuyer simultanément sur les touches Maj+Ctrl permet d'effacer uniquement le type d'arbres sélectionné dans la palette.

L'outil *Paint Details* (peindre des détails)

Il fonctionne d'une manière analogue à l'outil PLACE TREES, mais il est conçu pour travailler avec des objets de détails comme les fleurs, les plantes, les rochers et le feuillage de petite taille.

Figure 2.14

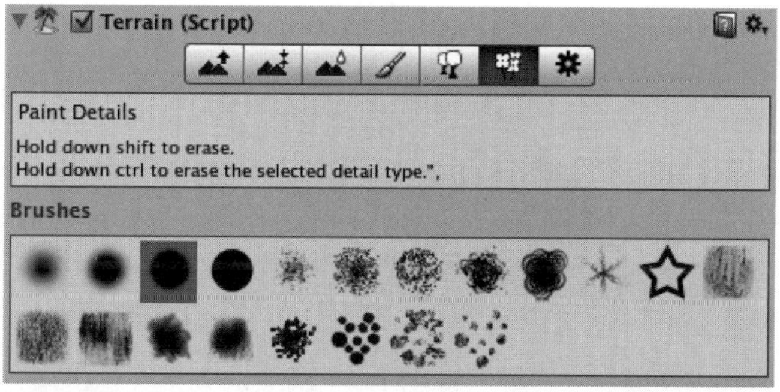

Terrain Settings (les paramètres de terrain)

La section TERRAIN SETTINGS du composant TERRAIN (SCRIPT) contient différents paramètres pour le dessin du terrain par le GPU (processeur graphique) de l'ordinateur.

Figure 2.15

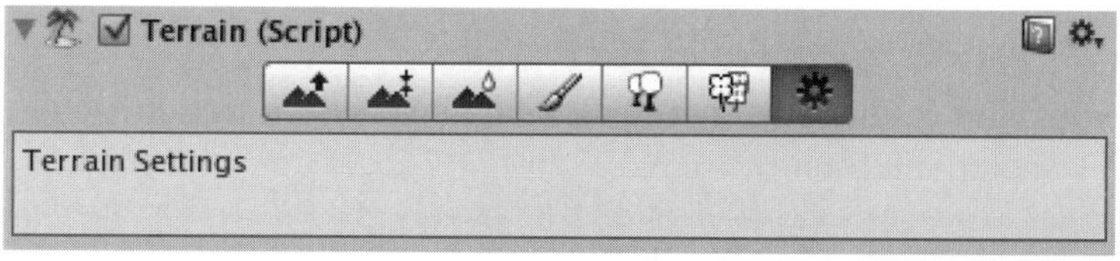

Vous pouvez définir ici différents paramètres qui influent sur le niveau de détail (LOD, *Level of Detail*). Dans le domaine du développement de jeux, le LOD correspond à la quantité de détails représentés à une certaine distance du joueur. Dans notre exemple – un terrain –, nous devons pouvoir régler les paramètres comme la distance d'affichage (*Draw Distance*). Cette notion, courante dans les jeux 3D, permet de procéder au rendu des éléments de façon moins détaillée lorsqu'ils se trouvent à une certaine distance du joueur afin d'améliorer les performances.

La section Terrain Settings vous permet par exemple d'ajuster l'option Base Map Distance (distance de base) afin de préciser à quelle distance doivent se situer les objets avant que les graphismes en haute résolution ne soient remplacés par des graphismes en plus basse résolution, afin de réduire le coût du rendu des objets les plus lointains.

La Figure 2.16 montre un exemple de terrain avec une valeur Base Map Distance faible (environ 10 mètres). Comme vous pouvez le constater, le niveau de détail des textures situées au-delà de la distance spécifiée est bien inférieur à celui du premier plan.

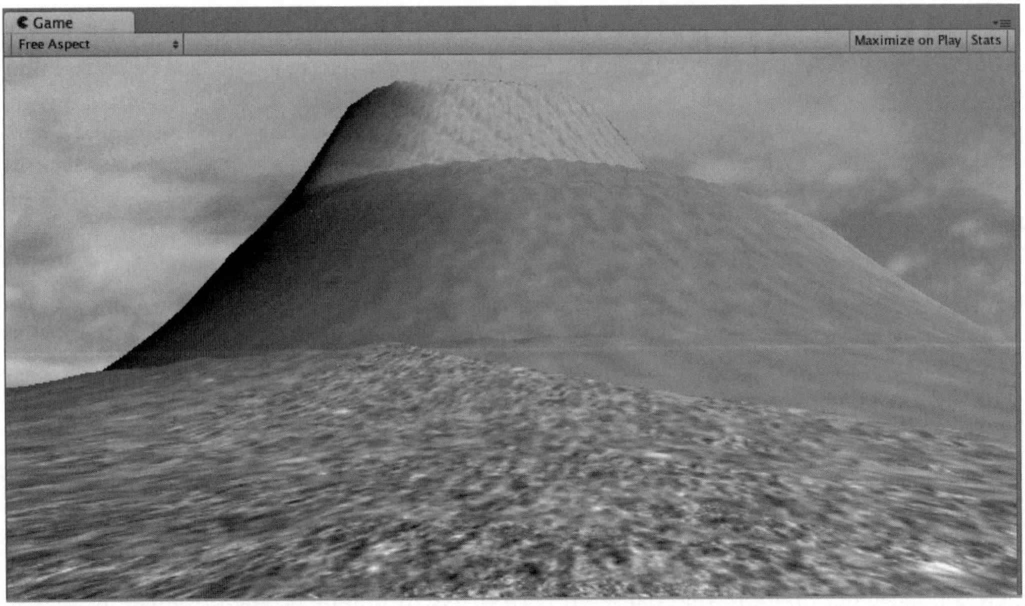

Figure 2.16

Vous allez étudier plus en détail les paramètres de la section Terrain (script) en commençant à sculpter le terrain.

Soleil, mer et sable : la création de l'île

Étape 1. La configuration du terrain

Maintenant que vous connaissez les outils disponibles, vous pouvez commencer à créer le terrain à partir du menu principal TERRAIN. Assurez-vous que le terrain est toujours sélectionné dans le panneau HIERARCHY, puis cliquez sur TERRAIN > SET RESOLUTION (changer la résolution).

Comme il s'agit de votre premier projet, vous n'allez pas créer une île trop grande. Aussi, donnez la valeur 1000 aux deux paramètres TERRAIN WIDTH et TERRAIN LENGTH. Appuyez sur la touche Entrée après avoir saisi ces valeurs pour les valider puis cliquez sur SET RESOLUTION.

La hauteur minimale de l'île doit ensuite être celle du niveau du sol et non être égale à 0 (la valeur par défaut pour les nouveaux terrains). En effet, l'altitude 0 correspond au fond de la mer, si bien que la hauteur minimale du sol doit être augmentée pour correspondre à la partie émergée de l'île. Cliquez sur TERRAIN > FLATTEN HEIGHTMAP.

Dans le champ HEIGHT, entrez 30 mètres. Appuyez sur la touche Entrée pour confirmer, puis cliquez sur le bouton FLATTEN.

Le changement est très rapide et il est possible que vous ne voyiez pas la différence dans le panneau SCENE, puisque vous avez augmenté légèrement la hauteur de tout le terrain. Toutefois, cette opération permet de gagner énormément de temps, car vous pouvez à présent aplanir les bords du terrain à l'aide de l'outil RAISE/LOWER TERRAIN afin que seule la partie centrale reste surélevée. Partir d'une île plate et élever sa partie centrale demanderait beaucoup plus de temps.

Étape 2. Le contour de l'île

Dans le composant TERRAIN (SCRIPT) du panneau INSPECTOR, sélectionnez l'outil RAISE HEIGHT – le premier des sept boutons.

Sélectionnez la première brosse dans la palette et donnez les valeurs 75 au paramètre BRUSH SIZE et 50 à OPACITY.

Cliquez sur l'axe Y (le cône vert) de l'axe 3D situé dans le coin supérieur droit du panneau SCENE pour passer en vue de dessus.

Figure 2.17

Maintenez la touche Maj enfoncée pour que l'outil réduise la hauteur du terrain, puis peignez sur les contours du terrain pour créer un rivage en pente jusqu'à l'altitude 0 – vous savez que vous atteignez l'altitude 0 car le terrain sera aplati à cette hauteur minimale.

Bien qu'il ne soit pas nécessaire que le contour de votre île soit identique au nôtre, essayez de créer une forme assez semblable, car vous aurez besoin d'une étendue de terre plate par la suite. Une fois que vous avez peint tout autour du contour, vous devriez obtenir un résultat semblable à celui de la Figure 2.18.

Figure 2.18

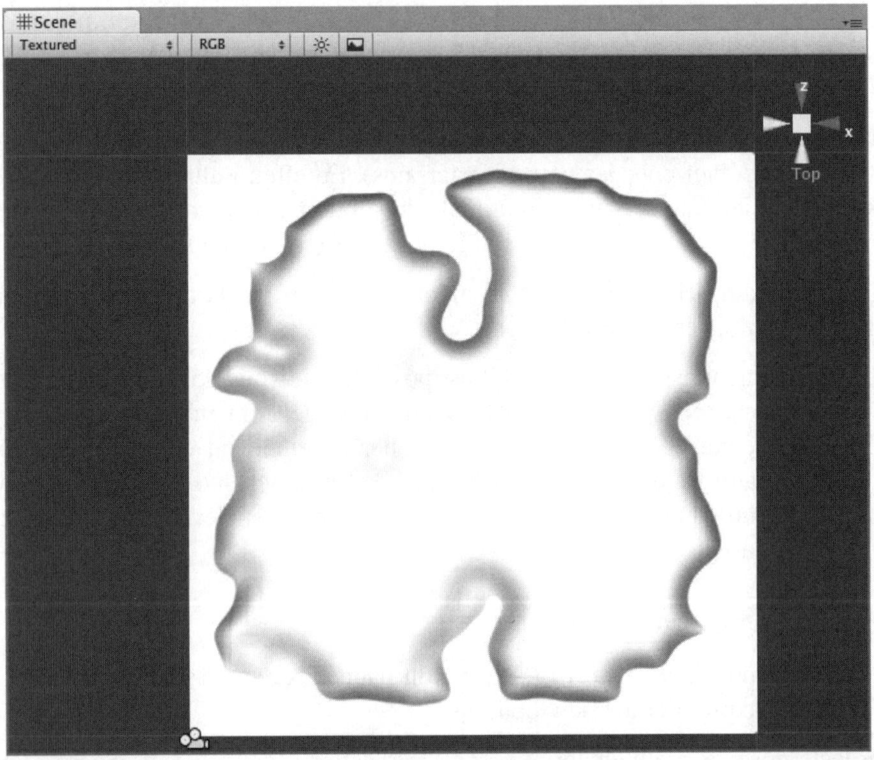

Cliquez sur le cube au centre de l'axe 3D situé dans le coin supérieur droit du panneau SCENE pour revenir à une vue en perspective (3D) et admirez votre travail. Si vous n'êtes pas sûr d'avoir obtenu le bon résultat, comparez votre île avec celle de la Figure 2.19.

Figure 2.19

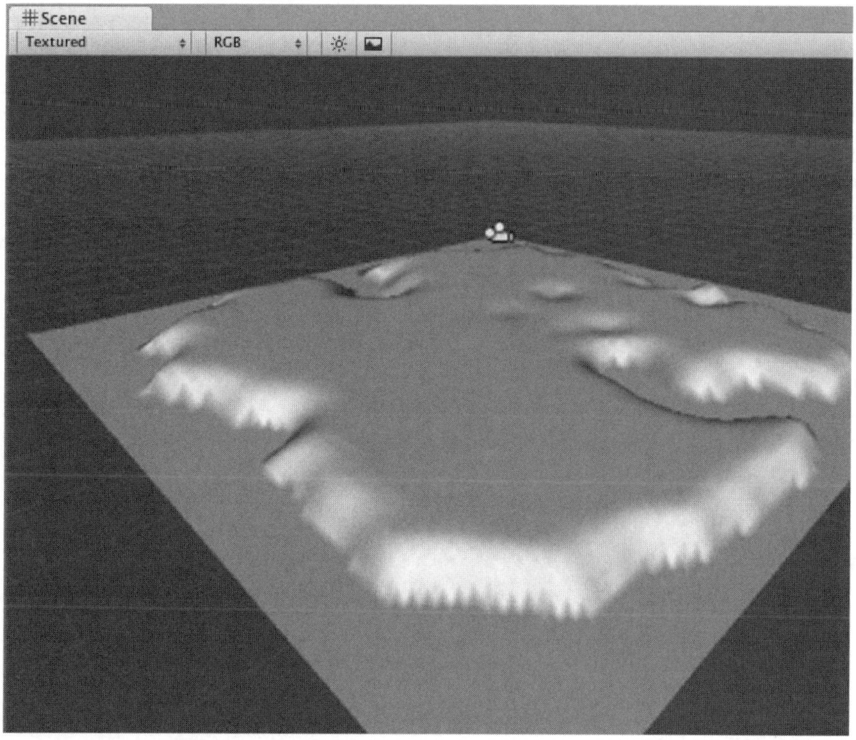

Continuez avec l'outil RAISE/LOWER TERRAIN sur l'île pour améliorer la topographie du terrain, en augmentant voire en diminuant (avec la touche Maj) l'élévation de certaines zones. Vous pouvez, par exemple, ajouter une baie ou un lac. Conservez un espace plat au centre du terrain et une partie libre dans un coin de l'île pour ajouter un volcan.

Étape 3. Le volcan

Vous allez maintenant créer un volcan ! Pour cela, les outils PAINT HEIGHT, RAISE/LOWER TERRAIN et SMOOTH HEIGHT seront adaptés. Sélectionnez l'outil PAINT HEIGHT pour commencer.

Choisissez la première brosse dans la palette, donnez les valeurs 75 à BRUSH SIZE, 50 à OPACITY et 200 à HEIGHT. Sélectionnez de nouveau la vue Haut en cliquant sur l'axe Y de l'axe 3D dans le panneau SCENE, puis peignez un plateau dans le coin du terrain que vous avez laissé libre. Rappelez-vous que cet outil arrête de modifier le terrain une fois que la hauteur spécifiée (200) est atteinte.

Votre île devrait maintenant ressembler à celle de la Figure 2.20 dans la vue Perspective.

Figure 2.20

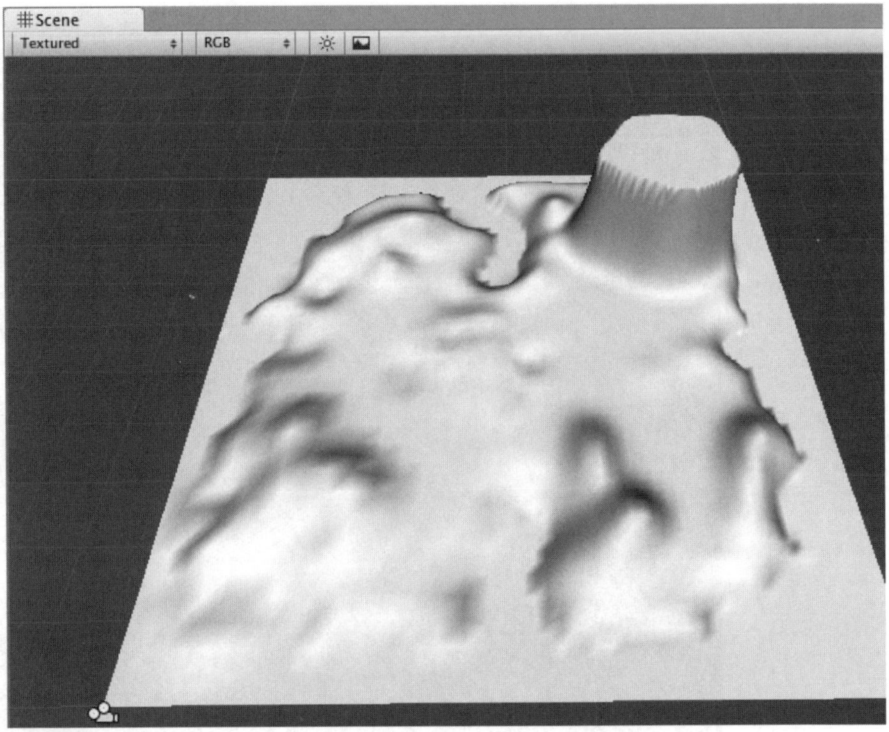

Ce plateau a un aspect assez peu réaliste. Vous allez remédier à cela, mais vous devez d'abord créer la bouche du volcan. L'outil Paint Height toujours sélectionné, donnez la valeur 20 à Height et la valeur 30 à Brush Size.

Cliquez et maintenez et commencez à peindre du centre du plateau vers l'extérieur dans toutes les directions, jusqu'à ce que vous ayez effectivement creusé le plateau et laissé une crête étroite autour de sa circonférence (voir Figure 2.21).

Si vous repassez dans la vue en perspective, vous voyez que l'aspect du bord du volcan est toujours trop abrupt et assez peu réaliste. Vous allez corriger cela : sélectionnez l'outil Smooth Height, puis donnez les valeurs 30 à Brush Size et 1 à Opacity. Peignez ensuite avec cet outil sur le pourtour de la crête pour l'adoucir jusqu'à ce que l'arête soit suffisamment arrondie (voir Figure 2.22).

Maintenant que vous avez donné sa forme au volcan, vous pouvez ajouter une texture à l'île pour rendre le terrain plus réaliste.

Figure 2.21

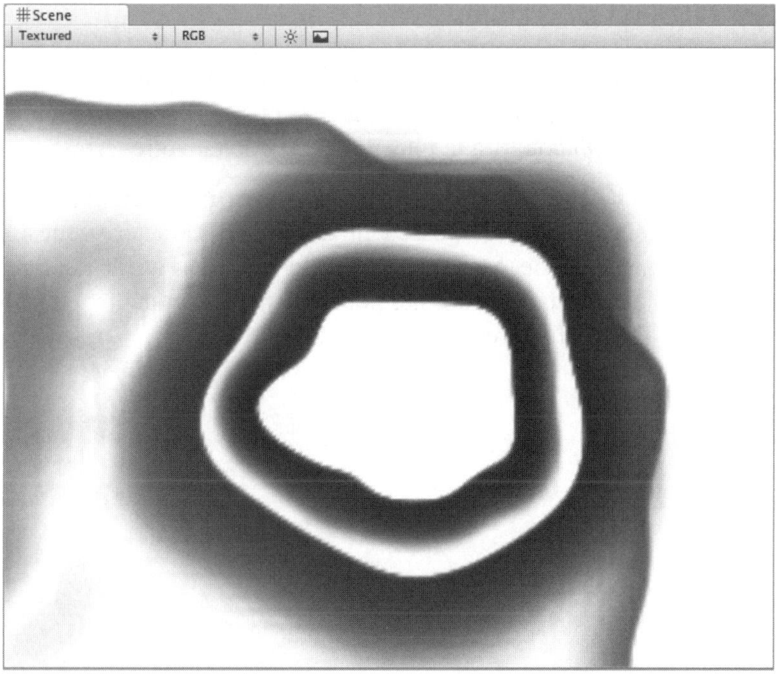

Figure 2.22

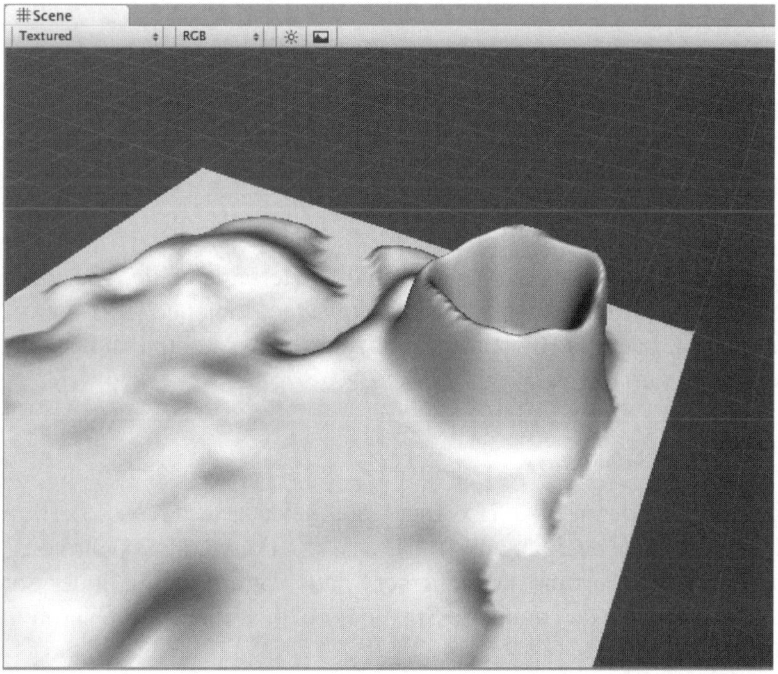

Étape 4. L'ajout de textures

Lorsque vous texturez un terrain, gardez à l'esprit que la première texture ajoutée le recouvrira entièrement. C'est pourquoi vous devez vous assurer que c'est bien la première texture que vous ajoutez qui couvrira la plus grande partie de votre terrain.

Le paquet Standard Assets Package que vous avez incorporé au projet lors de sa création contient plusieurs ressources possédant différentes caractéristiques. Ces ressources sont regroupées dans le dossier Standard Assets du panneau PROJECT. Cliquez sur la flèche grise située à gauche du nom de ce dossier pour afficher son contenu, puis affichez le contenu du sous-dossier Terrain Textures.

Figure 2.23

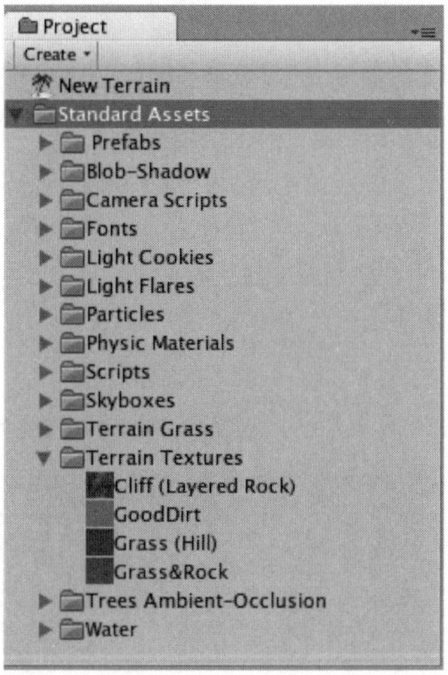

Ces quatre textures vous serviront à peindre le terrain de l'île. Vous devez donc commencer par les ajouter à votre palette. Assurez-vous que l'objet de jeu TERRAIN est toujours sélectionné dans le panneau HIERARCHY, puis sélectionnez l'outil Paint Texture dans le composant TERRAIN (SCRIPT) du panneau INSPECTOR.

La procédure de peinture

Cliquez sur le bouton EDIT TEXTURES, puis sélectionnez ADD TEXTURES dans le menu qui s'affiche. La boîte de dialogue ADD TEXTURES s'ouvre alors pour vous permettre de sélectionner toutes les textures actuellement dans votre projet. Cliquez sur la flèche pointant vers le bas à droite du paramètre Splat pour choisir une texture sur la liste. Sélectionnez la texture Grass (Hill).

Figure 2.24

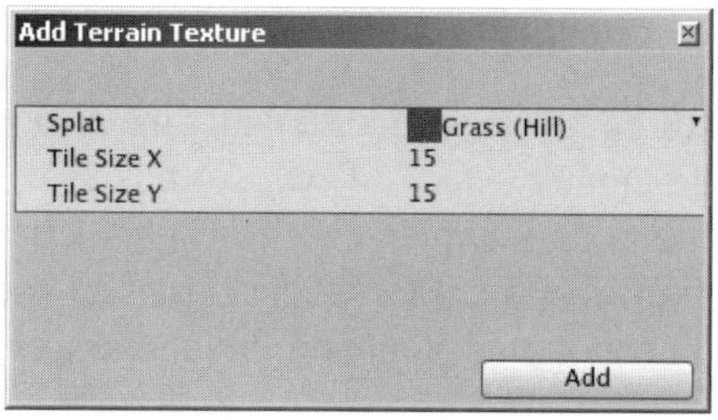

Conservez la valeur 15 pour les paramètres TILE SIZE X et TILE SIZE Y. Cette texture recouvrira toute la carte et cette petite valeur permettra d'obtenir une herbe plus détaillée. Cliquez sur le bouton ADD pour terminer. La texture d'herbe recouvre le terrain : c'est normal puisqu'il s'agit de la première texture que vous ajoutez. Celles que vous ajouterez ensuite à la palette devront être peintes à la main.

Répétez l'étape précédente pour ajouter les trois textures Grass&Rock, Cliff (Layered Rock) et GoodDirt dans la palette. Conservez les paramètres TILE SIZE, sauf pour Cliff (Layered Rock), dont les paramètres TILE SIZE X et TILE SIZE Y doivent avoir une valeur de 70. En effet, comme cette texture va être appliquée sur une zone étirée du terrain, elle serait déformée avec une taille de carreau (unité de terrain ou *tile*) plus petite.

Figure 2.25

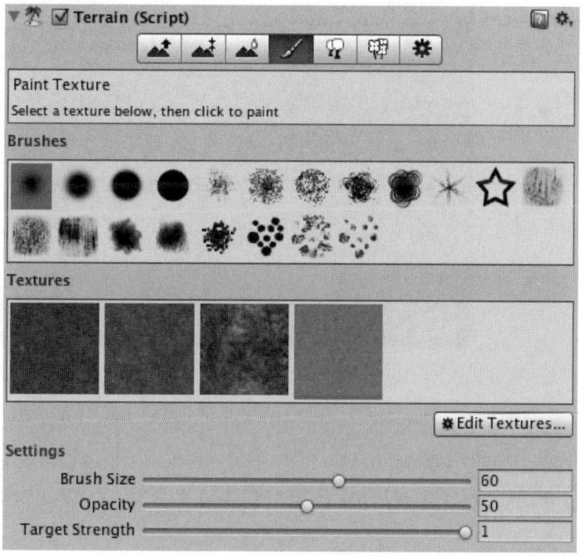

Les régions sablonneuses

Les quatre textures devraient maintenant être disponibles dans votre palette. Cliquez sur la dernière texture ajoutée – GoodDirt, si vous avez respecté l'ordre. Un trait bleu s'affiche sous sa vignette pour indiquer qu'elle est sélectionnée. Donnez les valeurs 60 à Brush Size, 50 à Opacity et 1 à Target Strength. Vous pouvez peindre autour de la côte de l'île en utilisant soit la vue Haut soit la vue Perspective.

En vue Perspective, sélectionnez l'outil Hand (touche Q) ou Transform (touche W), appuyez sur la touche Alt et faites glisser la souris pour faire pivoter la vue.

Lorsque vous avez terminé, vous devriez obtenir un résultat proche de celui illustré à la Figure 2.26.

Figure 2.26

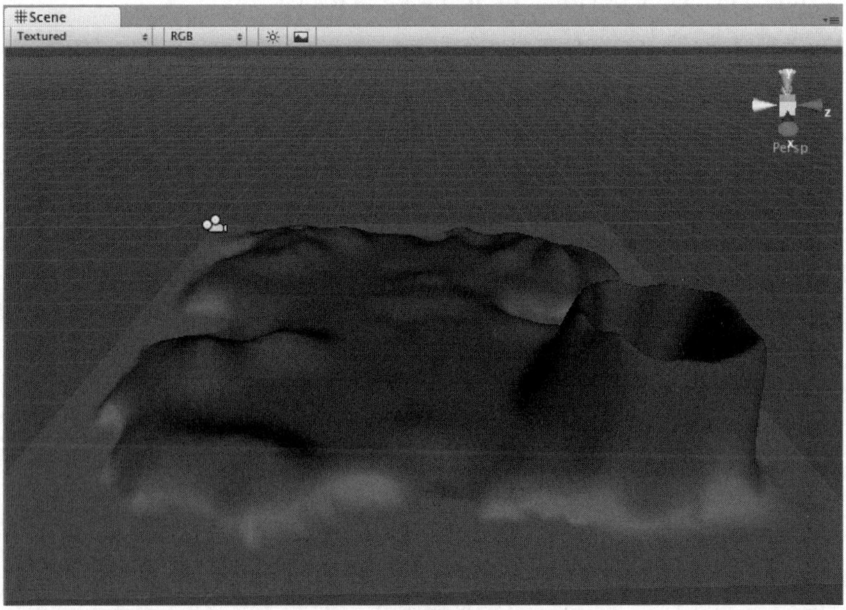

Si vous faites une erreur pendant que vous peignez, vous pouvez soit annuler le dernier coup de pinceau, c'est-à-dire le dernier clic, avec la commande Edit > Undo, soit sélectionner dans la palette la texture qui doit recouvrir cette zone et repeindre avec celle-ci.

L'herbe et les rochers

Cliquez ensuite sur la deuxième vignette que vous avez ajoutée – la texture Grass&Rock – pour la sélectionner. Donnez les valeurs 25 à Brush Size, 30 à Opacity et 0,5 à Target Strength. Peignez toutes les collines du terrain et la moitié supérieure du volcan (voir Figure 2.27).

Figure 2.27

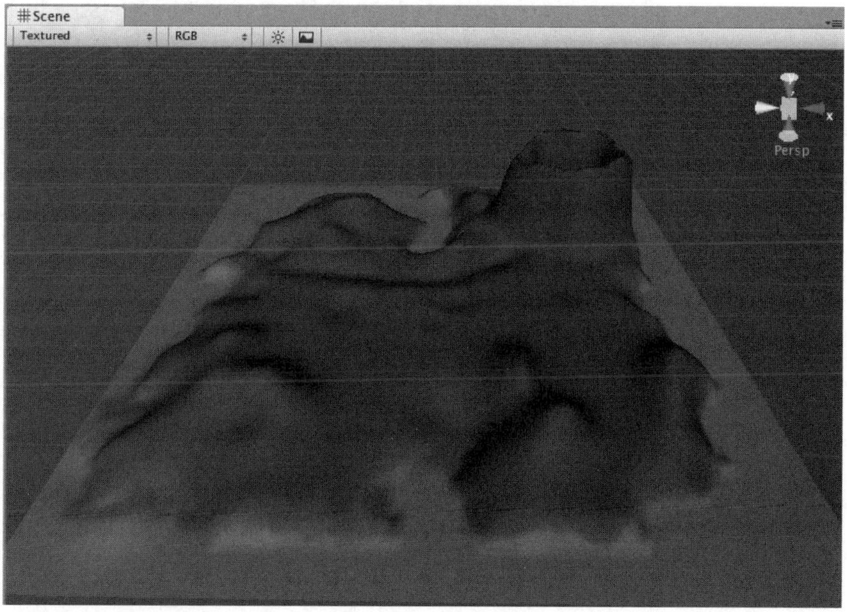

Les rochers du volcan

Vous devez maintenant rendre le volcan plus réaliste à l'aide de la texture Cliff (Layered Rock). Sélectionnez-la dans la palette, puis donnez les valeurs 25 à Brush Size et 100 à Opacity et à Target Strength.

Peignez le sommet et l'intérieur du volcan avec ces paramètres, puis diminuez peu à peu les valeurs de Brush Size et d'Opacity au fur et à mesure que vous descendez le long des pentes extérieures du volcan, afin que cette texture soit appliquée de façon plus subtile vers le sol. Vous pouvez également peindre les cimes de certaines des collines les plus élevées avec une opacité plus faible.

Après de nombreux essais, sans doute, votre volcan terminé devrait ressembler à celui de la Figure 2.28.

Figure 2.28

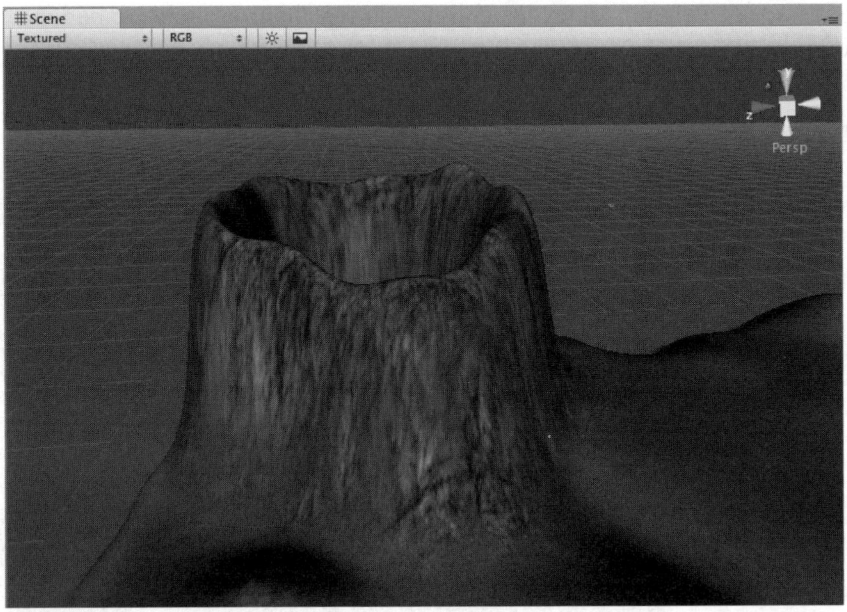

Étape 5. Les arbres

Maintenant que l'île est entièrement texturée, vous devez l'embellir quelque peu en ajoutant des arbres. L'arbre à utiliser avec l'éditeur de terrain que contient le paquet de ressources Standard Assets convient parfaitement puisqu'il s'agit d'un palmier.

Cliquez sur le bouton Place Trees du composant Terrain (Script), puis sur le bouton Edit Trees. Choisissez Add Tree dans le menu qui apparaît.

La boîte de dialogue Add Tree s'affiche alors. Vous pouvez y choisir, comme pour certains des autres outils de terrain, n'importe quel objet du type approprié dans le dossier Assets de votre projet. Cela ne se limite pas aux arbres fournis dans le paquet de ressources Standard Assets. En effet, vous pouvez modéliser vos propres arbres, les enregistrer dans le dossier Assets de votre projet afin de les utiliser ensuite. Cependant, ici, le palmier du paquet de ressources Standard Assets est tout à fait adéquat. Cliquez sur la flèche pointant vers le bas à droite du paramètre Tree et sélectionnez Palm.

Avec le paramètre BEND FACTOR, les arbres semblent se balancer dans le vent. Le coût du calcul de cet effet étant élevé, nous allons utiliser une valeur faible. Entrez 2 puis validez (touche Entrée). Si vous remarquez, par la suite, que ce paramètre a un impact négatif sur les performances du jeu, vous pourrez toujours le redéfinir en lui donnant la valeur 0.

Cliquez sur le bouton ADD. Un petit aperçu du palmier devrait apparaître dans la palette, encadré de bleu pour indiquer qu'il s'agit de l'arbre sélectionné à placer.

Donnez les valeurs suivantes : 15 à BRUSH SIZE (pour peindre quinze arbres à la fois), 10 à TREE DENSITY (afin que les arbres soient assez dispersés sur la carte), 0,4 à COLOR VARIATION (pour obtenir un ensemble d'arbres varié). Enfin, attribuez 150 à TREE HEIGHT et TREE WIDTH avec, pour chacun, 30 comme valeur de VARIATION.

Disposez des arbres en cliquant simplement autour du rivage de l'île, à proximité des zones de sable où ce type d'arbres est censé se trouver. Puis, pour compléter le relief de l'île, placez d'autres palmiers à des emplacements aléatoires à l'intérieur des terres.

Vous pouvez à tout moment effacer des arbres mal placés : pour cela, appuyez sur la touche Maj et cliquez ou peignez sur ces arbres.

Étape 6. Ajouter des touffes d'herbe

À présent que vous avez placé quelques arbres sur l'île, vous allez ajouter des touffes d'herbe pour compléter la texture avec laquelle vous avez recouvert la plus grande partie du terrain.

Sélectionnez la section PAINT DETAILS du composant TERRAIN (SCRIPT), cliquez sur le bouton EDIT DETAILS puis sélectionnez ADD GRASS TEXTURE dans le menu contextuel.

Ouvrez le menu déroulant situé à droite du paramètre DETAIL TEXTURE et sélectionnez la texture GRASS, la texture d'herbe du paquet de ressources Standard Assets.

Conservez pour cette texture les valeurs par défaut des propriétés WIDTH et HEIGHT et assurez-vous que l'option BILLBOARD, au bas de la boîte de dialogue, est activée. Comme la texture d'herbe est en 2D, la technique du *billboard* (panneau d'affichage) est applicable. Elle consiste à faire pivoter la texture d'herbe face à la caméra pendant le jeu afin de lui donner un aspect moins bidimensionnel.

Utilisez les pipettes des options HEALTHY COLOR et DRY COLOR, pour obtenir les mêmes teintes vertes que celles des textures que vous avez peintes sur le terrain. En effet, les touffes d'herbe sembleraient artificielles si vous conserviez la couleur vert clair par défaut.

Figure 2.29

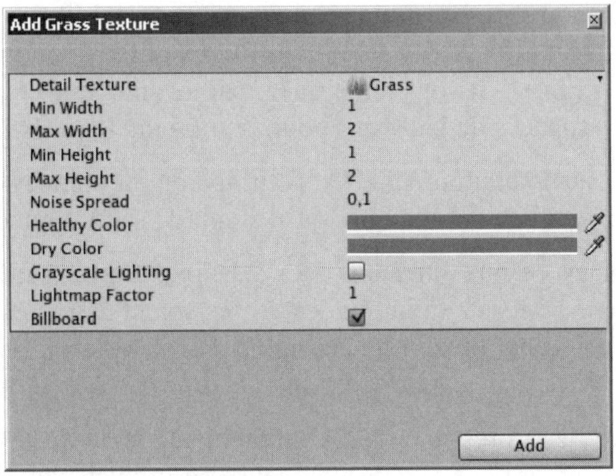

Cliquez sur le bouton Add au bas de la boîte de dialogue pour confirmer l'ajout de cette texture à votre palette.

Vous pouvez peindre l'herbe sur la carte avec la souris de la même façon qu'avec les autres outils de terrain. Vous devez d'abord choisir une brosse et définir ses paramètres afin de créer des touffes d'herbe espacées et disparates sur la carte. Le rendu de l'herbe étant également coûteux pour l'ordinateur, donnez des valeurs très faibles : 100 pour Brush Size mais seulement 0,05 pour Opacity et 0,6 pour Target Force de façon que les touffes d'herbe soient clairsemées. En choisissant en outre une forme de brosse irrégulière (voir Figure 2.30), vous pouvez peindre des zones d'herbe inégales.

Sélectionnez l'outil Hand, appuyez sur Cmd/Ctrl et faites glisser la souris vers la droite pour zoomer sur la surface du terrain. Lorsque le niveau de zoom est suffisant, vous pouvez cliquer sur le terrain pour peindre les zones d'herbe. Déplacez-vous sur l'île mais ne peignez que quelques zones d'herbe pour des raisons de performances (vous pourrez toujours en ajouter par la suite si les performances du jeu sont bonnes).

Astuce

Il est crucial de zoomer en avant sur le terrain lorsque vous peignez des détails. Afin d'économiser de la mémoire, le rendu des détails n'est, en effet, pas visible dans le panneau Scene avec un facteur de zoom réduit. Lorsque vous zoomez en arrière, les détails semblent ainsi souvent disparaître mais, ne vous inquiétez pas, cela n'est pas le cas.

Figure 2.30

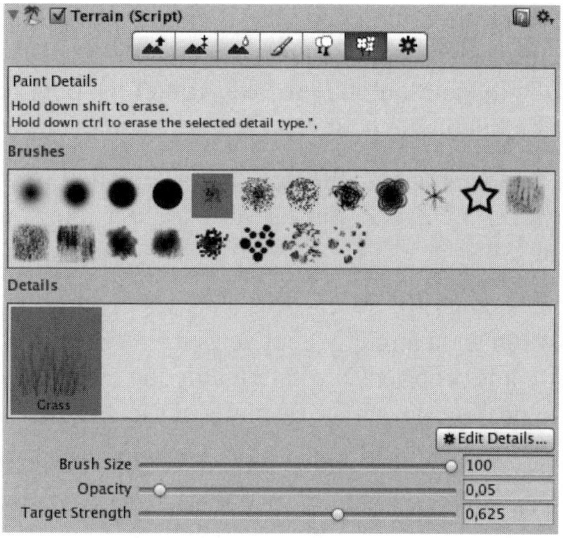

Étape 7. Que les lumières soient !

Maintenant que votre île est prête à être explorée, vous devez éclairer la scène. Pour cela, trois types de lumière sont disponibles :

- **Directional Light** (lumière directionnelle). La principale source de lumière, souvent la lumière du soleil. Elle n'émane pas d'un seul point mais elle éclaire dans une seule direction.
- **Point Light** (lumière point). Ces lumières proviennent d'un seul point dans le monde 3D et sont utiliséespour toutes les autres source de lumière, comme l'éclairage à l'intérieur des bâtiments, le feu, les objets incandescents, etc.
- **Spot Light** (lumière spot). Comme son nom l'indique, cette lumière éclaire dans une direction unique, mais son rayon peut être défini, tout comme s'il s'agissait d'une lampe torche.

Créer la lumière du soleil

Vous allez placer une lumière directionnelle comme source de lumière principale. Cliquez sur GameObject > Create Other > Directional Light pour ajouter la lumière comme un objet dans la scène. Vous constatez qu'elle est désormais répertoriée dans le panneau Hierarchy.

Comme la lumière directionnelle n'émane pas d'un point en particulier, sa position n'a généralement aucune importance car elle ne peut pas être vue par le joueur – il ne perçoit que la lueur qu'elle projette. Toutefois, pour ce didacticiel, vous utiliserez une lumière directionnelle pour représenter le soleil, en appliquant le paramètre FLARE.

Vous allez positionner la lumière à une grande distance au-dessus de l'île puis vous l'éloignerez sur l'axe Z afin de vous assurer que son orientation soit conforme à sa projection.

Entrez les valeurs (0, 500, –200) dans les champs Transform du panneau INSPECTOR pour positionner la lumière (appuyez sur Entrée pour confirmer chaque valeur). Donnez la valeur 8 à la propriété X rotation afin que la lumière s'oriente vers le bas sur l'axe X et qu'elle projette davantage de clarté sur le terrain.

Enfin, vous devez rendre cette lumière visible. Pour cela, cliquez sur la flèche pointant vers le bas, située à droite du paramètre FLARE dans le composant LIGHT (il indique actuellement NONE), puis sélectionnez SUN dans le menu.

Figure 2.31

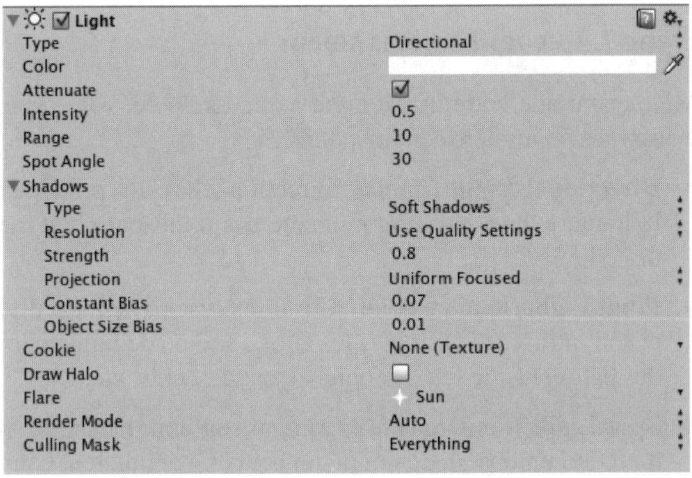

Étape 8. Quel est ce bruit ?

Le son est souvent un élément négligé dans le développement d'un jeu. Or, pour que l'expérience vidéoludique soit vraiment immersive, le joueur a non seulement besoin de découvrir l'environnement avec ses yeux, mais aussi avec ses oreilles.

Le son dans Unity est géré par deux composants : Audio Source et Audio Listener. Vous pouvez comparer Audio Source à un haut-parleur dans le monde du jeu, et Audio

Listener à un microphone ou à l'oreille du joueur. Par défaut, les objets de jeu Caméra de Unity possèdent un composant Audio Listener. Et comme vous disposez toujours d'une caméra dans votre jeu, il est fort probable que vous n'aurez que les sources sonores à définir. Il est également intéressant de noter que le composant Audio Listener n'a pas de propriétés ajustables – il fonctionne, tout simplement –, et que Unity affiche un message d'erreur si vous supprimez par inadvertance le dernier écouteur dans une scène.

Stéréo et mono

Unity gère le comportement du son en stéréo (deux canaux) pour le volume sonore constant, et en mono (un seul canal) pour le son dont le volume varie en fonction de la distance entre la source d'émission et l'auditeur dans l'univers 3D.

Prenons deux exemples :

- La musique dans le jeu. Le son stéréo est préférable, le volume étant constant, où que se trouve le joueur dans le jeu.
- Les effets sonores d'une chaîne hi-fi à l'intérieur d'un bâtiment. Le son mono est le mieux adapté. Bien que vous puissiez choisir de la musique comme effet sonore, l'utilisation de fichiers audio mono permet d'augmenter le volume de la source sonore à mesure que le joueur s'en approche.

Les formats audio

Unity accepte la plupart des formats audio courants – WAV, MP3, AIFF et OGG. Dans le cas d'un format compressé comme le MP3, il convertit les fichiers audio au format Ogg Vorbis mais il ne convertit pas les sons non compressés (les sons au format WAV, par exemple).

Comme les autres ressources que vous importez, les fichiers audio sont convertis dès que vous passez d'un autre programme à Unity, ce dernier scannant le contenu du dossier Assets à la recherche de nouveaux fichiers chaque fois que vous basculez vers le programme.

Les collines sont pleines de vie !

Pour rendre l'île plus réaliste, vous allez ajouter une source sonore d'ambiance en utilisant un son stéréo.

Commencez par sélectionner l'objet TERRAIN dans le panneau HIERARCHY. Cliquez ensuite sur COMPONENT > AUDIO > AUDIO SOURCE pour ajouter un composant AUDIO SOURCE au terrain. Comme le volume des sons stéréo demeure constant, la position n'a pas d'importance, si bien que cette source sonore pourrait se situer sur n'importe quel objet. Il est cependant logique que l'ambiance sonore de l'île soit liée à cet objet de jeu.

Un composant Audio Source est à présent disponible dans le panneau Inspector du terrain. Vous pouvez soit choisir le fichier qui doit être lu soit ne rien indiquer si vous avez décidé de déclencher les sons à l'aide d'un script.

Importer le premier paquet de ressources

Pour cette étape, vous aurez besoin d'utiliser le premier paquet de ressources de l'archive que vous avez téléchargée sur le site Pearson (**http://www.pearson.fr**). Décompressez cette archive, localisez le fichier nommé Sound1.unitypackage dans le dossier 8181_02_code, puis revenez à Unity et cliquez sur Assets > Import Package.

Dans la boîte de dialogue Import Package qui s'ouvre alors, parcourez votre disque dur jusqu'à l'emplacement où vous avez enregistré l'archive décompressée. Sélectionnez ce dossier, puis cliquez sur Ouvrir. La liste des ressources disponibles s'affiche – par défaut, Unity part du principe que l'utilisateur souhaite importer toutes les ressources, mais il vaut mieux importer seulement certaines ressources lors de l'utilisation de plus gros paquets de ressources.

Le paquet sound1 ne contient qu'un fichier audio au format MP3 fichier appelé hillside. mp3 placé dans un dossier Sound, si bien que seuls ces deux éléments s'affichent.

Cliquez sur Import pour confirmer l'ajout de ces fichiers dans votre projet. Après leur conversion, ils devraient apparaître dans le panneau Project – vous devez cliquer sur la flèche grise à gauche du dossier Sound pour afficher le fichier hillside qu'il contient. Les fichiers audio s'accompagnent d'une icône en forme de haut-parleur dans le panneau Project (voir Figure 2.32).

Figure 2.32

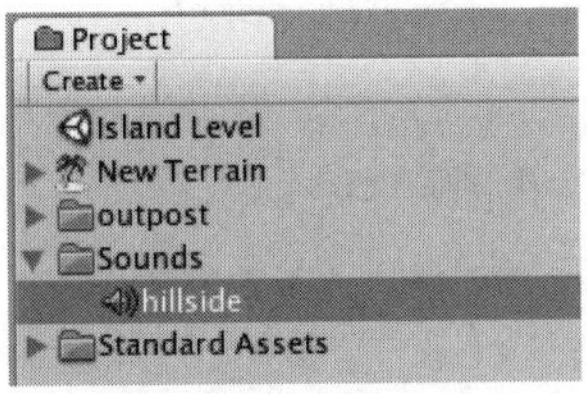

Le fichier hillside peut maintenant être appliqué au composant Audio Source du terrain.

Cliquez sur la flèche pointant vers le bas, située à droite du paramètre Audio Clip dans le composant Audio Source de l'objet de jeu Terrain, afin d'afficher la liste de tous les fichiers audio disponibles dans le projet. Comme celui-ci ne contient que le fichier audio hillside, seul ce dernier s'affiche dans le menu contextuel. Sélectionnez-le maintenant.

Les autres paramètres audio

Le composant Audio Source dispose de différents contrôles sur la lecture des sons. Pour le son d'ambiance hillside, assurez-vous simplement que les options Play On Awake (lecture à l'activation) et Loop (boucle) sont sélectionnées.

La lecture se déclenchera lors de l'entrée du joueur dans la scène (ou dans le niveau) et continuera en boucle jusqu'à ce que la scène se termine.

Les paramètres de votre composant Audio Source devraient être les mêmes qu'à la Figure 2.33.

Figure 2.33

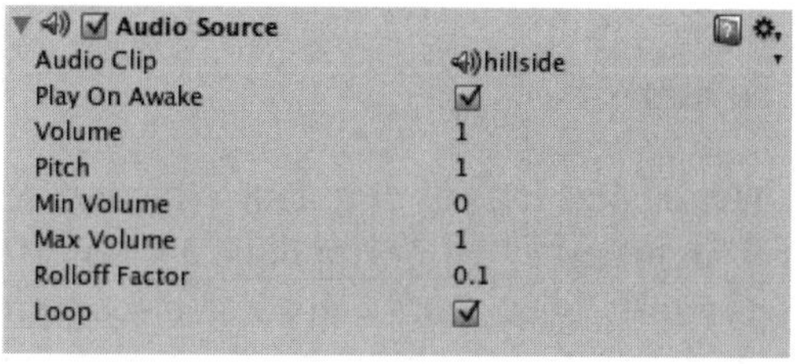

Les paramètres Min/Max Volume et Rolloff Factor (facteur d'éloignement) n'ont aucun effet sur ce son car il est en stéréo – le volume est indépendant de la distance entre le joueur et la source sonore. Pour des sons mono, en revanche, ces options donnent les résultats suivants :

- **Min/Max Volume.** Le volume le plus faible/élevé que le son peut avoir, indépendamment de la proximité de l'écouteur audio.
- **Rolloff Factor.** La rapidité avec laquelle le volume sonore croît ou décroît lorsque l'auditeur se rapproche ou s'éloigne de la source.

Étape 9. Regardez le ciel (la skybox)

Dans les environnements 3D, vous représentez l'horizon ou le lointain en ajoutant une *skybox*. Une skybox est un *cubemap* (une vue cubique aplatie), c'est-à-dire une série de six textures placées à l'intérieur d'un cube dont le rendu simule le ciel et l'horizon. Ce cubemap recouvre le monde en 3D à tout moment et, tout comme l'horizon réel, il ne peut pas être atteint par un joueur.

Pour appliquer une skybox à la scène, cliquez sur Edit > Render Settings. Le contenu du panneau Inspector affiche alors les préférences de rendu de cette scène. Cliquez sur la flèche déroulante située à droite du paramètre Skybox Material, puis sélectionnez Sunset pour l'appliquer à la skybox. Il est crucial que vous compreniez que chaque skybox ajoutée sera uniquement visible dans le panneau Game par défaut.

La skybox Sunset du paquet de ressources Standard, comme de nombreuses autres, dispose d'un soleil prédéfini. Cependant, votre scène en a déjà un, représenté visuellement par le reflet de la lumière directionnelle. Vous devez donc repositionner celle-ci pour qu'elle corresponde au soleil de la skybox. Afin que vous puissiez juger de ce problème par vous-même, vous ajouterez d'abord le personnage du joueur (First Person Controller).

Étape 10. La mer

Vous avez créé une île, celle-ci doit donc être entourée d'eau. L'eau, dans Unity, est réalisée à partir d'un matériau animé appliqué à une surface. Bien qu'il soit possible de créer d'autres effets dynamiques pour l'eau à l'aide des particules, la meilleure façon d'en ajouter une grande étendue consiste à utiliser un des matériaux fournis avec Unity.

Le paquet de ressources Standard Assets contient deux surfaces prêtes à l'emploi sur lesquelles le matériau Water est appliqué. Ces objets enregistrés en tant qu'éléments préfabriqués peuvent être facilement utilisés depuis le panneau Project. Il vous suffit en effet d'ouvrir le dossier Standard Assets/Water.

Faites glisser l'élément préfabriqué Daylight Simple Water dans la scène, puis positionnez-le à (500, 4, 500) en indiquant ces valeurs dans les champs Position X, Y et Z du composant Transform dans le panneau Inspector. Afin d'augmenter l'échelle de l'élément préfabriqué Water pour qu'il forme une mer tout autour de l'île, donnez la valeur 1600 aux paramètres X et Z de Scale.

L'eau est ainsi placée au centre de la carte, quatre mètres au-dessus du fond marin. Cela recouvrira les coins de l'île et masquera la nature carrée du terrain (voir Figure 2.34).

Figure 2.34

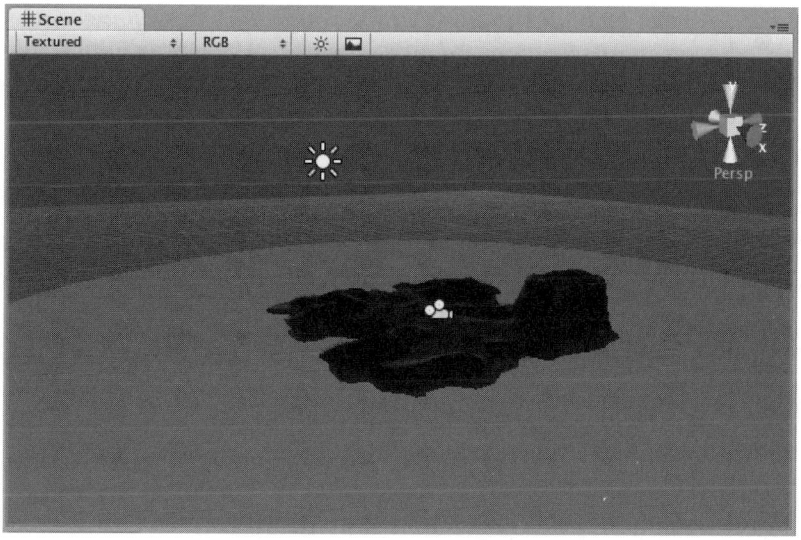

Étape 11. Randonnée sur l'île

Dans le panneau PROJECT, affichez le contenu du sous-dossier Prefabs du paquet de ressources Standard Assets : il contient un seul élément préfabriqué : l'objet FIRST PERSON CONTROLLER (contrôleur à la première personne). Vous allez le faire glisser et le déposer dans la scène afin de vous promener sur votre terrain à l'aide du clavier et de la souris.

Faites glisser cet élément préfabriqué depuis le panneau PROJECT dans le panneau SCENE. Vous ne pouvez pas le positionner précisément lorsque vous le déposez dans la scène, mais vous pouvez le faire par la suite.

Maintenant que l'objet FIRST PERSON CONTROLLER est un objet de jeu actif, il apparaît dans le panneau HIERARCHY et ses composants dans le panneau INSPECTOR.

Repositionnez-le à (500, 35, 500) en entrant ces valeurs dans le composant TRANSFORM du panneau INSPECTOR. Le personnage se place alors au centre de la carte, sur les axes X et Z, car vous avez créé un terrain de 1 000 mètres de côté. La valeur 35 sur l'axe Y garantit que le joueur se trouve au-dessus du niveau du sol – dans le cas contraire, il tomberait dans la carte lors du lancement du jeu. Si vous avez créé une colline à cette position lorsque vous avez sculpté votre terrain, augmentez simplement cette valeur Y pour placer le personnage en haut de la colline au début de la partie.

Info

Pour voir plus facilement où votre objet personnage est placé, assurez-vous qu'il est sélectionné dans le panneau HIERARCHY, placez le curseur sur le panneau SCENE et appuyez sur la touche F. La vue dans le panneau SCENE se centre alors sur l'objet sélectionné.

Cliquez maintenant sur le bouton PLAY pour tester le jeu. Vous devriez pouvoir vous promener sur votre île !

Les contrôles par défaut du personnage sont les suivants :

- Haut/W : avancer ;
- Bas/S : reculer ;
- Gauche/A : pas sur le côté gauche (aussi connu sous le nom de *strafing*) ;
- Droit/D : pas sur le côté droit ;
- Souris : examiner les alentours ou faire pivoter le joueur lorsqu'il se déplace.

Grimpez au sommet d'une colline et tournez-vous jusqu'à ce que vous puissiez voir le reflet du soleil. Regardez ensuite à droite du reflet : vous constatez que la skybox possède également une zone éclairée pour représenter le soleil. Vous devez donc repositionner l'objet DIRECTIONAL LIGHT afin qu'il corresponde au soleil de la skybox, comme nous l'avons déjà mentionné.

Cliquez de nouveau sur le bouton PLAY pour interrompre le test du jeu. Il est essentiel d'arrêter le jeu lorsque vous effectuez des modifications. Si vous le laissez s'exécuter ou si vous cliquez sur PAUSE, les modifications que vous apportez à la scène ne seront que temporaires – elles seront annulées dès que vous cliquerez de nouveau sur PLAY ou que vous quitterez Unity.

Étape 12. Alignement du soleil et retouches finales

Sélectionnez l'objet DIRECTIONAL LIGHT dans le panneau HIERARCHY, puis repositionnez-le à (–500, 500, 500) dans le composant TRANSFORM du panneau INSPECTOR. La lumière se place alors sur le côté de la carte où se trouve le soleil de la skybox. Faites ensuite pivoter l'objet de 120 sur l'axe Y (boîte centrale) pour que la position de l'objet DIRECTIONAL LIGHT corresponde à la lumière de la skybox.

Enfin, comme nous avons l'objet First Person Controller, nous n'avons désormais plus besoin de l'objet Main Camera ajouté par défaut. Unity le signale d'ailleurs en affichant un message (voir Figure 2.35) dans la zone d'aperçu de la console au bas de l'écran lorsque vous testez le jeu.

Figure 2.35

Pour remédier à ce problème, il suffit de supprimer l'objet Main Camera. Pour cela, sélectionnez-le dans le panneau Hierarchy, puis cliquez sur Edit > Delete ou appuyez sur Cmd+Retour arrière (Mac OS) ou sur Suppr (Windows).

Maintenant que cet objet a disparu, l'île est terminée. Enregistrez votre scène afin de ne rien perdre de votre travail. Pour cela, cliquez sur File > Save Scene et nommez la scène *Island Level*, par exemple. Unity propose automatiquement de l'enregistrer dans le dossier Assets de votre projet car toutes les ressources doivent s'y trouver. Pour organiser vos éléments, vous pouvez créer un sous-dossier Niveaux où enregistrer votre scène.

Félicitations, votre île est prête à être explorée. Cliquez de nouveau sur le bouton Play et promenez-vous ! N'oubliez pas de cliquer sur Play de nouveau lorsque vous aurez terminé.

Importer des modèles

Votre île est prête pour le jeu ! Vous allez donc apprendre à importer des modèles créés dans des applications externes. Les modèles pour les exercices de ce livre étant fournis, vous aurez besoin d'importer un autre paquet Unity pour ajouter le premier modèle – un avant-poste – à votre projet.

Importer le paquet de ressources du modèle

Cliquez sur Assets > Import Package dans Unity puis parcourez votre disque dur jusqu'au dossier Code_8181/8181_02_code/Outpost.unitypackage que vous avez extrait de l'archive téléchargée (**http://www.pearson.fr**).

Cliquez ensuite sur Assets > Import Package.

Figure 2.36

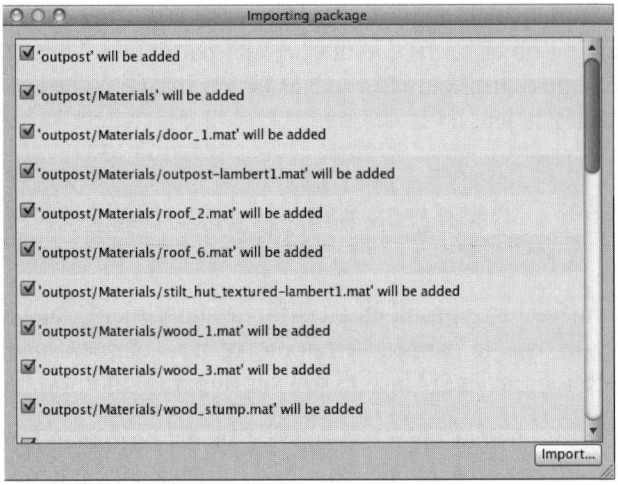

Laissez tous les fichiers sélectionnés, puis cliquez sur le bouton Import pour valider. Une fois le contenu du paquet importé, un nouveau dossier de ressources outpost est créé dans le panneau Project, et donc également dans le dossier Assets de votre projet sur votre disque dur. Cliquez sur la flèche grise située à côté du nom de ce dossier dans le panneau Project pour afficher son contenu.

Figure 2.37

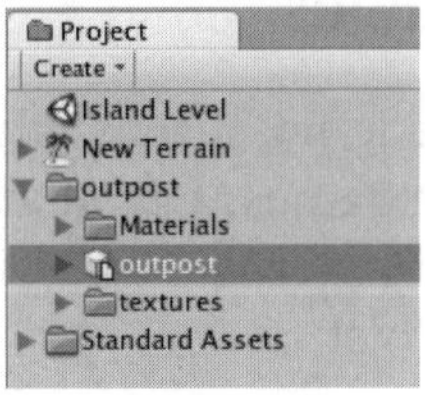

Le dossier importé contient le modèle lui-même ainsi que deux sous-dossiers : Materials pour les matériaux et Textures pour les images qui composent les textures de ces matériaux. Vous pouvez repérer un modèle 3D dans Unity grâce à son icône, un petit cube accompagné d'une image de page. Cela permet de le différencier des éléments préfabriqués, dont l'icône est un simple cube, comme vous le verrez plus loin.

Les paramètres communs des modèles

Avant d'ajouter un modèle dans la scène active, vous devez toujours vous assurer dans le panneau INSPECTOR que ses paramètres conviennent. Lorsque vous importez de nouveaux modèles dans un projet, Unity les interprète à l'aide de son format de fichier FBX.

Avec le composant FBX IMPORTER du panneau INSPECTOR, vous pouvez sélectionner le fichier du modèle dans le panneau PROJECT et régler ses paramètres MESHES, MATERIALS et ANIMATIONS avant que le modèle ne devienne partie intégrante de votre jeu.

Le maillage (*Meshes*)

À la section MESHES du composant FBX IMPORTER, vous pouvez définir les paramètres suivants :

- **Scale Factor.** Généralement fixé à la valeur 1, ce paramètre indique qu'une unité est égale à un mètre dans le monde du jeu. Pour utiliser une échelle différente, il suffit d'ajuster ce paramètre avant d'ajouter le modèle à la scène. Mais vous pouvez toujours modifier l'échelle des objets lorsqu'ils se trouvent dans la scène grâce aux paramètres SCALE du composant TRANSFORM.
- **Generate Colliders** (générer les composants de collisions). Cette option attribue un MESH COLLIDER à chaque composant individuel du modèle. Un MESH COLLIDER (composant de collisions respectant le maillage) est un collider (composant de collisions) complexe qui s'adapte à des formes géométriques complexes. Il s'agit par conséquent du type habituel de collider à appliquer à toutes les parties d'une carte ou d'un modèle 3D de bâtiment.
- **Calculate Normals.** La *normale* est la face avant de chaque maillage du modèle 3D, autrement dit le côté visible après le rendu. En activant cette option, vous permettez à Unity de s'assurer que le rendu de toutes les surfaces est correctement défini dans le jeu.
- **Smoothing Angle.** Lorsque vous utilisez la fonction CALCULATE NORMALS, le lissage permet de spécifier l'angle qu'une arête doit avoir pour être considérée comme une arête en dur par le moteur du jeu. Les autres pourront être lissées par exemple pour le rendu des lumières sur une sphère.
- **Split Tangents.** Ce paramètre permet au moteur de corriger les modèles importés avec un placage de relief incorrect. Le placage de relief, ou Bump mapping, utilise deux textures : une image qui représente l'apparence du modèle et une heightmap. En combinant les deux, il permet au moteur de rendu d'afficher des surfaces planes de polygones comme si elles comportaient des déformations en 3D. Lorsque vous créez ces effets dans des applications tierces et que vous les transférez dans Unity, les effets d'éclairage

peuvent parfois ne pas être corrects. Cette option est conçue pour corriger ce problème en interprétant leurs matériaux différemment.

- **Swap UVs.** Ce paramètre sert à corriger les erreurs d'importation des shaders de lumière depuis des applications tierces.

Les matériaux (materials)

La section MATERIALS permet de choisir la façon dont sont interprétés les matériaux créés dans une application de modélisation 3D tierce. Dans le menu déroulant GENERATION, vous pouvez choisir l'option PER TEXTURE, afin de créer un matériau Unity pour chaque image de texture trouvée dans le fichier, ou l'option PER MATERIAL, afin de créer des matériaux uniquement pour les matériaux existants dans le fichier original.

Les animations

À la section ANIMATIONS du composant IMPORTER, vous interprétez les animations créées dans votre logiciel de modélisation de différentes façons. Vous pouvez choisir une des méthodes suivantes dans le menu déroulant GENERATION :

- **Don't Import.** Le modèle est importé sans aucune animation.
- **Store in Original Roots.** Le modèle conserve les animations de chaque objet parent, car le parent ou la racine (*root*) des objets peut s'importer de manière différente dans Unity.
- **Store in Nodes.** Le modèle conserve les animations de chaque objet enfant, ce qui permet un contrôle plus important de l'animation de chaque élément par le script.
- **Store in Root.** Le modèle ne conserve que l'animation de l'objet parent de l'ensemble du groupe.

La section ANIMATIONS contient trois cases à cocher supplémentaires :

- **Bake Animations.** Indique à Unity d'interpréter les articulations dans les modèles qui utilisent une armature pour être animés (cinématique inverse).
- **Keyframes Reduction.** Supprime les images clés inutiles dans les modèles exportés depuis des logiciels de modélisation. Cette option devrait toujours être sélectionnée car elle améliore les performances du modèle d'animation puisque Unity n'a pas besoin de ces images-clés.
- **Split Animations.** Lorsque les animateurs créent des modèles destinés à être utilisés dans Unity, ils réalisent leurs animations sur une échelle de temps. Après en avoir noté la durée, ils peuvent disposer chaque partie de l'animation dans son échelle de temps,

en indiquant le nom et les images sur lesquelles chaque animation se déroule. De cette manière, on peut ensuite appeler chaque animation par son nom à l'aide d'un script.

Le paramétrage du modèle d'avant-poste

Le modèle d'avant-poste que vous avez importé étant sélectionné dans le panneau PROJECT, vous allez utiliser le composant FBX IMPORTER du panneau INSPECTOR pour ajuster ses paramètres. Assurez-vous des points suivants.

- À la section MESHES, l'option SCALE FACTOR est définie à 1 et les options GENERATE COLLIDERS et CALCULATE NORMALS sont sélectionnées.
- À la section MATERIALS, l'option PER TEXTURE est sélectionnée dans le menu GENERATION.
- À la section ANIMATIONS, les options KEYFRAMES REDUCTION et SPLIT ANIMATIONS sont sélectionnées.

Cliquez sur le bouton + (Ajouter un symbole) à droite du tableau situé au bas de la section Animations pour ajouter trois séquences animées.

La première animation est automatiquement nommée *idle* (inactif), ce qui est parfait, mais vous devez indiquer le nombre d'images à utiliser. Cliquez sur la première valeur dans la colonne START, saisissez 1 pour indiquer à Unity de commencer cette animation sur l'image 1, puis indiquez une valeur de 2 dans la colonne END.

Répétez cette étape pour ajouter deux autres animations :

- **dooropen** : de l'image 3 à l'image 12 ;
- **doorshut** : de l'image 13 à l'image 24.

Info

Les noms de ces animations sont sensibles à la casse quand vous les appelez dans un script. Vous devez donc vous assurer de les écrire exactement comme nous les indiquons.

L'option LOOP du tableau Animations peut être trompeuse pour les nouveaux utilisateurs. Elle n'est pas conçue pour que l'animation que vous paramétrez soit lue en boucle (c'est le paramètre WRAP MODE qui gère cela, une fois l'animation insérée dans la scène). En fait, la fonction LOOP permet d'ajouter une image aux animations lues en boucle lorsque la première et la dernière image des animations provenant d'applications de modélisation tierces ne correspondent plus après leur importation dans Unity.

Figure 2.38

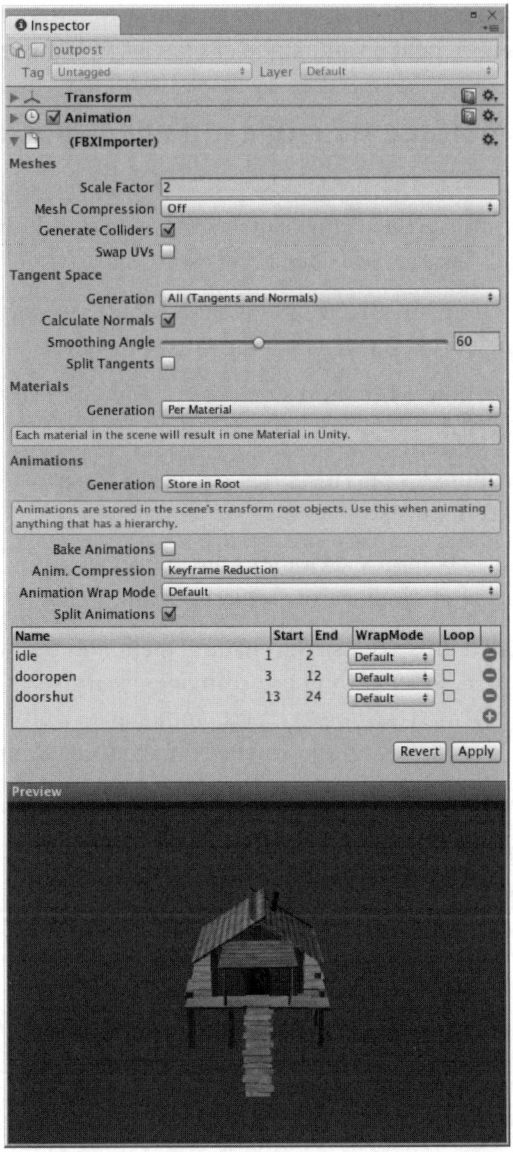

Lorsque votre modèle d'avant-poste est paramétré comme indiqué, cliquez sur le bouton Apply pour confirmer ces paramètres d'importation. Le modèle est prêt à être inséré dans la scène et utilisé dans votre jeu.

En résumé

Ce chapitre vous a donné les bases du développement de votre premier environnement. À partir d'une surface plate, vous avez créé en très peu de temps une île complète à explorer. Vous avez également étudié l'éclairage et le son, deux principes de base qui s'appliquent dans tous les types de projets de jeux que vous rencontrerez.

Souvenez-vous que vous pouvez réactiver à tout moment les outils de terrain décrits ici afin d'ajouter des détails à votre terrain. Une fois que vous vous sentirez plus en confiance dans l'utilisation du son, nous reviendrons sur ce sujet et nous montrerons comment ajouter d'autres sources audio à votre île.

Continuez les exercices de ce livre et vous découvrirez tous les types de nuances supplémentaires que vous pouvez apporter aux environnements afin de les rendre plus crédibles pour le joueur.

Vous découvrirez comment ajouter une touche dynamique à l'île lorsque nous aborderons l'utilisation des particules, en ajoutant des feux de camp ainsi qu'un panache de fumée et des cendres au volcan !

Au prochain chapitre, vous allez intégrer le bâtiment d'avant-poste à votre scène et voir comment déclencher ses animations lorsque le joueur s'approche de la porte. Pour cela, nous allons présenter l'écriture de code JavaScript pour Unity afin que vous commenciez à développer les interactions dans le jeu.

3

Personnages jouables

Vous allez élargir le scénario de l'île que vous avez créée précédemment, en vous tournant vers la construction du personnage du joueur que vous avez déjà ajouté à la scène. Stocké sous forme d'élément préfabriqué (un modèle de données) offert par Unity Technologies dans le paquet de ressources Standard Assets, cet objet est un exemple de personnage jouable pour un jeu à la première personne. Vous allez voir comment la combinaison des objets et des composants qui le constituent permet d'obtenir cet effet.

Vous étudierez les coulisses de cet élément préfabriqué et vous découvrirez comment chacun de ses composants fonctionne pour constituer le personnage du joueur. Vous découvrirez également les scripts JavaScript dans Unity. Cet élément préfabriqué étant déjà ajouté à la scène du jeu, ce serait trop simple de continuer à développer le jeu en partant du principe que cet objet fonctionne correctement. En effet, chaque fois que vous implémentez une ressource créée en dehors de Unity, vous devez comprendre son fonctionnement. Dans le cas contraire, vous aurez des difficultés pour ajuster cet élément ou corriger d'éventuelles erreurs.

Nous allons aborder les points suivants afin que vous compreniez comment la combinaison de quelques objets et de quelques composants peut créer un personnage à part entière :

- les tags, les calques et les éléments préfabriqués dans le panneau INSPECTOR ;
- les relations parent-enfant dans les objets ;
- les bases du langage JavaScript ;
- l'écriture de script pour les mouvements du joueur ;
- le paramétrage de variables publiques dans le panneau INSPECTOR ;
- l'utilisation de caméras pour créer le point de vue.

Le panneau *Inspector*

Comme c'est la première fois que vous disséquez un objet dans le panneau INSPECTOR, commençons par examiner les caractéristiques de ce panneau, communes à tous les objets.

Le nom de l'objet sélectionné s'affiche en haut du panneau INSPECTOR, précédé d'une icône d'élément préfabriqué (un cube rouge, vert et bleu) ou d'une icône d'objet de jeu (un cube bleu clair) ainsi que d'une case à cocher permettant de le désactiver temporairement ou définitivement.

Pour l'objet de jeu DIRECTIONAL LIGHT, qui n'est pas créé à partir d'un élément préfabriqué existant, le haut du panneau INSPECTOR se présente comme à la Figure 3.1.

Figure 3.1

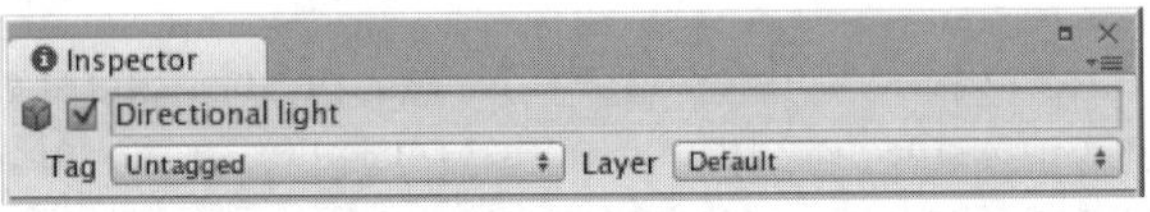

Les faces rouges, vertes et bleues du cube de l'icône, indiquent qu'il s'agit d'un objet de jeu standard. Vous pouvez renommer cet objet très simplement en cliquant sur le champ du nom de l'objet, puis en entrant un nouveau nom.

Sous l'icône de l'objet et le champ indiquant son nom se trouvent la case à cocher d'activation de l'objet et les options TAG et LAYER.

Les tags

Les *tags* sont tout simplement des mots clés qu'on peut assigner à un objet de jeu. Vous pouvez ensuite utiliser ces mots ou une phrase de votre choix pour faire référence à l'objet (ou aux objets) de jeu dans le script (un tag peut être utilisé plusieurs fois). Si vous connaissez Adobe Flash, vous pouvez comparer les tags aux *noms d'occurrences* dans Flash, au sens où il s'agit dans les deux cas de mots clés utilisés pour représenter les objets dans une scène.

L'attribution d'un tag à un objet de jeu se réalise en deux étapes : ajout du tag à la liste du Tag Manager, puis application à l'objet.

Pour vous habituer à l'utilisation des tags, vous allez définir et appliquer votre premier tag à l'objet DIRECTIONAL LIGHT. Sélectionnez-le dans le panneau HIERARCHY, puis cliquez sur le menu déroulant TAG qui indique pour le moment UNTAGGED.

Ce menu contient la liste des tags existants. Vous pouvez soit choisir l'un d'eux ou en créer un. Sélectionnez ADD TAG au bas du menu afin d'ajouter un tag à la liste du Tag Manager.

Figure 3.2

Le panneau INSPECTOR affiche alors le Tag Manager et non plus les composants de l'objet sélectionné.

Le Tag Manager contient à la fois les Tags et les Layers. Pour ajouter un nouveau tag, cliquez sur la flèche grise située à gauche de TAG, pour afficher les paramètres SIZE et ELEMENT. Vous pouvez alors saisir le nom du tag dans le champ vierge situé à droite de ELEMENT 0.

Entrez le nom *Sunlight* (vous pouvez nommer les tags comme cela vous convient), puis appuyez sur Entrée pour valider. La valeur du paramètre SIZE s'incrémente d'une unité dès que vous appuyez sur Entrée, et un nouveau champ ELEMENT devient disponible pour un prochain tag.

Figure 3.3

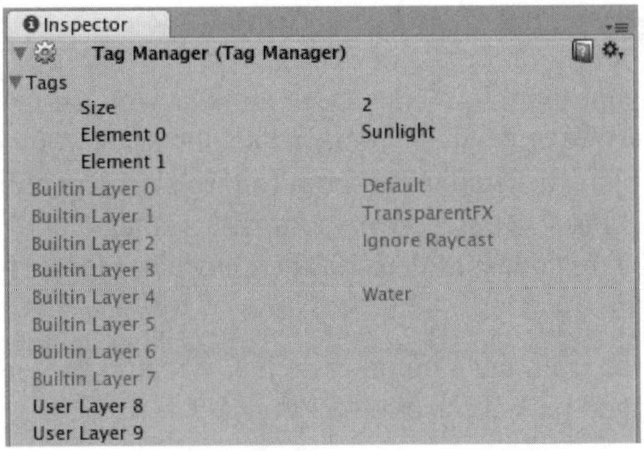

Le paramètre SIZE correspond ici au nombre de tags actuellement définis. Unity utilise les noms Size et Element dans plusieurs menus différents du panneau INSPECTOR, comme vous le verrez par la suite.

Vous avez ajouté un tag à la liste, mais il n'est pas encore attaché à l'objet DIRECTIONAL LIGHT. Par conséquent, sélectionnez de nouveau cet objet dans le panneau HIERARCHY, puis cliquez sur le menu déroulant TAG en haut du panneau INSPECTOR. Le tag SUNLIGHT que vous venez de créer apparaît maintenant sur la liste. Pour l'appliquer, il vous suffit de le sélectionner dans le menu déroulant (voir Figure 3.4).

Figure 3.4

Les calques (layers)

Les calques sont un moyen supplémentaire de regrouper des objets afin de leur appliquer des règles spécifiques, en particulier pour le rendu des lumières et des caméras. Toutefois, ils peuvent aussi être utilisés avec une technique physique appelée raycasting (tracé de rayon), afin d'isoler certains objets de façon sélective.

Après avoir placé des objets sur un calque, vous pouvez les désélectionner à partir du paramètre CULLING MASK d'une lumière afin qu'ils ne soient pas affectés par celle-ci. Comme les tags, les calques se créent dans le Tag Manager – ils apparaissent en dessous de la liste des tags.

Les éléments préfabriqués dans le panneau *Inspector*

Si l'objet de jeu que vous sélectionnez dans le panneau HIERARCHY provient d'un élément préfabriqué, le panneau INSPECTOR propose alors quelques paramètres supplémentaires (voir Figure 3.5).

Figure 3.5

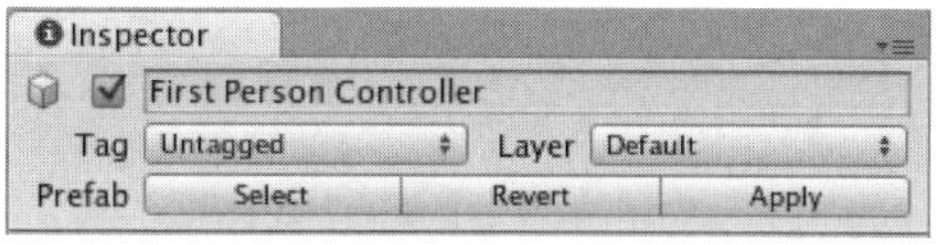

Trois boutons supplémentaires s'affichent sous les champs TAG et LAYER et permettent d'interagir avec l'objet créé à partir d'un élément préfabriqué.

- **Select.** Permet de localiser et de mettre en évidence l'élément préfabriqué auquel appartient cet objet dans le panneau PROJECT.
- **Revert.** Annule tous les paramètres des composants de l'objet actif et rétablit les paramètres utilisés par l'élément préfabriqué dans le panneau PROJECT.
- **Apply.** Applique les valeurs utilisées dans l'occurrence sélectionnée aux paramètres de l'élément préfabriqué. Toutes les copies de cet élément préfabriqué intégrées dans la scène en cours sont également mises à jour.

Maintenant que vous connaissez les paramètres supplémentaires disponibles dans le panneau INSPECTOR, nous pouvons commencer à étudier le personnage du joueur.

L'objet *First Person Controller* en détail

Commençons par regarder les objets qui constituent l'objet FIRST PERSON CONTROLLER (FPC) avant de nous pencher sur les composants qui le font fonctionner.

Dans le panneau HIERARCHY, cliquez sur la flèche grise à gauche de l'objet FIRST PERSON CONTROLLER, afin d'afficher les objets qui y sont imbriqués. Lorsque les objets sont imbriqués de cette manière, il s'agit d'une relation parent-enfant. Dans cet exemple, l'objet FIRST PERSON CONTROLLER est le *parent*, et les objets GRAPHICS et MAIN CAMERA, ses *enfants*. Les objets enfants s'affichent en retrait dans le panneau HIERARCHY afin de montrer leurs relations à l'objet parent (voir Figure 3.6).

Figure 3.6

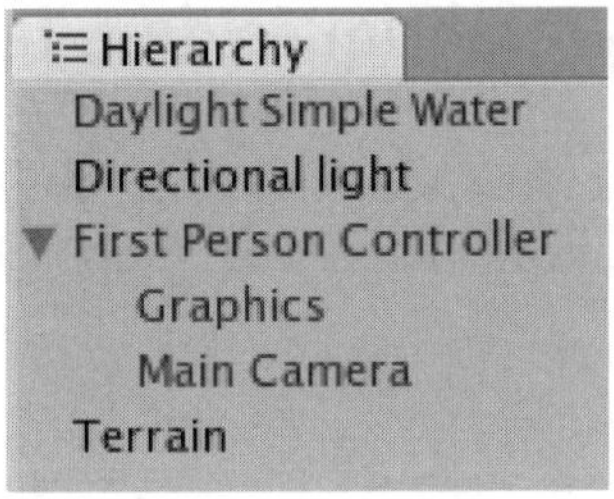

Les relations parent-enfant

Vous devez retenir certaines règles essentielles concernant les objets imbriqués ou les objets enfants.

Les valeurs de position et de rotation d'un objet enfant sont relatives à celles de ses parents. On parle alors de *position locale* et de *rotation locale*. Par exemple, si les coordonnées d'un objet sont (500, 35, 500), et que celles d'un de ses objets enfants sont (0, 0, 0), on remarque que celui-ci semble avoir la même position que son parent. Il s'agit en effet de la position *relative* de l'objet enfant : en plaçant un objet enfant à (0, 0, 0), vous le positionnez aux coordonnées d'origine de son parent, autrement dit par rapport à la position du parent.

Cliquez sur l'objet GRAPHICS situé sous l'objet parent FPC dans le panneau HIERARCHY. Comme vous pouvez le constater, l'objet FPC se trouve au centre de l'île et, pourtant, les valeurs du composant TRANSFORM de l'objet GRAPHICS sont de (0, 0, 0).

En conséquence, chaque fois que l'objet parent est déplacé, ses enfants l'accompagnent, tout en conservant leur position et leur rotation locale selon la position et la rotation du parent dans le monde du jeu.

Les objets de *First Person Controller*

Cet objet se compose des trois éléments suivants :

1. **First Person Controller.** L'objet FPC, ou parent du groupe, sur lequel sont appliqués le script et le collider (composant de collision) principal pour contrôler son comportement. Le mouvement de cet objet est contrôlé par deux scripts : le premier permet de le déplacer à l'aide du clavier et le second de le faire pivoter en déplaçant la souris à gauche et à droite.
2. **Graphics.** Tout simplement la forme primitive Capsule (voir Figure 3.7), qui vous permet en tant que développeur de voir où vous avez placé l'objet FPC.
3. **Main Camera.** Placé au niveau des yeux du joueur, cet objet fournit le point de vue. Des scripts lui sont appliqués afin que le joueur puisse regarder vers le haut et vers le bas.

En raison de la relation parent-enfant, lorsque l'objet FPC se déplace ou pivote, les objets GRAPHICS et MAIN CAMERA suivent.

Sélectionnez l'objet FIRST PERSON CONTROLLER dans le panneau HIERARCHY, placez le curseur sur le panneau SCENE, puis centrez la vue sur cet objet (touche F). L'objet FPC devrait s'afficher comme à la Figure 3.7.

Figure 3.7

Cliquez maintenant sur le bouton PLAY, puis n'importe où dans le panneau GAME et commencez à déplacer le personnage tout en l'observant dans le panneau SCENE. Vous constatez que lorsque vous modifiez la position du personnage avec les touches du clavier et que vous le faites tourner à l'aide de la souris, la position des objets enfants change également.

Info *Pour afficher les panneaux GAME et SCENE en même temps, cliquez sur WINDOW > LAYOUTS > 2 BY 3, puis déplacez les panneaux à votre convenance.*

Objet 1. L'objet *First Person Controller* (parent)

L'objet FIRST PERSON CONTROLLER étant toujours sélectionné dans le panneau HIERARCHY, observez ses composants dans le panneau INSPECTOR.

Figure 3.8

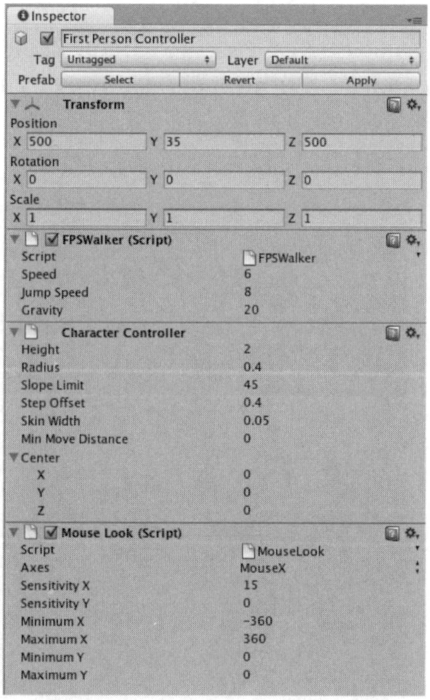

L'objet FPC est formé de quatre composants : TRANSFORM, FPSWALKER (SCRIPT), CHARACTER CONTROLLER et MOUSE LOOK (SCRIPT) [voir Figure 3.8].

Le composant *Transform*

Comme tous les objets de jeu actifs, l'objet FPC possède un composant TRANSFORM qui indique ses paramètres de position, de rotation et d'échelle et permet de les ajuster.

Le composant *FPSWalker (Script)*

Ce script, écrit en JavaScript, permet de contrôler le déplacement du personnage vers l'arrière et vers l'avant avec les touches directionnelles Haut et Bas (ou W et S), sur le côté (le *strafing* dans le jargon des joueurs) à l'aide des touches directionnelles Gauche et Droite (ou A et D), et de le faire sauter en utilisant la touche de saut, qui est, par défaut, la barre d'espacement.

Ce script compte trois variables publiques `Speed`, `JumpSpeed` et `Gravity`, visibles dans le panneau INSPECTOR. Il est ainsi possible d'ajuster ces valeurs sans même ouvrir le script.

Le moteur physique de Unity peut contrôler les objets avec un composant RIGIDBODY, mais notre personnage n'en possède pas. Sa propre gravité doit donc être indiquée dans une partie du script. Cette variable permet d'augmenter l'effet de la gravité, ce qui a pour conséquence d'entraîner une chute plus rapide du personnage.

Astuce

`Script` est le premier paramètre (avant les variables publiques) de tous les composants de type script. Il permet de sélectionner un autre script sans devoir remplacer le composant.
C'est particulièrement utile lorsque vous améliorez progressivement les scripts existants – vous pouvez alors simplement dupliquer les scripts, les modifier, puis les utiliser à tour de rôle en les sélectionnant dans le menu déroulant situé à droite du nom du script. De cette manière, vous conservez les paramètres existants des variables publiques dans le panneau INSPECTOR

Le composant *Character Controller*

Cet objet agit comme un collider (un composant de collision qui donne à l'objet la capacité physique d'interagir avec d'autres objets) et il est spécialement conçu pour s'appliquer aux mouvements du personnage et à leur contrôle dans le monde du jeu. Ses paramètres sont les suivants :

- **Height.** La hauteur du personnage, qui définit la taille du collider en forme de capsule du personnage.

- **Radius.** La largeur du collider en forme de capsule. La valeur par défaut correspond au rayon de l'objet enfant Graphics. Toutefois, si vous souhaitez agrandir la circonférence du personnage, soit pour restreindre ses mouvements soit pour augmenter l'espace dans lequel les collisions sont détectées, vous pouvez augmenter la valeur de ce paramètre.
- **Slope Limit.** Ce paramètre permet de définir le degré d'une pente que le personnage peut gravir. En l'incluant, le composant Character Controller empêche que le joueur puisse gravir les parois verticales ou les zones les plus escarpées du terrain, ce qui serait bien entendu peu réaliste.
- **Step Offset.** Dans un univers du jeu qui inclut des escaliers, ce paramètre sert à définir à quelle distance du sol le personnage peut s'élever – plus la valeur est importante, plus le personnage peut s'éloigner du sol pour gravir un obstacle.
- **Skin Width.** Comme le personnage va entrer en collision avec d'autres objets de jeu dans la scène, et souvent à grande vitesse, ce paramètre vous permet de préciser à quelle profondeur les autres colliders peuvent croiser les colliders du personnage avant qu'une réaction ne se produise. Cela aide à réduire les conflits qui peuvent notamment occasionner une secousse légère mais constante du personnage ou bloquer le personnage dans les murs. En effet, lorsque deux colliders entrent subitement en contact sans donner le temps au moteur de jeu de réagir en conséquence, celui-ci les désactive ou les écarte les uns des autres de manière imprévisible plutôt que de se bloquer. Unity Technologies recommande de régler cette valeur à 10 % du paramètre Radius du personnage.
- **Min Move Distance.** La distance minimale à laquelle le personnage pourra se déplacer. Elle est généralement définie à 0 ; avec une valeur plus importante, le personnage ne peut bouger que si son déplacement est supérieur à cette valeur (ce qui l'empêche alors de se mouvoir dans un lieu trop confiné). Ce paramètre s'utilise uniquement pour réduire les conflits, mais conserve la valeur 0 dans la plupart des cas.
- **Center.** Ce paramètre de type Vector3 (valeurs x, y, z) permet d'éloigner le collider du personnage de son point central local. Sa valeur est généralement de 0 et ne se modifie le plus souvent que pour les personnages vus à la troisième personne, qui ont une forme plus complexe qu'une simple capsule. En modifiant la coordonnée Y par exemple, vous pouvez tenir compte du point de contact entre les pieds du personnage et le sol – car c'est l'objet Character Controller collider qui définit où l'objet repose sur le sol et non le maillage visible des pieds du personnage.

Le composant Character Controller collider est représenté dans le panneau Scene par un contour vert en forme de capsule, de la même manière que les autres colliders dans Unity. À la Figure 3.9, nous avons désactivé temporairement le rendu de l'objet Graphics, afin de vous aider à mieux repérer le contour du composant CHARACTER CONTROLLER COLLIDER.

Figure 3.9

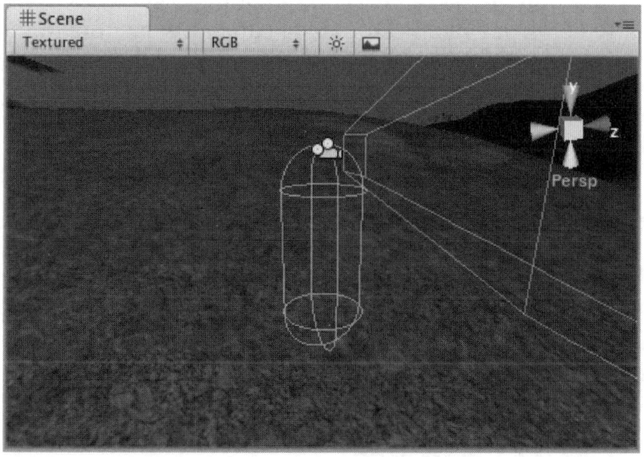

Le composant *Mouse Look (Script)*

Écrit en C#, ce script permet de faire pivoter le personnage lorsqu'on déplace la souris, en laissant les déplacements latéraux aux touches directionnelles Gauche et Droite. Ce script compte un certain nombre de variables publiques qui peuvent être ajustées :

- **Axes.** Définit sur MouseX dans ce cas. Vous pouvez choisir pour cette variable MouseX, MouseY ou MouseXAndY. Pour l'objet FPC, vous avez besoin que cette instance du script MOUSE LOOK (l'autre occurrence étant un composant de l'objet enfant MAIN CAMERA) soit définie sur l'axe X uniquement pour faire pivoter le personnage entier à gauche ou à droite à l'aide de la souris – et donc l'objet enfant MAIN CAMERA.

  Vous vous demandez peut-être pourquoi ne pas choisir MouseXAndY pour le composant MOUSE LOOK de l'objet MAIN CAMERA. Cela permettrait à la caméra de s'incliner et de pivoter sur les deux axes, certes, mais alors le personnage ne ferait plus face à l'endroit qu'il regarde, car la caméra pivoterait uniquement de façon locale. En conséquence, le personnage pourrait regarder autour de lui, mais lorsque vous le déplaceriez avec les touches du clavier, il se dirigerait aléatoirement. Avec cette instance du script MOUSE LOOK sur l'objet parent (FIRST PERSON CONTROLLER), vous faites pivoter le personnage, ce qui entraîne une rotation de la caméra puisque celle-ci est un objet enfant et suit donc la rotation de son parent.

- **Sensitivity X** et **Sensitivity Y.** Comme vous n'utilisez que l'axe X de ce script, cette variable contrôle uniquement l'influence des mouvements latéraux de la souris sur la rotation de l'objet. Si la variable `Axes` était définie pour agir également sur l'axe Y, on pourrait alors ajuster la manière dont les mouvements de la souris vers le haut ou vers le bas affecteraient l'inclinaison de la caméra. Vous remarquerez que l'option `Sensitivity Y` est définie à 0, puisque vous ne l'utilisez pas, tandis que l'option `Sensitivity X` est réglée à 15 – plus cette valeur est importante et plus la rotation est rapide.
- **Minimum X** et **Maximum X.** Permet de définir l'amplitude du panoramique, puisque ce script se charge de faire pivoter le personnage. Ces valeurs sont définies à –360 et 360 respectivement, ce qui permet au joueur de pivoter complètement autour d'un point.
- **Minimum Y** et **Maximum Y.** Là encore, vous n'utilisez pas l'axe Y, si bien que cette variable est définie à 0. Ce paramètre limite normalement le déplacement de la vision du joueur vers le haut et vers le bas, comme le fait l'instance de ce script attaché à l'objet enfant MAIN CAMERA.

Objet 2. L'objet *Graphics*

Comme ce personnage est, par nature, destiné à un jeu à la première personne, le joueur ne pourra jamais voir son propre corps. La capsule qui le représente est simplement incluse dans cet élément préfabriqué pour aider le développeur à repérer facilement l'objet dans le panneau SCENE lors du développement et des tests du jeu. Les développeurs désactivent souvent le composant MESH RENDERER dans le panneau INSPECTOR afin de s'assurer que le maillage de la capsule ne soit pas rendu et donc qu'elle soit bien invisible, en particulier dans les jeux où le personnage du joueur est vu sous un autre angle dans certaines scènes.

Sélectionnez l'objet enfant GRAPHICS dans le panneau HIERARCHY, puis observez ses composants dans le panneau INSPECTOR.

Figure 3.10

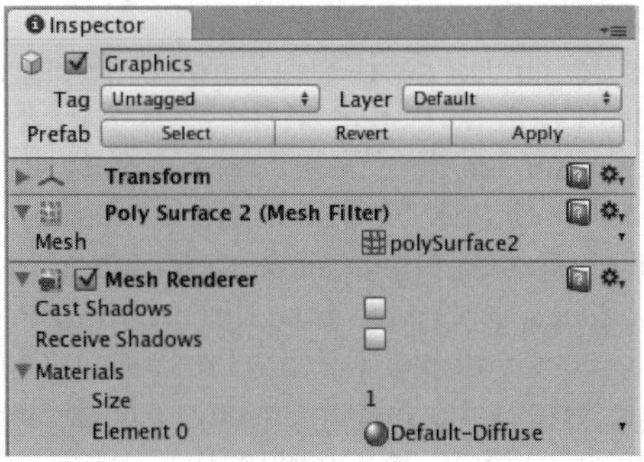

Vous pouvez constater que cet objet possède un composant TRANSFORM et que sa position est (0, 0, 0), car il se situe au centre de l'objet parent FIRST PERSON CONTROLLER. Cet objet ayant pour seul but d'offrir une représentation visuelle du joueur, il ne dispose que des deux composants nécessaires pour le rendre visible : MESH FILTER et MESH RENDERER. Mais que font ces deux composants ?

Le composant *Mesh Filter*

Ce composant est nommé "Poly Surface 2" dans cette occurrence. Quel que soit le maillage 3D, le nom du composant MESH FILTER correspond généralement au nom de l'objet qu'il représente. Par conséquent, lorsque vous utilisez des modèles créés dans une application externe, les composants MESH FILTER portent le nom des différentes parties du modèle.

Ce composant est tout simplement celui qui contient le maillage, autrement dit la forme 3D elle-même. Il permet au moteur de rendu de tracer une surface à partir de ce maillage.

Le composant *Mesh Renderer*

Un composant MESH RENDERER doit être présent afin de créer les surfaces sur le maillage d'un objet 3D. Il gère également la réaction du maillage à la lumière et les matériaux utilisés sur la surface pour afficher les couleurs ou les textures.

Ses paramètres sont les suivants :

- **Cast Shadows.** Définit si la lumière sur cet objet projette une ombre sur les autres surfaces (effectif uniquement dans la version Unity Pro ; les ombres sont désactivées dans les lumières dans la version gratuite de Unity).
- **Receive Shadows.** Définit si les ombres projetées par d'autres objets sont dessinées sur cet objet (disponible uniquement dans la version Unity Pro ; les ombres sont désactivées dans les lumières dans la version gratuite de Unity).

  Dans cet exemple, aucune de ces deux options n'est activée. Tout d'abord, la capsule n'étant jamais visible, il est inutile de projeter des ombres dessus. Ensuite, le joueur ne pense pas que son personnage a un corps en forme de gélule, si bien qu'il lui semblerait plutôt étrange de voir une ombre de cette forme le suivre.
- **Materials.** Ce paramètre utilise le système Size et Element que nous avons vu dans le Tag Manager précédemment. Il permet de définir un ou plusieurs matériaux et d'ajuster leurs paramètres directement, sans avoir à chercher les matériaux utilisés, puis de les paramétrer séparément dans le panneau PROJECT.

Comme l'objet GRAPHICS ne nécessite ni ne possède de paramètre de couleur ou de texture, il n'existe pas de matériau à prévisualiser. Vous étudierez les paramètres des matériaux au cours des prochains chapitres.

Objet 3. L'objet *Main Camera*

L'objet MAIN CAMERA permet de visualiser le monde virtuel dans le jeu. Dans l'élément préfabriqué FIRST PERSON CONTROLLER, il est positionné à la hauteur des yeux du personnage (en haut de la capsule Graphics). Grâce à des scripts, le joueur peut déplacer tout l'objet parent mais aussi la caméra de façon indépendante pour regarder autour de lui tout en se déplaçant.

En plus de l'élément TRANSFORM habituel, les objets de jeu caméra disposent habituellement de trois composants clés : CAMERA, GUILAYER et FLARE LAYER ainsi que d'un composant AUDIO LISTENER pour capter des sons, même si ce dernier est généralement supprimé car Unity exige qu'un seul écouteur audio soit présent par scène.

Dans cet exemple, la caméra dispose également d'un composant de script unique appelé MOUSE LOOK (SCRIPT), qui gère la rotation et l'inclinaison de la caméra en fonction de la position de la souris. Pour mieux comprendre les vues caméra, nous allons étudier le fonctionnement de ces composants de base.

Le composant *Camera*

C'est l'élément principal de visualisation, même s'il est généralement accompagné des composants GUILAYER et FLARE LAYER. Afin de comprendre comment le composant CAMERA affiche le monde du jeu, nous allons examiner ses paramètres.

Figure 3.11

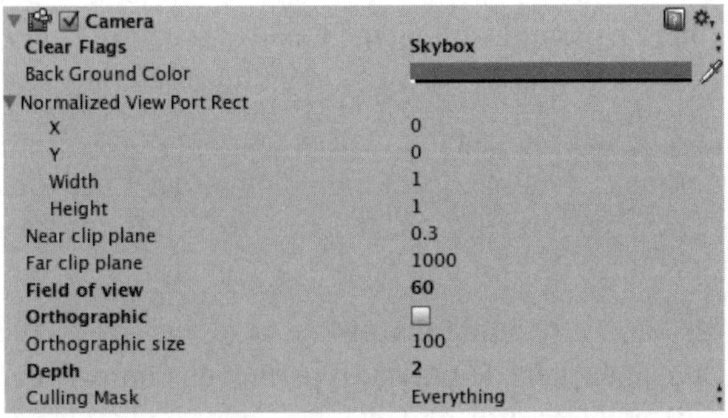

- **Clear Flags.** Généralement défini sur sa valeur par défaut, Skybox, pour que la caméra puisse effectuer le rendu de l'objet Skybox actuellement appliqué à la scène. Ce paramètre permet au développeur de définir et de gérer plusieurs caméras spécifiques ainsi que de procéder au rendu de certaines parties de l'univers du jeu, en particulier lors de la conception du jeu. Toutefois, il est peu probable que vous commenciez à utiliser ces techniques avant de connaître beaucoup mieux Unity.
- **Back Ground Color.** La couleur de fond est celle qui est rendue derrière tous les objets du jeu si aucun matériau skybox n'est appliqué à la scène. Vous pouvez la modifier, soit en cliquant sur le bloc de couleur puis en utilisant le sélecteur de couleur, soit en échantillonnant une couleur sur l'écran avec l'outil Pipette située à droite du bloc de couleur.
- **Normalized View Port Rect.** Permet de définir les dimensions et la position de la vue Caméra. Généralement, il est défini pour occuper tout l'écran, ce qui est d'ailleurs le cas de l'objet Main Camera attaché au joueur dans notre exemple.

  Les coordonnées X et Y étant définies à 0, la vision de la caméra commence dans le coin inférieur gauche de l'écran. Étant donné que les options Width et Height ont une valeur de 1, la vue de cette caméra emplit tout l'écran, car ces valeurs utilisent le système de coordonnées de Unity, comprises entre 0 et 1.

  Ce système est également utilisé dans d'autres éléments 2D dans Unity, notamment les éléments de *l'interface graphique* (GUI).

  Définir la taille et la position de notre vue permet de pouvoir utiliser plus d'une caméra dans un jeu. Dans un jeu de course automobile, par exemple, vous pourrez placer une caméra dans le coin supérieur de l'écran pour afficher une vue située derrière la voiture du joueur afin qu'il puisse repérer les véhicules qui s'approchent de lui.
- **Near clip plane/Far clip plane.** Les *clip planes* (plans de clipping) désignent la distance des éléments du jeu dont le rendu doit être effectué ; l'option Near Plane désignant le plan le plus proche et l'option Far Plane le plan le plus éloigné, ou plutôt la distance où le rendu se termine.

  Afin d'économiser de la mémoire dans la mémoire tampon de la carte graphique (une partie de la mémoire utilisée pour stocker des informations sur les effets visuels du monde du jeu), cette technique de clipping est souvent utilisée pour que le décor situé loin du joueur ne soit pas calculé. Les développeurs recouraient à cette technique dans les jeux 3D anciens, car les ordinateurs à l'époque avaient moins de mémoire RAM dans laquelle écrire ; pour économiser la mémoire, seul le rendu des plans les plus proches de la caméra était effectué afin que le jeu reste fluide.

Figure 3.12

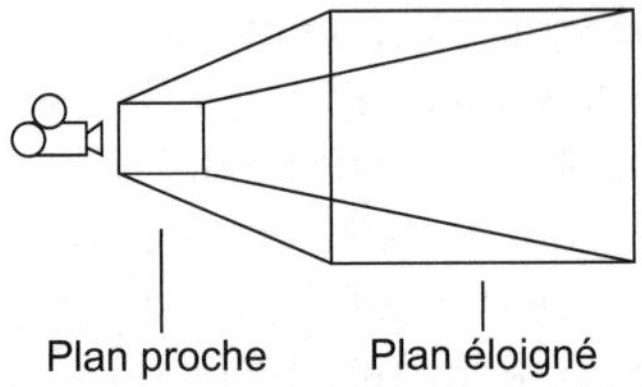

- **Field of view.** Définit la largeur du cône de vision de la caméra en degrés. Cet angle est fixé à 60, car cette valeur reproduit de façon raisonnable la vision de l'œil humain.
- **Orthographic** et **Orthographic Size.** Transforment la vision de la caméra en vue orthographique, par opposition à la vue en perspective 3D standard. Les caméras orthographiques sont le plus souvent utilisées dans les jeux en vue isométrique comme les jeux de stratégie en temps réel (RTS) ou les jeux 2D.
- **Depth.** Lorsque vous utilisez plusieurs caméras et que vous passez de l'une à l'autre à l'aide de scripts, le paramètre Depth permet de définir un ordre de priorité. Ainsi, le rendu de la caméra dont la valeur de profondeur est la plus élevée s'effectue avant celui de la caméra possédant une valeur plus faible. Ce paramètre peut également être utilisé en association avec le paramètre NORMALIZED VIEW PORT RECT, afin de placer des caméras au-dessus de l'écran principal. Pour le rétroviseur d'un jeu de course, par exemple, la caméra de la vue arrière doit posséder une valeur Depth plus élevée que la caméra principale pour que son rendu s'affiche en superposition de la vue principale (vers l'avant) du jeu.
- **Culling Mask.** Fonctionne avec les calques de jeu de Unity, comme nous l'avons déjà mentionné, afin que vous puissiez procéder à leur rendu de manière sélective. Si vous placez certains éléments du jeu sur un calque, il vous suffira de désélectionner ce calque dans le menu déroulant CULLING MASK pour que la caméra ne réalise pas leur rendu. Actuellement, notre objet MAIN CAMERA effectue le rendu de tous les éléments de la scène, car il s'agit de la seule caméra dans le jeu.

Les composants *GUILayer* et *Flare Layer*

Ces deux composants ne possèdent aucun paramètre. Ils permettent simplement le rendu des éléments visuels additionnels. GUILAYER permet le rendu des éléments 2D, comme les menus et l'affichage tête haute (HUD). FLARE LAYER permet à la caméra d'effectuer le rendu des effets de lumière, comme celui que vous avez ajouté à l'objet DIRECTIONAL LIGHT au Chapitre 2, "Environnements".

Le composant *Mouse Look (Script)*

Il s'agit de la seconde occurrence du composant Mouse Look (Script) – la première se trouvant sur l'objet parent First Person Controller. Cependant, son paramètre Axes a cette fois pour valeur MouseY, car il gère le déplacement de la vue vers le haut ou vers le bas en contrôlant la rotation de l'objet Main Camera autour de son axe X. Combiné au script Mouse Look qui fait pivoter l'objet parent, il permet au joueur de tourner son regard où il le souhaite à l'aide de la souris, puisque l'objet Main Camera pivote également de gauche à droite lorsque l'objet parent tourne.

Le composant *Audio Listener*

Le composant Audio Listener fonctionne comme l'oreille humaine et permet au joueur d'entendre toutes les sources audio du jeu. Si cet écouteur audio est placé sur la caméra principale dans un jeu à la première personne, le joueur entendra de l'oreille gauche les sons mono (canal unique) provenant de sa gauche. Vous pouvez ainsi créer un environnement qui reproduise l'immersion auditive du monde réel en stéréo.

Maintenant que vous savez comment le composant First Person Controller est constitué, vous allez vous familiariser avec le langage JavaScript dans Unity en étudiant le fonctionnement du script FPSWalker.

Les bases de la programmation

L'écriture de script est un élément essentiel à maîtriser pour devenir un développeur de jeux. Même si Unity permet de créer des jeux sans avoir vraiment besoin de connaître le code source du moteur de jeu, vous devez cependant savoir écrire les scripts qui commandent le moteur de Unity. Ces scripts utilisent un ensemble de *classes* prêtes à l'emploi, que vous pouvez considérer comme des bibliothèques d'instructions ou de comportements. En écrivant des scripts, vous créerez vos propres classes en tirant parti des commandes existantes dans le moteur de Unity.

Ce livre aborde principalement l'écriture de scripts JavaScript dans Unity, car il s'agit du langage le plus simple pour débuter et celui sur lequel la documentation de référence de Unity fournit le plus de renseignements. Bien que les bases de l'écriture de scripts soient présentées, nous vous conseillons fortement de consulter en parallèle le manuel de référence *Scripting Manual* de Unity fourni avec le programme et disponible en ligne à l'adresse suivante :

http://unity3d.com/support/documentation/ScriptReference/

Les problèmes que vous rencontrerez lors de l'écriture de scripts trouvent souvent leur solution dans ce manuel. Si ce n'est pas le cas, vous pouvez alors demander de l'aide sur les forums consacrés à Unity ou sur le canal IRC (*Internet Relay Chat*) du logiciel. Pour plus d'informations, visitez l'une des adresses suivantes :

http://unity3d.com/support/community (en anglais)

http://www.unity3d-france.com/ (en français)

Que vous rédigiez un nouveau script ou que vous utilisiez un script existant, celui-ci devient opérationnel seulement après que vous l'avez attaché à un objet de jeu dans la scène courante. Un script attaché à un objet de jeu en devient un composant et le comportement écrit dans le script s'applique à cet objet. Cependant, les scripts ne se limitent pas à appeler (*activer* ou *exécuter* en terme de programmation) un comportement de l'objet de jeu auquel ils appartiennent, ils peuvent également donner des instructions aux autres objets en faisant référence à leur nom ou à leur tag.

Afin de mieux comprendre, voyons tout d'abord quelques principes de base des scripts.

Les commandes

Les *commandes* sont des instructions données dans un script. Bien que vous puissiez les disséminer à l'intérieur d'un script, vous contrôlerez mieux le moment où elles sont appelées si vous les placez dans une fonction. Toutes les commandes en JavaScript doivent se terminer par un point-virgule de la façon suivante :

```
vitesse = 5;
```

Les variables

Les *variables* sont de simples conteneurs d'informations. Elles sont déclarées (créées) avec le mot `var`, suivi d'un ou de plusieurs mots sans espace entre eux. Vous pouvez les nommer comme vous voulez, à condition de respecter les conditions suivantes :

- Le nom ne doit pas être celui d'un terme utilisé dans le code du moteur de Unity.
- Le nom doit uniquement contenir des caractères alphanumériques et des traits de soulignement et ne pas commencer par un chiffre. Par exemple, le mot *transform* existe déjà pour représenter le composant TRANSFORM d'un objet de jeu, si bien que nommer ainsi une variable ou une fonction pourrait provoquer un conflit.

Les variables peuvent contenir du texte, des chiffres et des références à des objets, des ressources ou des composants. Voici un exemple d'une déclaration de variable :

```
var vitesse = 9.0;
```

Notre variable commence par le mot `var`, suivi de son nom, `vitesse`. Sa valeur est ensuite définie à l'aide d'un seul symbole égal et se termine comme toute autre commande par un point-virgule.

Attention

Dans l'interface de Unity, les valeurs décimales peuvent s'écrire avec une virgule ou un point (0,2 ou 0.2). Si on écrit 0.2, la valeur est automatiquement convertie sous la forme avec une virgule (0,2). Mais dans le code, les valeurs décimales doivent impérativement s'écrire 0.2. Avec 0,2, un message d'erreur s'affiche.

Types de données des variables

Lors de la déclaration des variables, vous devez aussi indiquer le type d'information qu'elles stockent en définissant le *type de données*. Voici la même déclaration de variable que l'exemple précédent, mais cette fois avec le type de données :

```
var vitesse : float = 9.0;
```

Le nom de la variable est suivi de deux-points pour préciser le type de données. Dans cet exemple, la valeur de la variable est un nombre à une décimale, et nous indiquons que les données sont de type `float` (abréviation de "floating point" pour "virgule flottante" – autrement dit un nombre décimal).

Préciser le type de données de chaque variable que vous déclarez rend le script plus efficace car le moteur du jeu n'a pas besoin de décider par lui-même du type de la variable lors de sa lecture. De plus, cela facilite la détection d'erreur (débogage) et la relecture du code. Voici quelques-uns des types de données les plus courants que vous utiliserez :

- **string** (chaîne de caractères). Combinaison de texte et de chiffes stockés entre guillemets, "comme ceci".
- **int** (entier). Abréviation d'`integer`. S'utilise pour les chiffres entiers sans décimale.
- **float.** Valeur numérique décimale.
- **boolean** (booléen). Une valeur vraie ou fausse utilisée couramment comme condition à respecter.
- **Vector3.** Un ensemble de valeurs XYZ.

Utiliser les variables

Une fois que les variables sont déclarées, les informations qu'elles contiennent peuvent être utilisées ou redéfinies. Pour cela, on emploie simplement le nom de la variable. Pour régler la variable `vitesse`, par exemple, il suffit d'écrire :

```
vitesse = 20;
```

`var` et le type de données s'indiquent seulement dans la déclaration de la variable et non dans les commandes.

Il est également possible d'interroger ou d'utiliser la valeur d'une variable dans certaines parties d'un script. Par exemple, pour stocker une valeur égale à la moitié de celle de la variable `vitesse` actuelle, on peut définir une nouvelle variable, comme dans l'exemple suivant :

```
var vitesse : float = 9.0;
var moitieVitesse : float;
moitieVitesse = vitesse/2;
```

Notez également que la valeur de la variable `moitieVitesse` n'est pas définie dans sa déclaration. Elle l'est, en fait, dans la commande suivante où la valeur de la variable `vitesse` est divisée par deux.

Variables publiques et variables privées

Les variables déclarées à l'extérieur d'une fonction dans un script sont appelées *variables globales* ou *propriétés*. Par défaut, en JavaScript, de telles variables sont dites *variables publiques*, car elles s'affichent automatiquement en tant que paramètres du script (considéré alors comme un composant) dans le panneau INSPECTOR. Lorsque vous affichez le script FPSWALKER en tant que composant lié à l'objet FIRST PERSON CONTROLLER par exemple, ses variables publiques `Speed`, `JumpSpeed` et `Gravity` sont alors visibles.

Figure 3.13

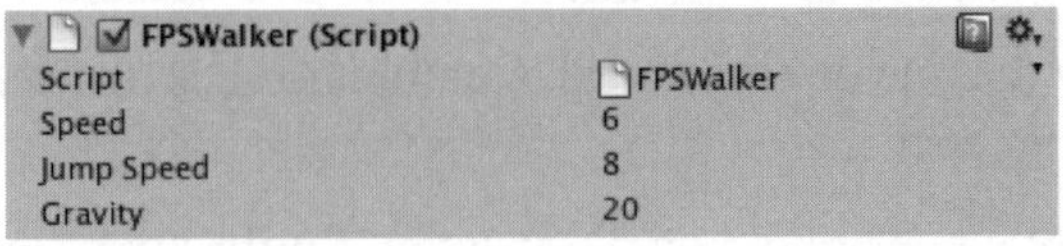

La valeur de chacune de ces variables peut donc être ajustée dans le panneau INSPECTOR.

Si vous ne souhaitez pas régler la valeur d'une variable dans le panneau INSPECTOR, vous devez alors utiliser le préfixe `private` pour qu'elle ne s'affiche pas. Pour cacher la variable `JumpSpeed`, par exemple, vous devriez modifier la déclaration de cette variable dans le script de la façon suivante :

```
var speed = 6.0;
private var jumpSpeed = 8.0;
var gravity = 20.0;
```

Dans le panneau INSPECTOR, le script s'afficherait alors comme à la Figure 3.14.

Figure 3.14

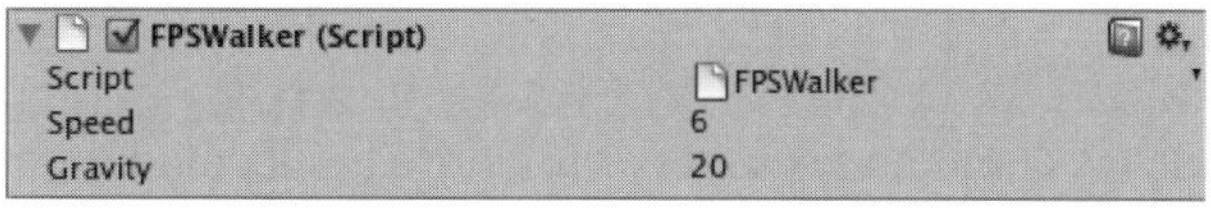

Si vous ajustez une valeur dans le panneau INSPECTOR, celle-ci remplace la valeur originale donnée à la variable lors de sa déclaration dans le script. En fait, la valeur indiquée dans le script n'est pas réécrite mais elle est remplacée par la nouvelle lors de l'exécution du jeu. Vous pouvez également restaurer les valeurs déclarées dans le script en cliquant sur l'icône en forme d'engrenage située à droite du nom du composant, puis en choisissant RESET dans le menu déroulant qui s'affiche.

Les fonctions

Les *fonctions* sont des ensembles d'instructions qui peuvent être appelées à un moment précis lors de l'exécution du jeu. Un script peut contenir de nombreuses fonctions et chacune peut appeler une ou plusieurs autres fonctions au sein du même script. Les scripts peuvent faire appel à de nombreuses fonctions prédéfinies du moteur de Unity pour exécuter des commandes à des moments précis ou selon les actions de l'utilisateur. Vous pouvez également écrire vos propres fonctions et les appeler lorsque vous avez besoin de réaliser des instructions spécifiques.

L'écriture d'une fonction commence par `function` suivi de son nom, puis d'accolades d'ouverture et de fermeture. Le développeur peut ensuite passer des paramètres supplémentaires entre ces accolades. Voici quelques exemples de fonctions existantes.

Update()

Tout nouveau fichier JavaScript créé dans Unity commence par la fonction `Update()` suivante :

```
function Update(){
}
```

Toutes les instructions ou les commandes d'une fonction doivent se trouver entre ses accolades d'ouverture et de fermeture, comme dans l'exemple suivant :

```
function Update(){
  speed = 5;
}
```

Tant que les commandes sont écrites entre les accolades de la fonction, elles se déclenchent chaque fois que le moteur du jeu fait appel à cette fonction.

Les jeux s'exécutent à un certain nombre *d'images par seconde* (FPS), si bien que la fonction `Update()` est appelée une fois le rendu de chaque image effectué. En conséquence, elle s'utilise principalement pour toutes les commandes qui doivent être exécutées en permanence ou pour détecter les modifications qui se produisent en temps réel dans le monde du jeu, comme les commandes en entrée – lorsque le joueur appuie sur des touches ou clique. Lorsqu'il s'agit de commandes liées aux lois physiques, vous devez de préférence utiliser la fonction `FixedUpdate()` car elle est synchronisée avec le moteur physique, tandis que le déclenchement de la fonction `Update()` peut varier selon le nombre de FPS.

OnMouseDown()

`OnMouseDown()` est un exemple de fonction appelée à un moment précis : uniquement lorsque le joueur clique sur un objet de jeu ou sur un élément graphique dans le jeu.

Elle s'utilise le plus souvent pour les jeux contrôlés à la souris ou pour détecter les clics dans les menus. Voici un exemple de fonction `OnMouseDown()` simple qui, lorsqu'elle est attachée à un objet de jeu, permet de quitter le jeu en cliquant sur un objet :

```
function OnMouseDown(){
  Application.Quit();
}
```

Écrire des fonctions

En écrivant vos propres fonctions, vous pouvez créer un ensemble d'instructions susceptibles d'être appelées à tout moment dans vos scripts. Si vous devez définir plusieurs instructions pour déplacer un objet à un endroit précis dans le monde du jeu, vous pouvez alors écrire une fonction personnalisée contenant toutes les instructions nécessaires, puis appeler cette fonction à partir d'autres fonctions de votre script.

Imaginons par exemple que vous deviez replacer le personnage du joueur au début du niveau, lorsqu'il tombe dans un piège et meurt. Plutôt que d'écrire les instructions nécessaires sur chaque partie du jeu qui provoque sa mort, vous pouvez les regrouper dans une seule fonction appelée plusieurs fois. Cette fonction pourrait ressembler à ceci :

```
function PlayerDeath(){
  transform.position = Vector3(0,10,50);
  score-=50;
  vies--
}
```

Lorsque cette fonction `PlayerDeath()` est appelée, les trois commandes qu'elle contient sont exécutées : la position du joueur est redéfinie à X = 0, Y = 10 et Z = 50, une valeur de 50 est soustraite de la note variable nommée `score` et une valeur de 1 soustraite d'une variable nommée `vies` (les deux symboles de soustraction indiquent une soustraction d'une unité ; de la même façon ++ dans un script signifie simplement l'ajout d'une valeur de 1).

Pour appeler cette fonction, il vous suffit d'écrire la ligne suivante dans la partie du script qui provoque la mort du joueur :

```
PlayerDeath();
```

Les instructions *if else*

Une instruction `if` (si) permet de vérifier des conditions dans les scripts. Si ces conditions sont remplies, l'instruction `if` exécute une série d'instructions imbriquées. Dans le cas contraire, ce sont les instructions par défaut, appelées par `else` (sinon), qui le seront. Dans l'exemple suivant, l'instruction `if` vérifie si la variable booléenne `grounded` est définie sur `true` (vraie) :

```
var grounded : boolean = false;
var speed : float;
function Update(){
  if(grounded == true){
    speed = 5;
  }
}
```

Si la condition énoncée entre les crochets de l'instruction `if` est atteinte, autrement dit si la variable `grounded` devient `true`, alors la valeur de la variable `speed` est fixée à 5. Sinon, aucune valeur ne lui est attribuée.

Attention *Vous ne devez pas confondre le symbole d'affectation (=), utilisé pour définir la valeur de la variable, et le symbole de comparaison d'égalité (==), qui permet de vérifier si l'information stockée dans la variable correspond à une valeur.*

Pour établir une condition alternative, vous pourriez ajouter une déclaration `else` après le `if` afin d'indiquer ce qui doit se produire si les conditions ne sont pas remplies :

```
var grounded : boolean = false;
var speed : float;
function Update(){
  if(grounded == true){
    speed = 5;
  }
  else{
    speed = 0;
  }
}
```

Ainsi, à moins que la variable `grounded` ne soit `true`, la variable `speed` est égale à 0.

Pour que la vérification des conditions entraîne davantage de conséquences possibles, vous pouvez utiliser l'instruction `else if` avant le `else` facultatif. Si vous vérifiez des valeurs, le code peut alors s'écrire :

```
if(speed >= 6){
  //faire quelque chose
}
else
  if(speed >= 3){
    //faire quelque chose d'autre
  }
  else{
    //si aucune des conditions ci-dessus n'est vraie, faire ceci
  }
```

Dans l'exemple précédent, les lignes qui commencent par le symbole `//` indiquent qu'il s'agit de commentaires (du code non exécuté).

Les conditions multiples

Vous pouvez également vérifier plus d'une seule condition dans une instruction `if` en utilisant l'opérateur logique ET, qui s'écrit `&&`.

Si, par exemple, vous voulez vérifier l'état de deux variables à la fois et exécuter les instructions qui suivent si les valeurs des deux variables sont celles énoncées, vous écrirez alors :

```
if(speed >= 3 && grounded == true){
  //faire quelque chose
}
```

Pour vérifier une condition ou une autre, vous pouvez alors utiliser l'opérateur logique OU, qui s'écrit `||`, de la façon suivante :

```
if(speed >= 3 || grounded == true){
  //faire quelque chose
}
```

Les variables statiques et la syntaxe à point

À cette section, vous allez voir comment transmettre des informations entre plusieurs scripts à l'aide d'une *variable statique*, et comment traiter l'information de manière hiérarchique en utilisant la technique d'écriture de script nommée *syntaxe à point*.

En programmation orientée objet (POO), les variables globales d'une classe (d'un script) sont aussi appelées *propriétés* et les fonctions aussi appelées *méthodes*.

Définir des variables statiques avec static

Le nom des scripts écrits en JavaScript correspond au nom de la classe. Cela signifie que, pour vous adresser aux variables ou aux fonctions d'un autre script, vous pouvez faire référence à cette classe en utilisant le nom de ce script suivi du nom de la variable ou de la fonction en question à l'aide de la syntaxe à point.

En termes de programmation, une variable statique peut être définie comme une valeur ou une commande commune à toutes les instances de ce script. De plus, si elle est publique, elle est accessible non seulement par les fonctions ou les variables situées dans le même script mais aussi par n'importe quel script. Pour déclarer une variable globale dans un fichier JavaScript de Unity, on utilise le préfixe `static` de la manière suivante :

```
static var speed : float = 9.0;
```

Si cette variable `speed` était celle du script FPSWALKER, vous pourriez alors accéder à sa valeur, ou la définir, depuis un autre script. Pour cela, on utilise le nom du script suivi d'un point, du nom de la variable, puis de la définition de la valeur, comme dans l'exemple suivant :

```
FPSWalker.speed = 15.0;
```

De la même manière, il existe des fonctions publiques statiques pouvant être appelées depuis d'autres scripts. La fonction `PlayerDeath()`, par exemple, pourrait être une fonction `static`, ce qui vous permettrait de l'appeler depuis n'importe quel autre script du jeu sans même avoir de référence vers l'objet concerné.

La syntaxe à point

Dans l'exemple précédent, nous avons utilisé une technique de script appelé *syntaxe à point*. Bien que ce terme semble désigner une forme d'écriture complexe, ce n'est pas vraiment le cas. On utilise simplement un point pour séparer les éléments auxquels on fait référence et indiquer leur hiérarchie, depuis l'élément situé le plus haut dans la hiérarchie jusqu'au paramètre en particulier que l'on souhaite définir.

Ainsi, pour régler la position verticale d'un objet de jeu, par exemple, vous devez modifier sa coordonnée Y. Vous devez donc vous adresser aux paramètres de position du composant TRANSFORM de cet objet. Pour cela, on écrit :

```
transform.position.y = 50;
```

La syntaxe à point permet donc de désigner n'importe quel paramètre en indiquant le composant auquel il appartient.

Les commentaires

Dans beaucoup de scripts prédéfinis, vous remarquerez que certaines lignes commencent par deux barres obliques. Il s'agit simplement des commentaires écrits par l'auteur du script. Nous vous conseillons d'écrire vos propres commentaires afin d'indiquer comment fonctionnent vos scripts, en particulier lorsque vous débutez.

Lectures complémentaires

Il est essentiel que vous vous preniez l'habitude de vous référer au manuel de référence *Scripting Manual* de Unity installé avec votre copie du programme et également disponible sur le site web de Unity à l'adresse suivante :

http://unity3d.com/support/documentation/ScriptReference/

Ce manuel de référence permet notamment de vérifier comment utiliser correctement les classes du moteur de Unity. Maintenant que vous connaissez les rudiments de l'écriture de scripts, nous allons étudier le script FPSWALKER qui contrôle le déplacement de l'objet FIRST PERSON CONTROLLER, autrement dit le personnage du joueur.

Le script *FPSWalker*

Pour visualiser un script dans Unity, vous devez l'ouvrir dans l'éditeur de script. Pour cela, sélectionnez le script dans le panneau PROJECT puis double-cliquez sur son icône.

L'éditeur de script fourni par défaut s'appelle Unitron sous Mac OS et Uniscite sous Windows. Il s'agit, dans les deux cas, d'une application autonome permettant d'éditer différents formats de fichier texte, comme les scripts JavaScript et C# par exemple.

Vous pouvez également définir l'éditeur de texte de votre choix pour écrire vos scripts destinés à Unity. Pour les besoins de cet ouvrage, nous utiliserons les éditeurs de script par défaut Unitron et Uniscite.

Lancer le script

Sélectionnez l'objet FIRST PERSON CONTROLLER dans le panneau HIERARCHY, puis cliquez sur le nom du fichier de script sous le composant FPSWALKER (SCRIPT) dans le panneau INSPECTOR afin qu'il soit surligné en bleu (voir Figure 3.15).

Figure 3.15

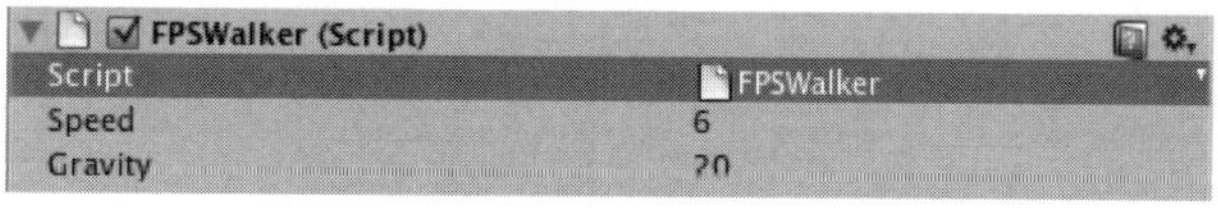

L'emplacement du script s'affiche également en jaune dans le panneau PROJECT (voir Figure 3.16) afin de vous aider à le localiser. Une fois que vous avez repéré l'icône du fichier, double-cliquez dessus pour le lancer dans l'éditeur de script par défaut. Vous pouvez aussi double-cliquer directement sur le nom du script dans le composant.

Figure 3.16

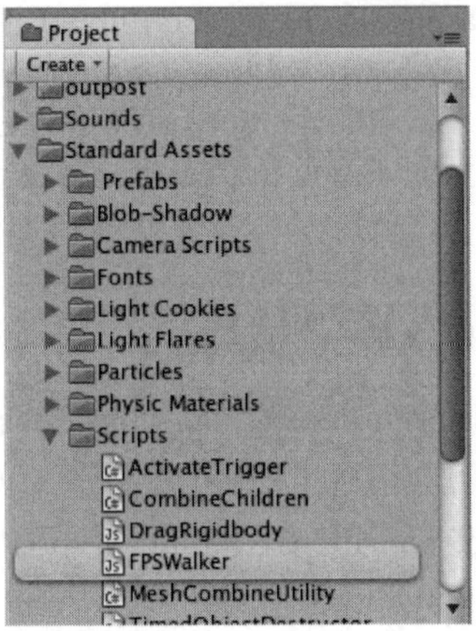

Mac OS – *FPSWalker* dans Unitron

Sous Mac OS, le script FPSWalker s'ouvre dans l'éditeur de script par défaut Unitron (voir Figure 3.17).

Figure 3.17

Windows PC – *FPSWalker* dans Uniscite

Sous Windows, le script FPSWALKER s'ouvre dans l'éditeur de script par défaut Uniscite (voir Figure 3.18).

Figure 3.18

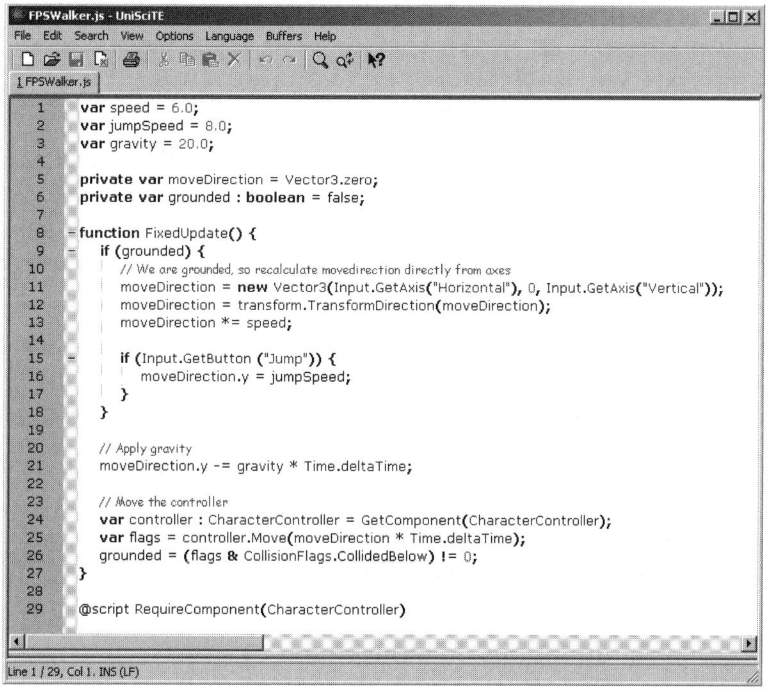

Bien qu'il s'agisse du même script, vous voyez que les deux éditeurs utilisent des couleurs différentes pour mettre en valeur la syntaxe. Cela est propre à l'éditeur lui-même et n'a aucune incidence sur le fonctionnement du script.

Le script en détail

Nous allons voir le fonctionnement dans la pratique des différents éléments que nous venons de décrire, en décomposant leur utilisation dans le script FPSWALKER.

Déclarer une variable

Comme la plupart des scripts, FPSWalker commence par une série de déclarations de variables des lignes 1 à 6 :

```
var speed = 6.0;
private var jumpSpeed = 8.0;
var gravity = 20.0;
private var moveDirection = Vector3.zero;
private var grounded : boolean = false;
```

Les variables publiques des lignes 1 et 3 sont utilisées plus tard dans le script comme coefficients de multiplication. Il s'agit de valeurs décimales, donc le type des données devrait être défini à `float` dans l'idéal (comme il s'agit d'un simple exemple de script de Unity Technologies, le type de données de toutes les variables n'est pas indiqué). Les variables des lignes 2, 5 et 6 sont des variables privées, car elles ne seront utilisées que dans ce script.

La variable privée `moveDirection` stocke la direction actuelle du joueur sous la forme d'une valeur de type Vector3 (un ensemble de coordonnées X, Y, Z). Elle est définie à (0,0,0) afin d'éviter que le joueur soit tourné dans une direction aléatoire lorsque le jeu commence.

La variable privée `grounded` est de type booléen (`true` ou `false`). Cette variable est utilisée plus loin dans le script pour savoir si le joueur est en contact avec le sol ou non. Le personnage peut se déplacer et sauter uniquement dans le premier cas, car dans le cas contraire, cela signifie qu'il se trouve déjà en l'air.

Stocker les informations de mouvement

Le script se poursuit à la ligne 8, avec l'ouverture de la fonction `FixedUpdate()`. Elle fonctionne de façon analogue à la fonction `Update()` : une mise à jour prédéfinie est appelée à une cadence prédéfinie. Elle est plus appropriée à la gestion des règles physiques (comme l'utilisation des corps rigides et les effets de gravité) que la fonction `Update()` standard, car l'exécution de cette dernière varie selon le nombre d'images par seconde et donc de la puissance matérielle dont dispose le joueur.

La fonction `FixedUpdate()` s'exécute des lignes 8 à 27.

Info

Dans cet ouvrage, une seule ligne de code peut de temps à autre apparaître sur deux lignes différentes en raison de l'indentation et des contraintes de mise en page. Lorsque vous recopiez ces scripts, assurez-vous que l'extrait en question se trouve bien sur une seule ligne dans votre script.

La première instruction if dans la fonction s'exécute sur les lignes 9 à 18 (le commentaire du développeur a été supprimé dans l'extrait suivant) :

```
if (grounded) {
  moveDirection = new Vector3(Input.GetAxis("Horizontal"), 0,
  ➥Input.GetAxis("Vertical"));
  moveDirection = transform.TransformDirection(moveDirection);
  moveDirection *= speed;
   if (Input.GetButton ("Jump")) {
    moveDirection.y = jumpSpeed;
  }
}
```

Les commandes et l'instruction if imbriquée (ligne 15) s'exécutent seulement si la condition if (grounded) est respectée. Il s'agit d'une forme d'écriture raccourcie de la ligne suivante :

```
if(grounded == true){
```

Quand grounded devient true, cette instruction if agit trois fois sur la variable moveDirection.

Premièrement, elle lui assigne une nouvelle valeur Vector3 en donnant à sa coordonnée X la valeur actuelle de Input.GetAxis ("horizontal") et à sa coordonnée Z la valeur de Input.GetAxis ("vertical"), mais laisse la coordonnée Y définie à 0 :

```
moveDirection = new Vector3(Input.GetAxis("Horizontal"), 0,
➥Input.GetAxis("Vertical");
```

Info

Dans cet exemple, Unity Technologies utilise le mot new comme préfixe du paramètre Vector3 utilisé pour définir la variable moveDirection*. Il s'agit d'une convention du langage C# destinée à faciliter la conversion entre les langages JavaScript et C#. Toutefois, ce terme n'est pas nécessaire en JavaScript, ce qui explique pourquoi les autres exemples de ce livre n'utilisent pas ce préfixe.*

Mais que font les commandes Input.GetAxis ? Elles représentent tout simplement les valeurs comprises entre –1 et 1 obtenues en entrée à partir des touches directionnelles. Par défaut, ces touches sont les suivantes :

- A (Gauche) et D (Droit) pour l'axe horizontal ;
- W (Haut) et S (Bas) pour l'axe vertical.

Lorsque aucune touche n'est utilisée, ces valeurs sont égales à 0, car Unity donne automatiquement un état idle (inactif) aux entrées qui gèrent les axes. Par conséquent, si vous appuyez par exemple sur la touche Gauche, la valeur de `Input.GetAxis ("horizontal")` est égale à –1, tandis que si vous appuyez sur la touche Droit, elle est égale à 1. En relâchant l'une ou l'autre de ces deux touches, la valeur redevient égale à 0.

En bref, la ligne :

```
moveDirection = new Vector3(Input.GetAxis("Horizontal"), 0,
➥Input.GetAxis("Vertical"));
```

assigne à la variable `moveDirection` une valeur Vector3 en fonction des valeurs X et Z des touches pressées, tout en laissant la valeur Y définie à 0.

La variable `moveDirection` est ensuite de nouveau modifiée à la ligne 12 :

```
moveDirection = transform.TransformDirection(moveDirection);
```

La variable `moveDirection` est ici définie selon la valeur de `TransformDirection` du composant TRANSFORM. La commande `TransformDirection` a pour effet de convertir les valeurs locales XYZ en valeurs globales. Donc, la variable `moveDirection` définie sur la ligne précédente est ici passée en paramètre de la commande `TransformDirection` afin que cette dernière modifie le format de ses coordonnées XYZ en un ensemble de coordonnées globales.

Enfin, `moveDirection` est multipliée par la variable `speed` à la ligne 13 :

```
moveDirection *= speed;
```

Puisque `speed` est une variable publique, multiplier les valeurs XYZ de `moveDirection` par `speed` implique que vous pouvez augmenter la vitesse de déplacement du personnage sans avoir à éditer le script. Il vous suffit en effet d'augmenter la valeur de `speed` dans le panneau INSPECTOR, puisque c'est la valeur de `moveDirection` ainsi obtenue qui est utilisée plus tard dans le script pour déplacer le personnage.

L'instruction `grounded` contient enfin une autre instruction `if` imbriquée aux lignes 15 à 17 :

```
if (Input.GetButton ("Jump")) {
  moveDirection.y = jumpSpeed;
}
```

Cette instruction `if` se déclenche lorsque la touche nommé *Jump* est pressée. Par défaut, ce bouton de saut est affecté à la barre d'espacement. Dès que cette touche est enfoncée, la valeur de l'axe Y de la variable `moveDirection` est fixée à la valeur de la variable `jumpSpeed`. Par conséquent, à moins que la variable `jumpSpeed` n'ait été modifiée dans le panneau INSPECTOR, `moveDirection.y` prend une valeur de 8.0.

Lors du déplacement du personnage plus loin dans le script, cette modification soudaine de la valeur sur l'axe Y (de 0 à 8.0) produira l'effet de saut. Mais comment le personnage redescend-il ensuite ? En effet, aucun composant RIGIDBODY n'est attaché à l'objet du personnage, si bien qu'il n'est pas soumis au contrôle de la gravité dans le moteur physique.

C'est pourquoi la ligne 21 modifie la valeur `moveDirection.y` :

```
moveDirection.y -= gravity * Time.deltaTime;
```

Vous remarquerez que la soustraction ne porte pas uniquement sur la valeur de la gravité ici, car cela ne produirait pas l'effet d'un saut mais déplacerait plutôt le personnage vers le haut puis de nouveau vers le bas entre deux images. En fait, cette ligne soustrait de la valeur de `moveDirection.y` le résultat obtenu en multipliant la variable `gravity` par une commande appelée `Time.deltaTime`.

En multipliant une valeur à l'intérieur d'une fonction `Update()` ou `FixedUpdate()` par `Time.deltaTime`, vous ne tenez pas compte de la nature de cette fonction basée sur la cadence des images ou des appels et vous convertissez l'effet de la commande en secondes. Autrement dit, en écrivant :

```
moveDirection.y -= gravity * Time.deltaTime;
```

la valeur de gravité est soustraite à chaque seconde plutôt qu'à chaque image ou appel.

Déplacer le personnage

Comme le commentaire de la ligne 23 l'indique, les lignes 24 à 26 sont chargées du mouvement du personnage.

À la ligne 24, une nouvelle variable `controller` est déclarée avec le type de données `CharacterController`. Elle est ensuite définie pour représenter le composant `Character-Controller` à l'aide de la commande `GetComponent()` :

```
var controller : CharacterController = GetComponent(CharacterController);
```

La commande `GetComponent()` permet d'accéder à tous les composants de l'objet auquel un script est attaché. Il suffit d'indiquer son nom entre les parenthèses.

Ainsi, chaque fois que vous utilisez la référence de variable `controller`, vous pouvez accéder à tous les paramètres de ce composant et utiliser la fonction `Move` pour déplacer l'objet.

Ce qui est exactement ce que réalise la ligne 25, en plaçant ce mouvement dans une variable `flags` :

```
var flags = controller.Move(moveDirection * Time.deltaTime);
```

La fonction `CharacterController.Move` s'attend à recevoir une valeur Vector3 afin de déplacer un contrôleur de personnage dans les directions X, Y et Z. Donc le script utilise les données stockées plus tôt dans la variable `moveDirection` et les multiplient par

`Time.deltaTime` afin que le déplacement soit en mètres par seconde plutôt qu'en mètres par image.

Vérifier *grounded*

Une valeur est attribuée à la variable `moveDirection` uniquement si la variable booléenne `grounded` est définie sur `true`. Alors, comment décider si le personnage est en contact avec le sol ou non ?

Comme tous les autres colliders, le composant CHARACTER CONTROLLER (le contrôleur de collision du personnage) peut détecter les collisions avec d'autres objets. Toutefois, contrairement aux colliders standard, il dispose de quatre raccourcis de collision spécifiques, définis dans l'ensemble `CollisionFlags` :

- None (aucun) ;
- Sides (sur les côtés) ;
- Above (au-dessus) ;
- Below (en dessous).

Ils sont chargés de vérifier les collisions avec la partie spécifique du collider qu'ils décrivent – à l'exception de `None`, qui signifie tout simplement qu'aucune collision ne se produit.

Ces indicateurs (ou flags) sont utilisés pour définir la variable `grounded` à la ligne 26 :

```
grounded = (flags & CollisionFlags.CollidedBelow) != 0;
```

Cette ligne peut sembler complexe en raison des nombreux symboles d'égalité qu'elle contient, mais il s'agit simplement d'une forme d'écriture abrégée pour vérifier une condition et définir une valeur sur une seule ligne.

Premièrement, la variable `grounded` est définie à l'aide d'un symbole d'égalité. Puis, dans la première série de parenthèses, une technique de *masque de bits* est appliquée afin de déterminer si les collisions dans la variable `flags` (le mouvement du contrôleur) correspondent à la valeur définie en interne `CollidedBelow` :

```
(flags & CollisionFlags.CollidedBelow)
```

L'utilisation d'une seule esperluette (`&`) indique une opération qui s'effectue entre deux valeurs sous forme binaire. Vous n'avez pas besoin de comprendre ce que cela signifie pour le moment, car le système de classe de Unity offre un raccourci pour la plupart des calculs de ce type.

Si le contrôleur entre en collision avec ce qui se trouve en dessous de lui (le terrain, logiquement), alors cette opération sera non nulle.

Cette opération est suivie de `!=0`. Un point d'exclamation devant un symbole d'égalité signifie "est différent de". Cette comparaison renvoie donc `true` (vrai) si l'opération entre parenthèses est non nulle. Par conséquent, `grounded` est défini comme `true` quand une collision se produit entre le composant CHARACTER CONTROLLER et ce qui se trouve en dessous de lui.

Les commandes *@script*

La fonction `FixedUpdate()` se termine à la ligne 27, suivie de la seule commande `@script` suivante :

```
@script RequireComponent(CharacterController)
```

Les commandes `@script` s'utilisent pour réaliser des actions que vous devriez normalement effectuer manuellement dans l'interface de Unity.

Dans cet exemple, une fonction `RequireComponent()` est exécutée, ce qui force Unity à ajouter le composant indiqué entre parenthèses, au cas où l'objet sur lequel est attaché ce script ne possède pas ce composant. De même, si vous essayez de supprimer ce composant, Unity indique qu'un autre composant (le script) nécessite sa présence.

Comme ce script s'appuie sur `CharacterController` pour contrôler le personnage, il est logique d'utiliser une commande `@script` pour s'assurer que le composant est présent et que le script peut donc par conséquent s'adresser à lui. Il est également intéressant de noter que les commandes `@script` sont les seuls exemples de commandes qui ne doivent pas se terminer par un point-virgule.

En résumé

Au cours de ce chapitre, vous avez examiné le premier élément interactif de jeu pour le moment : l'objet FIRST PERSON CONTROLLER. Vous avez également découvert les bases des scripts utilisés pour les jeux dans Unity, une première étape importante sur laquelle nous nous appuierons tout au long de ce livre.

Au chapitre suivant, vous allez commencer à écrire vos propres scripts et vous en apprendrez plus sur la détection de collision. Pour cela, vous utiliserez le modèle d'avant-poste que vous avez importé au Chapitre 2, "Environnements", vous l'intégrerez à la scène du jeu, puis vous le ferez interagir avec le personnage du joueur en combinant animations et écriture de script.

4

Interactions

Nous allons voir ici, plus en détail, d'autres interactions et nous plonger dans deux éléments essentiels au développement d'un jeu : la *détection de collision* et le *raycasting* (tracé de rayon).

Pour détecter les interactions physiques entre les objets de jeu, la méthode la plus courante consiste à utiliser un collider – un filet invisible tout autour d'un objet chargé de détecter les collisions avec d'autres objets. La détection de collision regroupe à la fois la détection et la récupération des informations provenant de ces collisions.

Il est non seulement possible de détecter que deux colliders (composants de collision) interagissent, mais également d'anticiper une collision et d'effectuer de nombreuses autres tâches à l'aide d'une technique appelée raycasting, qui dessine un rayon – une ligne vectorielle invisible (non rendue) tracée entre deux points dans l'espace 3D – qui peut aussi être utilisé pour détecter une intersection avec le collider d'un objet de jeu. Le raycasting permet également de récupérer de nombreuses autres informations utiles comme la longueur du rayon (et donc la distance entre deux objets) ou le point d'impact de la fin de la ligne.

Figure 4.1

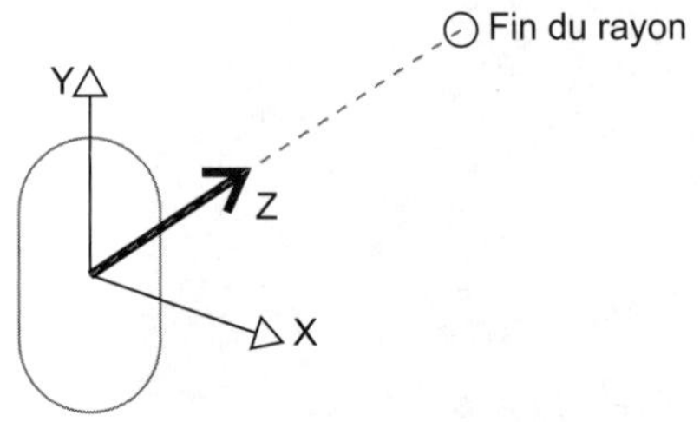

Dans cet exemple, un rayon pointant vers l'avant part de notre personnage. On peut lui donner une direction mais également une longueur spécifique, ou le projeter jusqu'à ce qu'il trouve un objet.

Au cours de ce chapitre, vous travaillerez avec le modèle d'avant-poste que vous avez importé au Chapitre 2, "Environnements". Nous avons créé pour vous l'animation d'ouverture et de fermeture de la porte et vous allez voir comment les déclencher une fois le modèle intégré dans la scène en implémentant la détection de collision et le raycasting.

Commençons par examiner la détection de collision et voir quand la remplacer ou la compléter par le raycasting.

Les collisions

Lorsque des objets entrent en collision dans n'importe quel moteur de jeu, des informations sur cet événement deviennent alors disponibles. En enregistrant différentes informations au moment de l'impact, le moteur de jeu peut ensuite réagir de manière réaliste. Dans un jeu tenant compte des lois physiques par exemple, si un objet tombe au sol d'une certaine hauteur, le moteur a besoin de savoir quelle partie de cet objet touche le sol en premier pour contrôler de façon correcte et réaliste la réaction de l'objet à cet impact.

Bien entendu, Unity gère ce type de collisions et stocke ces informations pour vous, si bien que vous avez seulement à les récupérer afin de définir la réaction qui doit se produire.

Dans le cas de l'ouverture d'une porte, vous avez besoin de détecter les collisions entre le collider du personnage du joueur et celui situé sur – ou près de – la porte. Cela n'aurait guère de sens de détecter les collisions ailleurs, puisque l'animation de la porte doit se déclencher lorsque le joueur est assez proche pour espérer qu'elle s'ouvre ou pour franchir le seuil.

Par conséquent, vous allez vérifier les collisions entre le collider du personnage et celui de la porte. Vous devez toutefois étendre la profondeur du collider de la porte afin que celui du personnage du joueur n'ait pas besoin de s'appuyer contre la porte pour que la collision se déclenche (voir Figure 4.2). Cependant en étendant la profondeur du collider, son interaction avec le jeu devient irréaliste.

Figure 4.2

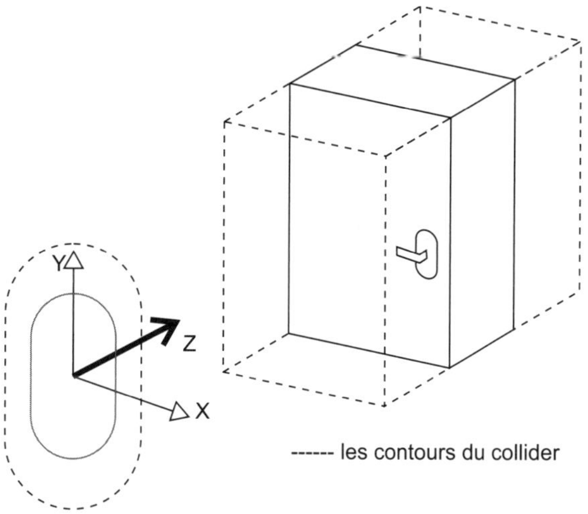

Dans notre exemple, si le collider de la porte dépassait de la surface visuelle de la porte, le personnage entrerait en collision avec une surface invisible qui l'arrêterait net. En outre, bien que vous puissiez utiliser cette collision pour déclencher l'animation d'ouverture de la porte, l'impact initial dans le collider semblerait peu naturel pour le joueur, ce qui nuirait à son immersion dans le jeu. Si la détection de collision fonctionne très bien entre le collider du personnage et celui de la porte d'un point de vue technique, cette approche présente donc trop d'inconvénients pour qu'un développeur de jeux créatif ne recherche pas une approche plus intuitive. C'est là qu'intervient le raycasting.

Le raycasting

Bien qu'il soit possible de détecter les collisions entre le collider du personnage et un collider qui s'adapte à l'objet porte, il semble plus judicieux que la porte s'ouvre lorsque le joueur lui fait face et à une certaine distance, ce qui peut être réalisé en projetant un rayon d'une longueur limitée depuis l'avant du personnage. Ainsi, le joueur n'a pas besoin de s'avancer jusqu'à la porte ou d'entrer en collision avec un collider étendu pour que le rayon soit détecté. Cette méthode garantit également que le joueur ne peut pas ouvrir la porte s'il lui tourne le dos ; avec le raycasting, il doit faire face à l'objet pour l'utiliser, ce qui est plus logique.

Cette méthode est couramment utilisée lorsque la détection de collision se montre trop imprécise pour obtenir une réaction correcte, par exemple lorsque les réactions doivent se produire à un niveau de détail très précis (image par image) car elles se produisent alors trop rapidement. Dans notre exemple, vous avez besoin de détecter à l'avance si la collision est susceptible de se produire plutôt que d'y réagir. Prenons un exemple pratique de ce problème.

L'image manquante

Dans le cas d'un jeu de tir en 3D, le raycasting s'utilise pour prédire l'impact d'une balle tirée. En raison de la vitesse d'une balle réelle, il est très difficile d'en représenter visuellement le trajet vers la cible de façon satisfaisante pour le joueur, car cette vitesse est largement supérieure à la cadence des images rendues dans les jeux.

Lors d'un tir au pistolet dans le monde réel, la balle met si peu de temps pour atteindre sa cible que l'événement semble instantané à l'œil nu. On peut donc admettre que la balle devrait atteindre son objectif en quelques images seulement dans le jeu, même avec un rendu supérieur à 25 images par seconde.

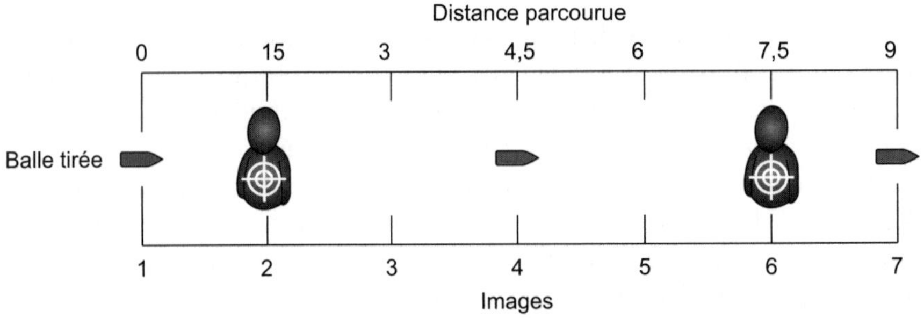

Figure 4.3

À la Figure 4.3, une balle est tirée d'un pistolet. Pour que son parcours soit réaliste, elle devrait se déplacer à une vitesse de 150 mètres par seconde. À une cadence de 25 images par seconde, la balle se déplace donc de 6 mètres par image. Or la circonférence d'un corps humain est environ de 1,50 mètre, si bien que la balle manquerait très probablement les ennemis situés à 5 et 7,50 mètres. Voilà pourquoi on utilise la détection *a priori*.

La détection de collision *a priori*

Au lieu de vérifier la collision avec un objet Balle, il s'agit de découvrir si une balle atteindra sa cible. En projetant un rayon depuis l'objet Pistolet (en tenant donc compte de son orientation) sur la même image que celle où le joueur appuie sur le bouton de tir, vous pouvez immédiatement vérifier quels objets coupent le rayon.

Cela est possible car les rayons sont tracés immédiatement. Vous pouvez comparer le rayon à un pointeur laser : lorsqu'on allume un laser, l'œil humain ne perçoit pas le déplacement de la lumière vers l'avant en raison de sa vitesse, si bien que le rayon laser semble tout simplement apparaître.

Dans le raycasting, les rayons fonctionnent de la même façon. Chaque fois que le joueur appuie sur le bouton de tir, un rayon est tracé dans la direction visée. Il est alors possible de récupérer des informations sur le collider que ce rayon touche. Une fois le collider identifié, un script peut alors désigner l'objet de jeu lui-même et scénariser son comportement en conséquence. Vous pouvez obtenir des informations très détaillées, comme le point d'impact, et les utiliser pour définir la réaction de la cible (faire reculer l'ennemi dans une direction particulière par exemple).

Figure 4.4

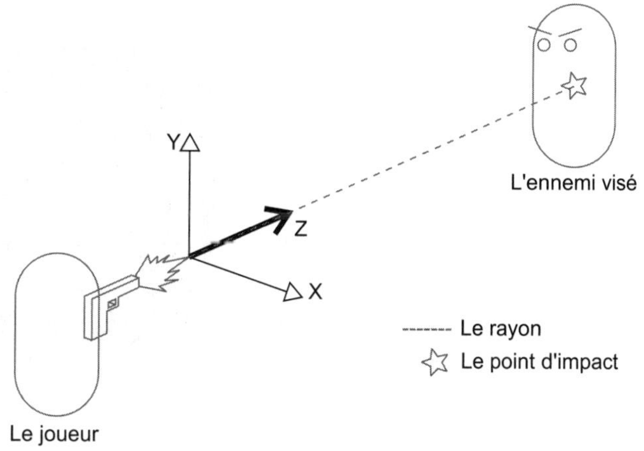

Dans cet exemple de jeu de tir, vous utiliseriez sans doute des scripts pour tuer ou repousser l'ennemi dont le collider touche le rayon. Comme le rayon est immédiat, cette réaction peut s'effectuer sur l'image suivant celle sur laquelle le rayon croise le collider de l'ennemi. La réaction étant enregistrée immédiatement, l'effet produit par le tir est réaliste.

Il est également intéressant de noter que les jeux de tir affichent souvent des rayons normalement invisibles pour aider le joueur à viser. Ne confondez toutefois pas ces lignes avec le raycasting car ces rayons sont simplement utilisés pour effectuer le rendu des lignes de la visée.

L'ajout de l'avant-poste

Avant de commencer à utiliser à la fois la détection de collision et le raycasting pour ouvrir la porte, vous devez intégrer à la scène l'avant-poste que vous avez défini au Chapitre 2, "Environnements". Plus loin, vous écrirez le script qui contrôle les états d'animation de ce modèle.

Faites glisser le modèle d'avant-poste depuis le panneau PROJECT dans le panneau SCENE. Souvenez-vous que vous ne pouvez pas positionner le modèle lors du glisser-déposer, mais seulement une fois que celui se trouve dans la scène (autrement dit, après avoir relâché le bouton de la souris).

Figure 4.5

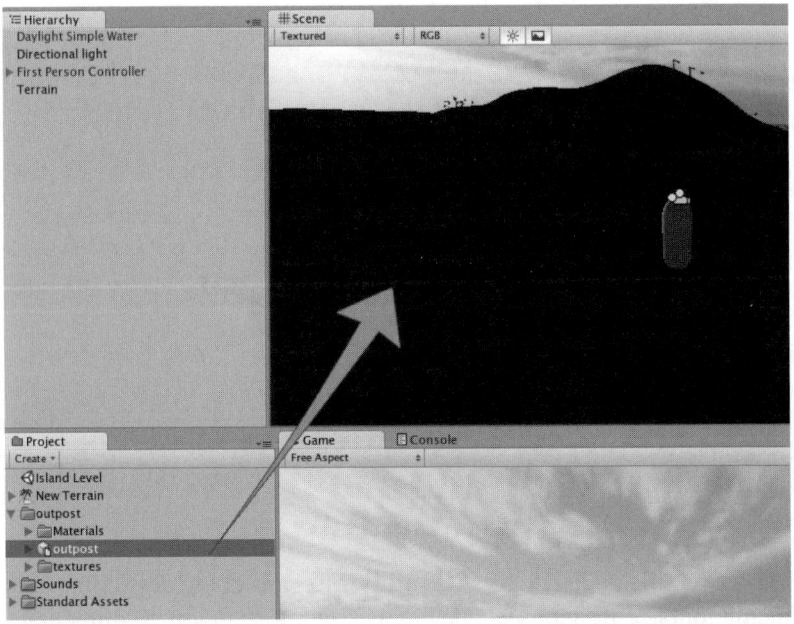

Une fois l'avant-poste dans le panneau SCENE, son nom apparaît dans le panneau HIERARCHY et il est automatiquement sélectionné. Vous êtes maintenant prêt à définir sa position et à le redimensionner.

Positionner le modèle

Comme la conception de votre terrain peut être différente de la nôtre, sélectionnez l'outil TRANSFORM, puis placez l'avant-poste dans une zone de terrain dégagée en faisant glisser ses poignées d'axe dans la scène.

Astuce

Soyez prudent lorsque vous utilisez les poignées d'axe pour déplacer un modèle. Faire glisser le carré blanc où convergent les poignées modifie les trois axes à la fois, ce qui est à éviter en vue Perspective. Assurez-vous de faire glisser chaque poignée individuellement en gardant le curseur à l'extérieur du carré blanc.
Si vous souhaitez que l'objet reste plaqué sur la surface du terrain en vue Perspective, appuyez sur Cmd/Ctrl et faites glisser le carré blanc.

Figure 4.6

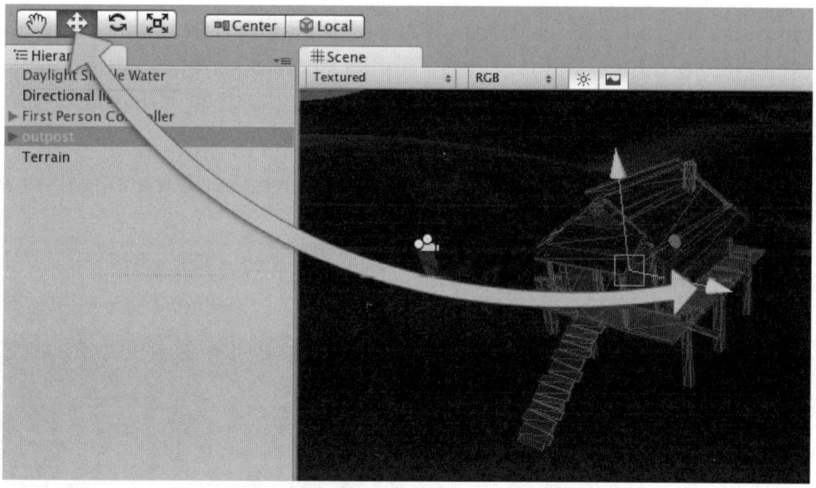

Nous avons placé l'avant-poste à (500, 30.8, 505) mais vous devrez peut-être le déplacer manuellement. Rappelez-vous qu'après avoir positionné l'objet à l'aide de ses poignées d'axe dans le panneau SCENE, vous pouvez saisir des valeurs spécifiques dans les champs Position du composant TRANSFORM dans le panneau INSPECTOR.

Redimensionner le modèle

Lorsque vous travaillez comme ici avec deux applications – le logiciel de modélisation dans lequel la ressource outpost a été créée et Unity –, il est courant que la taille du modèle importé ne corresponde pas aux unités métriques utilisées dans Unity et que vous deviez modifier ses dimensions.

Bien qu'il soit possible de définir les valeurs d'échelle dans les champs SCALE du panneau INSPECTOR, il est généralement préférable d'utiliser le paramètre SCALE FACTOR de la ressource originale. Sélectionnez le modèle OUTPOST dans le dossier Outpost du panneau PROJECT. Le composant FBXIMPORTER s'affiche alors dans le panneau INSPECTOR. Ses paramètres d'importation affectent toutes les occurrences du modèle que vous placez dans le panneau SCENE. Dans ce cas précis, modifiez la valeur SCALE FACTOR de 1 à 2, puis cliquez sur le bouton APPLY. Ainsi, la taille de l'avant-poste est suffisante pour que l'objet CHARACTER CONTROLLER passe par la porte et la taille de la pièce sera réaliste lorsque le personnage se trouvera à l'intérieur.

Colliders et tag de la porte

La porte doit être identifiée comme un objet particulier pour pouvoir s'ouvrir lorsqu'elle entre en collision avec le joueur. Pour cela, l'objet doit posséder un composant COLLIDER et un tag spécifique qui désignera l'objet dans le script. Cliquez sur la flèche grise située à gauche du nom de l'objet OUTPOST dans le panneau HIERARCHY pour afficher tous ses objets enfants.

Sélectionnez l'objet DOOR, puis placez le curseur sur le panneau SCENE et centrez la vue sur cet objet (touche F).

Figure 4.7

La porte est maintenant visible dans le panneau SCENE. Cet objet étant sélectionné, ses composants apparaissent également dans le panneau INSPECTOR, notamment MESH COLLIDER (un composant de collision respectant le maillage de l'objet). Ce collider précis est assigné à tous les maillages des objets enfants d'un modèle lorsque l'option GENERATE COLLIDERS est activée, ce que vous avez fait pour cette ressource outpost au Chapitre 2, "Environnements".

Avec cette option, Unity attribue par défaut un composant MESH COLLIDER à chaque élément enfant, car le programme ne sait pas quelle quantité de détails sont présents dans les modèles importés. Chaque MESH COLLIDER adopte la forme du maillage de l'objet. Ici, la porte étant une forme cubique simple, vous devez le remplacer par un collider plus simple et plus efficace en forme de boîte.

Cliquez sur COMPONENT > PHYSICS > BOX COLLIDER dans le menu principal.

Une première boîte de dialogue, LOSING PREFAB, signale que l'ajout d'un nouveau composant entraînera la fin de la connexion entre cet objet et l'objet parent dans le panneau PROJECT. Autrement dit, la copie placée dans le panneau SCENE ne sera plus identique à la ressource d'origine et toute modification apportée à la ressource dans le panneau PROJECT ne sera pas répercutée sur cette copie. Cliquez simplement sur le bouton ADD pour confirmer.

Figure 4.8

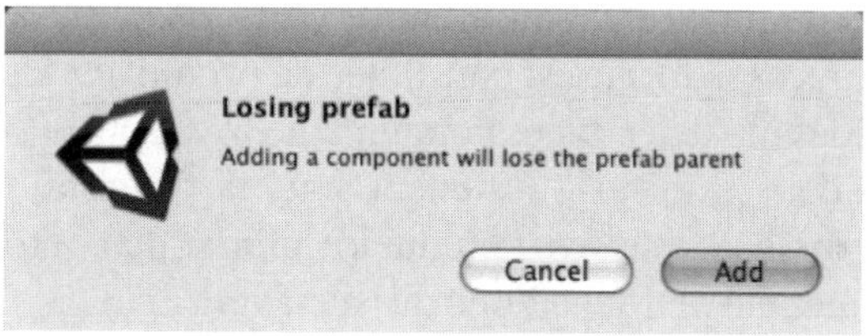

Vous n'avez pas à vous inquiéter de ce message qui s'affiche chaque fois que vous commencez à personnaliser les modèles importés dans Unity. Vous avez généralement besoin d'ajouter des composants à un modèle, pour cela, vous pouvez créer vos propres éléments préfabriqués.

Étant donné qu'un collider est déjà assigné à l'objet, une seconde boîte de dialogue apparaît dans laquelle vous indiquez si vous voulez ajouter ce collider à votre objet (ADD), le remplacer (REPLACE) ou annuler l'opération (CANCEL). Le moteur physique de Unity fonctionnant mieux avec un seul collider par objet, le programme vous demande si vous souhaitez remplacer celui qui existe plutôt que d'en ajouter un nouveau.

Comme nous n'avons plus besoin du MESH COLLIDER, cliquez sur REPLACE.

Le composant Box Collider que vous venez d'ajouter apparaît alors autour de la porte, figuré par un contour vert.

Figure 4.9

Un Box Collider (un composant de collision en forme de boîte) est un exemple de *collider primitif*, car sa forme est constituée de primitives. Unity dispose de plusieurs colliders de forme prédéfinie de ce type, notamment Box, Sphere, Capsule et Wheel. Tous les composants colliders primitifs s'affichent sous la forme d'un tracé vert. Vous l'avez peut-être remarqué lorsque vous avez étudié le collider du contrôleur de personnage, un collider de type capsule, qui s'affiche donc aussi en vert.

Enfin, vous avez besoin d'attribuer un tag à l'objet door, puisque vous y ferez référence plus tard dans le script. L'objet enfant door étant toujours sélectionné, cliquez sur le menu déroulant Tag situé en haut du panneau Inspector, puis choisissez Add Tag. Ajoutez le tag outpostDoor dans le Tag Manager qui s'affiche dans le panneau Inspector (voir Figure 4.10).

Figure 4.10

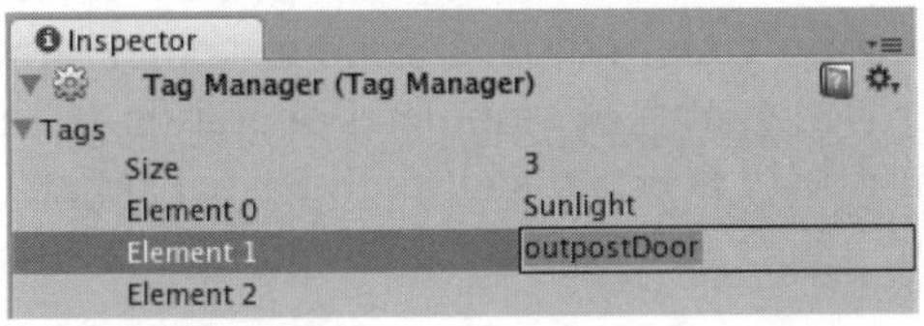

Comme l'ajout de balises est un processus en deux étapes, vous aurez ensuite besoin de sélectionner de nouveau l'objet enfant DOOR dans le panneau HIERARCHY pour choisir votre nouveau tag OUTPOSTDOOR dans le menu déroulant TAG et l'attribuer à cet objet.

Désactiver l'animation automatique

Par défaut, Unity suppose que toutes les animations des objets placés sur la scène doivent être lues automatiquement. C'est pourquoi vous avez désactivé (idle) l'animation de cette ressource. Si vous laissez Unity lancer automatiquement les animations des objets, ceux-ci risquent de s'afficher dans un des états d'animation plutôt qu'avec leur apparence par défaut. Pour corriger ce problème, il suffit de décocher la case PLAY AUTOMATICALLY dans le panneau INSPECTOR pour l'objet parent du modèle. Vous n'auriez pas besoin de le faire s'il s'agissait d'une animation en boucle se répétant constamment dans le jeu – un drapeau claquant au vent ou la lumière tournante d'un phare par exemple – mais puisque l'animation de l'avant-poste ne doit pas se déclencher avant que le joueur n'ait atteint la porte, vous devez éviter la lecture automatique d'une des animations que cet objet contient.

Pour cela, sélectionnez à nouveau l'objet parent OUTPOST dans le panneau HIERARCHY, puis désactivez l'option PLAY AUTOMATICALLY du composant ANIMATIONS dans le panneau INSPECTOR.

Le panneau INSPECTOR devrait présenter la même apparence qu'à la Figure 4.11.

Figure 4.11

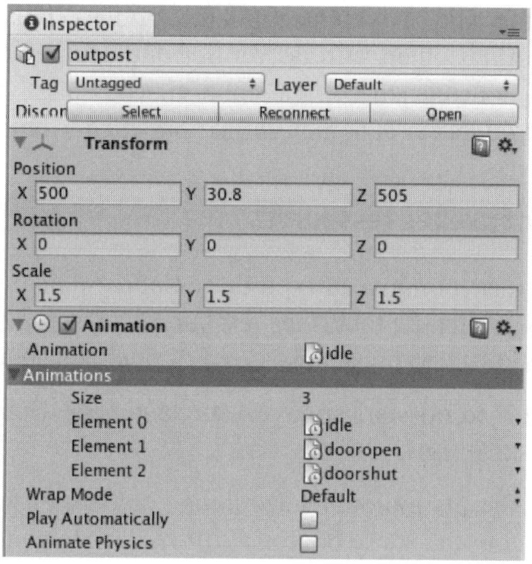

Info

Nous avons affiché les options du paramètre ANIMATIONS *afin de visualiser les différents états de l'animation de cet objet.*

L'objet OUTPOST est maintenant prêt à interagir avec le personnage du joueur. Vous allez donc commencer à écrire les scripts pour gérer les collisions avec la porte, en utilisant soit la détection de collision soit le raycasting.

L'ouverture de la porte

Nous allons étudier les deux méthodes permettant de déclencher l'animation afin que vous puissiez ensuite utiliser l'une ou l'autre lors du développement de vos jeux en fonction de la situation. Dans un premier temps, vous utiliserez la détection de collision – une notion essentielle à connaître lorsque vous commencez à travailler sur des jeux dans Unity. Puis dans un second temps, vous implémenterez simplement une projection de rayon depuis le personnage du joueur.

Méthode 1. La détection de collision

Pour commencer à écrire le script qui va déclencher l'animation d'ouverture de la porte et ainsi permettre au joueur d'entrer dans l'avant-poste, vous devez choisir l'objet auquel le script se destine.

Lors du développement de jeux, il est souvent plus efficace d'écrire un seul script pour un objet qui interagira avec plusieurs autres objets, plutôt que d'écrire de nombreux scripts pour chacun des objets afin de vérifier que ceux-ci entrent en collision avec un objet en particulier. Pour un jeu comme celui-ci, vous allez donc écrire un script à appliquer au personnage du joueur et non un script pour chaque objet avec lequel le joueur peut interagir.

Créer de nouvelles ressources

Avant de créer un nouveau type de ressource dans un projet, il est conseillé de créer un dossier qui contiendra toutes les ressources de ce type. Cliquez sur le bouton CREATE dans le panneau PROJECT, puis choisissez FOLDER dans le menu déroulant qui s'affiche.

Sélectionnez ce dossier, appuyez sur la touche Entrée (Mac OS) ou F2 (Windows) et renommez-le *Scripts*.

Le dossier Scripts toujours sélectionné, créez-y ensuite un fichier JavaScript. Pour cela, cliquez de nouveau sur le bouton CREATE dans le panneau PROJECT et choisissez cette fois JAVASCRIPT.

Astuce

En sélectionnant le dossier, vous indiquez l'emplacement de la ressource que vous allez créer. Vous n'aurez donc pas ensuite à le déplacer.

Modifiez le nom par défaut du script – *NewBehaviourScript* – en *PlayerCollisions.* Les fichiers JavaScript portent l'extension de fichier `.js` mais celle-ci ne s'affiche pas dans le panneau PROJECT. Il n'est donc pas nécessaire d'essayer d'ajouter cette extension lorsque vous renommez des ressources.

Info

Vous pouvez également identifier le type de fichier d'un script grâce à son icône dans le panneau PROJECT. *L'icône des fichiers JavaScript porte la mention "JS", les fichiers C#, tout simplement "C#" et les fichiers Boo, une image d'un fantôme Pacman.*

Écrire le script pour la détection de collision du personnage

Double-cliquez sur l'icône du script dans le panneau PROJECT pour lancer l'éditeur de script – Unitron (Mac OS) ou Uniscite (Windows) – et commencer à l'éditer.

Utiliser OnControllerColliderHit

Par défaut, tous les nouveaux scripts JavaScript contiennent la fonction `Update()`, qui s'affiche lorsque vous les ouvrez pour la première fois. Pour commencer, vous allez déclarer les variables que vous utiliserez.

Ce script doit commencer par la définition de six variables, trois privées et trois publiques, dont le but respectif est le suivant :

- `doorIsOpen`. Une variable privée `true/false` (booléenne) pour vérifier si la porte est ouverte.
- `doorTimer`. Une variable privée numérique décimale, utilisée pour décompter le temps écoulé après l'ouverture de la porte et la refermer automatiquement une fois terminé le délai défini.
- `currentDoor`. Une variable privée de type `GameObject` qui stocke l'état courant de la porte. Elle évite, si vous ajoutez plus d'un avant-poste dans le jeu, que l'ouverture de l'une des portes entraîne celle de toutes les autres, en gardant en mémoire la dernière porte à avoir été touchée.

- `doorOpenTime`. Une variable publique numérique de type `float` (éventuellement décimale) permettant de fixer dans le panneau INSPECTOR le temps pendant lequel la porte reste ouverte.
- `doorOpenSound`/`doorShutSound`. Deux variables publiques de type `AudioClip`, qui servent à assigner un objet audio par glisser-déposer dans le panneau INSPECTOR.

Pour définir ces variables, ajoutez les lignes suivantes au tout début du script `PlayerCollisions` que vous modifiez :

```
private var doorIsOpen : boolean = false;
private var doorTimer : float = 0.0;
private var currentDoor : GameObject;

var doorOpenTime : float = 3.0;
var doorOpenSound : AudioClip;
var doorShutSound : AudioClip;
```

Avant d'aborder la fonction `Update()`, vous allez établir la fonction de détection de collision elle-même. Insérez deux lignes après :

```
function Update(){

}
```

Et ajoutez la fonction suivante :

```
function OnControllerColliderHit(hit : ControllerColliderHit){
}
```

Cette fonction de détection de collision, appelée `OnControllerColliderHit`, est spécialement destinée aux personnages jouables qui utilisent le composant CHARACTER-CONTROLLER, comme c'est le cas ici. Son seul paramètre, `hit`, est une variable qui stocke des informations lorsqu'une collision se produit, notamment l'objet de jeu avec lequel le joueur est entré en collision.

Pour utiliser ces informations, vous allez ajouter une instruction `if`, entre les accolades de la fonction :

```
function OnControllerColliderHit(hit: ControllerColliderHit){
  if(hit.gameObject.tag == "outpostDoor" && doorIsOpen == false){
  }
}
```

Cette instruction `if` vérifie deux conditions : tout d'abord, si l'objet avec lequel le personnage entre en contact a le tag `outpostDoor`, puis si la variable `doorOpen` est actuellement définie à `false`. Rappelez-vous que deux symboles d'égalité (==) indiquent une comparaison et que deux symboles esperluette (&&) signifient simplement "et". Autrement dit, si le personnage entre en contact avec le collider de la porte que vous avez marqué d'un tag et que la porte n'est pas déjà ouverte, une série d'instructions sera exécutée.

Ce script utilise la syntaxe à point pour faire référence à l'objet dont on vérifie les collisions, en descendant successivement la hiérarchie depuis `hit` (la variable qui contient les informations sur les collisions) à `gameObject` (l'objet touché), puis au tag sur cet objet.

Si les conditions de cette instruction `if` se vérifient, un ensemble d'instructions doit alors se réaliser pour ouvrir la porte. Il s'agira de jouer un son, de lancer la lecture d'une des animations sur le modèle et de définir la variable booléenne `doorOpen` à `true`. Comme vous allez appeler plusieurs instructions – et que vous aurez peut-être besoin d'utiliser leur résultat dans une autre condition, par la suite lorsque vous implémenterez la technique du raycasting –, vous allez les placer dans leur propre fonction personnalisée appelée `OpenDoor`.

Avant d'écrire cette nouvelle fonction, vous allez ajouter l'appel à cette fonction dans l'instruction `if` que vous venez de créer. Pour cela, saisissez la ligne suivante :

```
OpenDoor();
```

La fonction de collision complète doit maintenant être semblable à celle-ci :

```
function OnControllerColliderHit(hit: ControllerColliderHit){
  if(hit.gameObject.tag == "outpostDoor" && doorIsOpen == false){
    OpenDoor();
  }
}
```

Écrire des fonctions personnalisées

Vous pouvez écrire vos propres fonctions pour stocker des ensembles d'instructions à appeler par la suite. De cette manière, vous pouvez simplement appeler une fonction à tout moment pour exécuter de nouveau l'ensemble des instructions qu'elle contient au lieu de devoir écrire plusieurs fois une série d'instructions ou de "commandes" dans un script. Cela facilite également la localisation des erreurs dans le code – procédure connue sous le nom de *débogage* –, car le nombre d'endroits où les erreurs peuvent se trouver est ainsi réduit.

Vous venez d'écrire un appel à une fonction nommée `OpenDoor` dans la fonction de détection de collision. Les parenthèses qui suivent le nom de la fonction, `OpenDoor`, sont utilisées pour stocker les paramètres éventuels que vous souhaitez passer à la fonction – vous pouvez ainsi transmettre des comportements supplémentaires aux instructions situées à l'intérieur de la fonction (voir la section "Des fonctions plus efficaces" de ce chapitre). Ici, les parenthèses sont vides, aucun comportement n'ayant encore été passé à la fonction.

Déclarer la fonction

Pour créer la fonction que vous appelez, écrivez tout simplement :

```
function OpenDoor(){
}
```

Vous pouvez ensuite écrire entre ses accolades toutes les instructions à effectuer lorsque cette fonction est appelée, de la même manière que vous avez défini les conditions d'une instruction `if`.

Lire les fichiers audio

La première instruction doit lancer la lecture de la séquence audio assignée à la variable `doorOpenSound`. Pour cela, ajoutez la ligne suivante entre les accolades – après { et avant } :

```
audio.PlayOneShot(doorOpenSound);
```

La fonction doit maintenant être la suivante :

```
function OpenDoor(){
  audio.PlayOneShot(doorOpenSound);
}
```

Cette ligne s'adresse au composant Audio Source attaché à l'objet de jeu auquel ce script est appliqué (le personnage du joueur, autrement dit l'objet First Person Controller). Vous aurez donc besoin plus tard de vous assurer que ce composant est bien lié à l'objet car cette commande provoquerait une erreur si ce n'était pas le cas.

Le fait de désigner le composant Audio Source par le terme `audio` vous donne ensuite accès à quatre fonctions : `Play()`, `Stop()`, `Pause()` et `PlayOneShot()`. On utilise ici `PlayOneShot` car cette option représente la meilleure façon de jouer une seule occurrence d'un effet sonore, par opposition à la lecture de plusieurs séquences audio en continu, comme de la musique. La variable `doorOpenSound` passée dans les parenthèses de la commande `PlayOneShot` permet de déclencher la lecture du fichier audio assigné à cette variable dans le panneau Inspector. Vous téléchargerez et assignerez ce fichier audio ainsi que celui de la fermeture de la porte après avoir complété le script.

Vérifier l'état de la porte

Une condition de l'instruction `if` dans la fonction de détection de collision exige que la variable booléenne `doorIsOpen` soit définie à `false`. Par conséquent, la deuxième commande de la fonction `OpenDoor()` a pour rôle de définir cette variable à `true`.

En effet, le personnage du joueur peut entrer en collision avec la porte à plusieurs reprises lors du contact. Sans cette variable booléenne, la fonction `OpenDoor()` pourrait se déclencher plusieurs fois, ce qui entraînerait la répétition des sons et des animations à chaque collision. Ainsi, la fonction `OpenDoor()` s'exécute lorsque la variable est définie à `false`, puis elle est immédiatement désactivée et la variable `doorIsOpen` définie à `true`. On évite ainsi que toute collision supplémentaire déclenche de nouveau la fonction `OpenDoor()`.

Ajoutez la ligne suivante entre les accolades de la fonction `OpenDoor()` après la commande que vous venez d'ajouter :

```
doorIsOpen = true;
```

Lancer l'animation

Au Chapitre 2, "Environnements", vous avez importé le paquet de ressources outpost et étudié ses différents paramètres avant de l'intégrer dans le jeu au début de ce chapitre. Lors du processus d'importation, vous avez défini les animations dans le panneau INSPECTOR. En sélectionnant cette ressource dans le panneau PROJECT, vous avez précisé dans le panneau INSPECTOR qu'elle contenait les trois animations suivantes :

- idle (un état "inactif") ;
- dooropen (porte ouverte) ;
- doorshut (porte fermée).

Dans la fonction `OpenDoor()`, vous allez faire appel à une de ces animations à l'aide d'une chaîne de caractères, ou *string*. Toutefois, vous devez au préalable indiquer quel objet de la scène contient l'animation à lire. Comme le script que vous écrivez concerne le personnage du joueur, vous devez faire référence à un autre objet avant de faire référence au composant d'animation. Pour cela, ajoutez la ligne :

```
var myOutpost : GameObject = GameObject.Find("outpost");
```

Vous déclarez ici une nouvelle variable `myOutpost` de type `GameObject` puis vous sélectionnez l'objet de jeu `outpost` par son nom à l'aide de la commande `GameObject.Find`. La commande `Find` permet de sélectionner dans le panneau HIERARCHY un objet présent dans la scène actuelle par son nom. Elle peut donc s'utiliser comme une alternative aux tags.

À présent qu'une variable représente l'objet de jeu OUTPOST, vous pouvez utiliser la syntaxe à point afin de la désigner et appeler l'animation de la façon suivante :

```
myOutpost.animation.Play("dooropen");
```

Cette ligne désigne le composant d'animation attaché à l'objet OUTPOST et lance la lecture de l'animation `dooropen`. La commande `Play()` peut transmettre n'importe quelle chaîne de caractères. Toutefois, cela fonctionne uniquement si les animations ont été définies sur l'objet en question.

Votre fonction personnalisée `OpenDoor()` complète doit maintenant être analogue à ceci :

```
function OpenDoor(){
  audio.PlayOneShot(doorOpenSound);
  doorIsOpen = true;
  var myOutpost : GameObject = GameObject.Find("outpost");
  myOutpost.animation.Play("dooropen");
}
```

Inverser la procédure

Maintenant que vous avez créé un ensemble d'instructions pour ouvrir la porte, comment allez-vous la refermer ? Pour des raisons de jouabilité, vous n'obligerez pas le joueur à fermer lui-même la porte. Vous allez donc écrire un script qui la referme après un certain délai.

Pour cela, vous allez utiliser la variable `doorTimer`, vous lui ajouterez une valeur de temps pour que le script commence à décompter dès l'ouverture de la porte, puis vous vérifierez si cette variable atteint une valeur particulière avec une instruction `if`.

Comme il s'agit d'un décompte dans le temps, vous devez utiliser une fonction constamment mise à jour, comme la fonction `Update()` créée en même temps que le script.

Insérez des lignes vierges dans la fonction `Update()` pour décaler son accolade de fermeture `}` de quelques lignes vers le bas.

Vous devez premièrement vérifier si la porte a été ouverte, car il est évidemment inutile d'incrémenter la variable de décompte du temps si la porte est fermée. Écrivez l'instruction `if` suivante pour augmenter la valeur de la variable dans le temps lorsque la variable `doorIsOpen` est définie à `true` :

```
if(doorIsOpen){
  doorTimer += Time.deltaTime;
}
```

Ces lignes vérifient si la porte est ouverte – la variable est par défaut définie à `false` et devient `true` uniquement à la suite d'une collision entre le personnage du joueur et la porte. Si la variable `doorIsOpen` est `true`, on ajoute alors la valeur `Time.deltaTime` à la variable `doorTimer` (écrire, comme ici, uniquement le nom de la variable dans la condition `if` équivaut à écrire : `doorIsOpen == true`).

Info

`Time.deltaTime` est une classe Time qui fonctionne indépendamment du nombre d'images par seconde. C'est important car votre jeu peut être exécuté sur différents ordinateurs, si bien qu'il serait étrange que le temps ralentisse ou accélère en fonction de la puissance de l'ordinateur qui exécute le jeu. C'est pourquoi on utilise `Time.deltaTime` pour calculer le temps nécessaire à l'affichage de la dernière image. Avec cette information, vous pouvez automatiquement corriger le décompte en temps réel.

Vous devez ensuite vérifier si la variable `doorTimer` atteint une certaine valeur, autrement dit qu'une certaine quantité de temps s'est écoulée. Pour cela, vous allez imbriquer une instruction `if` dans celle que vous venez d'ajouter : elle sera seulement vérifiée si la condition `doorIsOpen` est valide.

Ajoutez les lignes de script suivantes sous la ligne qui incrémente la variable dans la déclaration `if` existante :

```
if(doorTimer > doorOpenTime){
  shutDoor();
  doorTimer = 0.0;
}
```

Cet ajout est constamment vérifié dès que la variable `doorIsOpen` est égale à `true` puis il attend que la valeur `doorTimer` dépasse celle de la variable `doorOpenTime`. Puisque vous utilisez `Time.deltaTime` comme valeur d'incrémentation, trois secondes en temps réel s'écouleront avant que cela ne se produise, à moins bien sûr que vous ne modifiiez la valeur de cette variable fixée à 3 par défaut dans le panneau INSPECTOR.

Une fois que la valeur `doorTimer` est supérieure à 3, une fonction appelée `shutDoor()` est appelée et la variable `doorTimer` remise à 0 afin qu'elle puisse être de nouveau utilisée la prochaine fois que l'ouverture de la porte sera déclenchée. Sans cette réinitialisation, la valeur de `doorTimer` resterait supérieure à 3, si bien que la porte se refermait dès qu'elle serait ouverte.

Votre fonction `Update()` complète doit maintenant être comme ceci :

```
function Update(){
  if(doorIsOpen){
    doorTimer += Time.deltaTime;

    if(doorTimer > 3){
      shutDoor();
      doorTimer = 0.0;
    }
  }
}
```

Vous allez à présent ajouter la fonction `shutDoor()` au bas de votre script. Son rôle est en grande partie le même que celui de la fonction `openDoor()`. Notez simplement qu'une animation différente de l'objet OUTPOST est appelée et que la variable `doorIsOpen` est redéfinie à `false` afin que toute la procédure puisse être exécutée de nouveau :

```
function shutDoor(){
  audio.PlayOneShot(doorShutSound);
  doorIsOpen = false;

  var myOutpost : GameObject = GameObject.Find("outpost");
  myOutpost.animation.Play("doorshut");
}
```

Des fonctions plus efficaces

Maintenant que vous disposez d'un script qui contrôle l'ouverture et la fermeture de la porte, vous allez voir comment améliorer ce script avec des fonctions sur mesure.

Pour le moment, vous disposez de deux fonctions personnalisées, `OpenDoor()` et `shutDoor()`, qui effectuent les trois mêmes tâches : elles lancent la lecture d'un son, définissent une variable booléenne et déclenchent une animation. Pourquoi ne pas alors créer une seule fonction qui soit capable de jouer différents sons, de définir si la variable booléenne est `true` ou `false` et de lire les différentes animations ? Pour obtenir ce résultat, vous devez passer ces trois tâches en tant que paramètres de la fonction. Pour déclarer des paramètres dans une fonction, vous devez écrire chacun d'eux entre les parenthèses de la fonction en les séparant par des virgules et en indiquant leur type de données.

Ajoutez la fonction suivante au bas de votre script :

```
function Door(aClip : AudioClip, openCheck : boolean, animName : String,
thisDoor : GameObject){
  audio.PlayOneShot(aClip);
  doorIsOpen = openCheck;

  thisDoor.transform.parent.animation.Play(animName);
}
```

Vous constatez que cette fonction est comparable aux fonctions `OpenDoor()` et `shutDoor()` existantes, mais que sa déclaration compte quatre paramètres : `aClip`, `openCheck`, `animName` et `thisDoor`. Il s'agit en fait de variables qui sont définies lors de l'appel de la fonction et dont la valeur est utilisée à l'intérieur de celle-ci. Pour ouvrir la porte, par exemple, vous pourriez appeler cette fonction et définir chaque paramètre de la façon suivante :

```
Door(doorOpenSound, true, "dooropen", currentDoor);
```

Ainsi, la valeur de la variable `doorOpenSound` est transmise au paramètre `aClip`, la valeur `true` au paramètre `openCheck`, la chaîne de texte `"dooropen"` au paramètre `animName` et la variable `currentDoor` au paramètre `thisDoor`.

Vous pouvez maintenant remplacer l'appel à la fonction `OpenDoor()` situé à l'intérieur de la fonction de détection de collision. Cependant, vous devez encore définir la variable `currentDoor`. Pour cela, supprimez d'abord la ligne suivante qui appelle la fonction `OpenDoor()` dans la fonction `OnControllerColliderHit()` :

```
OpenDoor();
```

Et remplacez-la par les deux lignes suivantes :

```
currentDoor = hit.gameObject;
Door(doorOpenSound, true, "dooropen", currentDoor);
```

La variable `currentDoor` désigne ici le dernier objet à entrer en collision avec le personnage du joueur. Vous pouvez ensuite passer cette information à votre fonction pour vous assurer d'ouvrir uniquement la porte – autrement dit, déclencher l'animation – de l'avant-poste avec lequel le joueur entre en collision, plutôt que celle d'un autre avant-poste possédant une porte marquée d'un tag.

Dans la dernière ligne de la fonction `Door`, `thisDoor.transform.parent.animation` lance la lecture de l'animation adéquate. La syntaxe à point permet de remonter dans la hiérarchie jusqu'au composant d'animation sur lequel vous devez agir. La variable `thisDoor` reçoit comme valeur l'objet le plus récemment touché – stocké dans la variable `currentDoor` –, puis le script fait référence à l'objet parent de la porte, c'est-à-dire l'objet OUTPOST lui-même, puisque c'est à lui que le composant d'animation est attaché, et non à la porte. Vous ne pourriez pas par exemple écrire :

```
thisDoor.animation.Play(animName);
```

Unity signalerait alors qu'il n'existe aucun élément d'animation. Vous devez donc désigner le composant TRANSFORM du parent de l'objet enfant DOOR – l'objet auquel il appartient dans le panneau HIERARCHY – pour sélectionner le composant d'animation depuis ce point.

Enfin, comme vous utilisez cette nouvelle méthode pour ouvrir et fermer les portes, vous devez modifier le code de fermeture de la porte dans la fonction `Update()`. Dans l'instruction `if` qui vérifie si la variable `doorTimer` dépasse la valeur de la variable `doorOpenTime`, remplacez l'appel à la fonction `shutDoor()` par cette ligne :

```
Door(doorShutSound, false, "doorshut", currentDoor);
```

Vous pouvez maintenant supprimer les deux fonctions originales `OpenDoor()` et `shutDoor()`, puisque la fonction personnalisée `Door()` les remplace toutes les deux. En créant des fonctions de cette façon, vous évitez les répétitions dans vos scripts, ce qui les rend plus efficaces et permet de réduire le temps nécessaire à l'écriture de plusieurs fonctions.

Finaliser le script

Pour compléter le script, vous allez vous assurer que l'objet qu'il ajoute possède un composant AUDIO SOURCE, ce qui est nécessaire pour lire les extraits sonores puisque votre fonction `Door` déclenche du son.

Ajoutez la ligne suivante tout en bas du script, en vous assurant que la ligne NE se termine PAS par un point-virgule, contrairement à ce qu'on pourrait attendre. En fait, cette commande est spécifique à Unity, et non d'une partie du code JavaScript.

```
@script RequireComponent(AudioSource)
```

Attacher le script à l'objet

Enregistrez votre script dans l'éditeur de script afin que Unity mette à jour les modifications que vous avez effectuées – vous devez le faire pour tous les changements que vous apportez, car sinon Unity ne peut pas recompiler le script.

Revenez ensuite à Unity. Regardez si la barre de message située au bas de l'interface indique que le script contient des erreurs. Si c'est le cas, double-cliquez sur cette erreur et assurez-vous que votre script correspond à celui indiqué dans les pages précédentes. Vous prendrez l'habitude d'utiliser le *rapport d'erreurs* pour vous aider à corriger vos scripts. Pour vous assurer que votre script ne contient pas d'erreur, commencez par vérifier que le nombre d'ouvertures et de fermetures des accolades est bien pair – autrement dit, que toutes les fonctions et les instructions `if` sont correctement fermées.

Si le script ne contient aucune erreur, il vous suffit alors de sélectionner, dans le panneau HIERARCHY, l'objet sur lequel vous souhaitez l'appliquer : l'objet FIRST PERSON CONTROLLER ici.

Il existe deux méthodes pour attacher un script à un objet dans Unity : faire glisser le script depuis le panneau PROJECT sur l'objet dans les panneaux HIERARCHY ou SCENE, ou tout simplement sélectionner l'objet puis cliquer sur COMPONENT > SCRIPTS > PLAYER COLLISIONS dans le menu principal de Unity. Le sous-menu SCRIPTS du menu COMPONENT contient la liste de tous les scripts disponibles dans le panneau PROJECT : il affichera le vôtre dès que vous l'aurez créé et sauvegardé.

Le panneau INSPECTOR de l'objet FIRST PERSON CONTROLLER devrait maintenant contenir le composant PLAYER COLLISIONS (SCRIPT). Un composant AUDIO SOURCE a également été ajouté automatiquement en raison de l'utilisation de la commande `RequireComponent` à la fin du script.

Figure 4.12

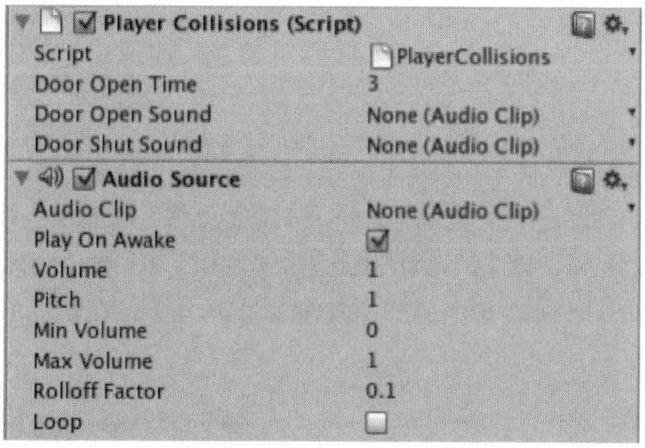

Comme vous pouvez le constater, les variables publiques `doorOpenTime`, `doorOpenSound` et `doorShutSound` s'affichent dans le panneau INSPECTOR. Vous pouvez donc ajuster la valeur de `doorOpenTime` et assigner des fichiers audio aux deux variables qui gèrent le son par glisser-déposer depuis le panneau PROJECT. Cela est vrai pour toutes les variables publiques des scripts – le préfixe `private` permet d'empêcher que les variables s'affichent de cette manière, ce qui c'est le cas des trois autres variables utilisées dans le script. Gardez à l'esprit que lors de l'utilisation de variables privées, vous devez leur assigner un type de données ou une valeur dans le script pour éviter les erreurs. Dans le cas contraire, ces variables sont "`null`" (n'ont aucune valeur).

Vous trouverez les fichiers audio Open Door et Door Close dans l'archive disponible sur la page dédiée à cet ouvrage sur le site web Pearson (**http://www.pearson.fr**). Procédez si nécessaire à l'extraction des fichiers, puis recherchez le paquet `doorSounds.unitypackage`. Pour l'importer, revenez dans Unity, cliquez sur ASSETS > IMPORT PACKAGE, parcourez votre disque dur jusqu'au dossier le contenant puis sélectionnez-le. Cliquez sur OUVRIR pour afficher les deux fichiers que contient le paquet de ressources dans la boîte de dialogue

IMPORTING PACKAGE. Il vous suffit de cliquer sur le bouton IMPORT pour confirmer l'importation des fichiers. Les éléments audio doorSlideOpen et doorSlideShut sont alors disponibles dans la liste des ressources du panneau PROJECT (voir Figure 4.13).

Figure 4.13

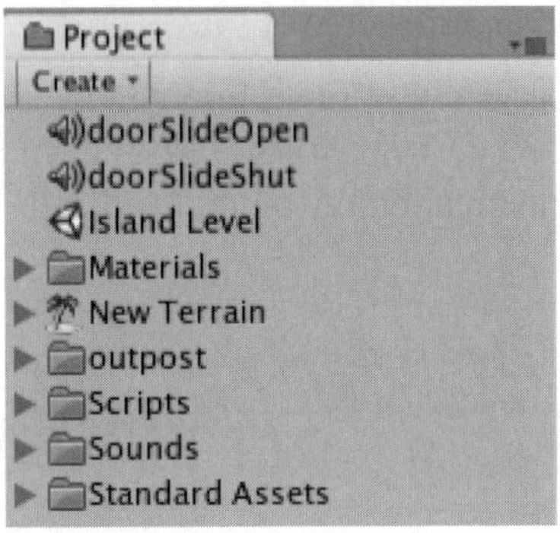

À présent que ces ressources se trouvent dans le dossier de votre projet, faites glisser chacune d'elles sur la variable publique appropriée du composant PLAYER COLLISIONS (SCRIPT) dans le panneau INSPECTOR (voir Figure 4.14).

Figure 4.14

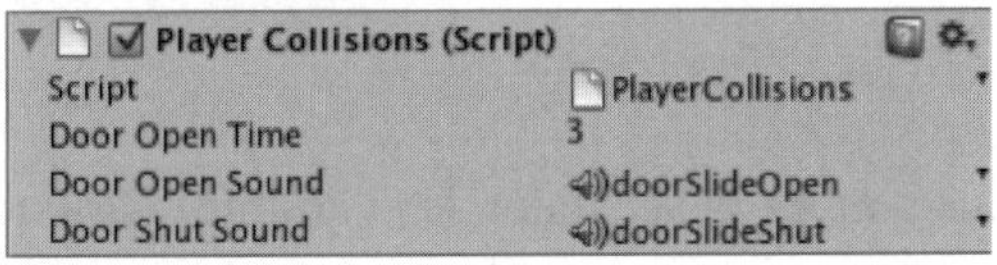

Vous pouvez maintenant lancer le jeu et essayer d'ouvrir la porte. Pour cela, cliquez sur le bouton PLAY en haut de l'interface, marchez jusqu'à la porte de l'avant-poste et entrez en contact avec elle.

La collision entre le joueur et la porte est détectée, ce qui entraîne l'ouverture de la porte. Puis celle-ci se referme automatiquement après 3 secondes. Cliquez de nouveau sur le bouton PLAY pour terminer le test.

Pour que la porte s'ouvre sans que le joueur ait besoin de la toucher, vous allez agrandir la taille du collider de la porte, comme nous l'avons évoqué au début du chapitre. Cliquez sur la flèche grise située devant l'objet de jeu OUTPOST dans le panneau HIERARCHY pour afficher ses objets enfants puis sélectionnez l'objet enfant DOOR. Placez le curseur sur le panneau SCENE et appuyez sur la touche F pour centrer la vue sur cet objet.

Figure 4.15

Dans le panneau Inspector, cliquez sur la flèche située devant le paramètre Size du composant Box Collider pour afficher ses options et ainsi pouvoir ajuster la valeur Z (la profondeur) du collider lui-même. Donnez-lui une valeur de 1,5 afin d'étendre le collider (voir Figure 4.16).

Figure 4.16

Testez de nouveau le jeu. Vous pouvez constater que la porte s'ouvre plus tôt lorsque vous vous en approchez, puisque la limite du collider dépasse davantage de la porte visible.

Cependant, une collision physique se produit dans le collider, entraînant une réaction de repoussement. Vous pouvez contrer cet effet en utilisant le mode Trigger (déclencheur) du collider, comme vous le verrez au chapitre suivant. Pour l'instant, vous allez implémenter la seconde approche de détection : le raytracing. En projetant un rayon vers l'avant du personnage du joueur, il n'aura plus besoin de collider pour toucher le collider de la porte.

Méthode 2. Le raycasting

Bien que l'utilisation de la détection de collision ou de déclencheur soit une méthode tout à fait valable, le raycasting vous permet de vous assurer que le joueur ouvre seulement la porte de l'avant-poste s'il lui fait face. En effet, le rayon part toujours dans la direction vers laquelle l'objet First Person Controller est tourné, si bien qu'il ne coupera pas la porte si le joueur lui tourne le dos, par exemple.

Désactiver la détection de collision – utiliser les commentaires

Pour éviter d'avoir à écrire un script supplémentaire, vous allez simplement placer en commentaires – c'est-à-dire désactiver temporairement – une partie du script qui contient la fonction de détection de collision. Pour convertir le script de collision en commentaires – ou le *commenter* –, vous devez ajouter certains caractères.

En programmation, les commentaires peuvent être conservés mais ne sont jamais exécutés. Pour désactiver une partie du script, il vous suffit donc de la transformer en commentaires.

Revenez à votre éditeur de script (Unitron ou Uniscite), placez-vous au début de la ligne :

```
function OnControllerColliderHit(hit: ControllerColliderHit){
```

et insérez les caractères suivants :

```
/*
```

Dans un script, cette barre oblique (ou "slash") suivie d'un astérisque marque le début d'un commentaire sur plusieurs lignes (par opposition aux deux barres obliques qui sont utilisées pour les commentaires d'une seule ligne). Allez ensuite à la fin de la fonction de détection de collision et insérez un astérisque suivi d'une barre oblique. La couleur de toute la fonction devrait avoir changé dans l'éditeur de script et se présenter de la façon suivante :

```
/*
function OnControllerColliderHit(hit: ControllerColliderHit){
  if(hit.gameObject.tag == "outpostDoor" && doorIsOpen == false){
    currentDoor = hit.gameObject;
    Door(doorOpenSound, true, "dooropen", currentDoor);
  }
}
*/
```

Réinitialiser le collider de la porte

Comme vous voulez éviter l'effet de repoussement qui survient lors du contact avec le collider invisible de la porte, sélectionnez l'objet enfant DOOR du composant BOX COLLIDER dans le panneau INSPECTOR, puis donnez au paramètre SIZE une valeur de 0,1 sur l'axe Z. Cela correspond à la profondeur visuelle de la porte.

Ajouter le rayon

Revenez à l'éditeur de script et insérez quelques lignes après l'ouverture de la fonction `Update()`. Le raycasting est placé dans la fonction `Update()` pour la simple raison que le rayon doit être projeté vers l'avant à chaque image. Ajoutez les lignes suivantes avant la condition `if(doorIsOpen)` :

```
var hit : RaycastHit;
  if(Physics.Raycast (transform.position, transform.forward, hit, 5)) {
  if(hit.collider.gameObject.tag=="outpostDoor" && doorIsOpen == false){
    currentDoor = hit.collider.gameObject;
    Door(doorOpenSound, true, "dooropen", currentDoor);
  }
}
```

À la première ligne, on crée un rayon en déclarant une variable privée appelée `hit`, qui est de type `RaycastHit`. Notez que cette variable n'a pas besoin du préfixe `private` pour ne pas s'afficher dans le panneau INSPECTOR. En effet, il s'agit obligatoirement d'une variable privée, car elle est déclarée dans une fonction. Elle sera utilisée pour stocker des informations sur le rayon lorsqu'il croisera des colliders. Nous utiliserons cette variable chaque fois que nous ferons référence à ce rayon.

Suivent ensuite deux instructions. La première condition `if` est chargée de la projection du rayon et utilise la variable créée à la ligne précédente. Comme la projection du rayon se trouve dans une instruction `if`, l'appel à l'instruction `if` imbriquée se produira uniquement si le rayon frappe un objet, ce qui rend le script plus efficace.

La commande `Physics.Raycast` de la première condition `if` projette le rayon. Elle possède quatre paramètres indiqués entre parenthèses :

- **Le point d'émission du rayon** (`transform.position`). Indique la position de l'objet sur lequel ce script s'applique, autrement dit l'objet FIRST PERSON CONTROLLER.

- **La direction du rayon** (`transform.forward`). Le rayon est dirigé vers l'avant de l'objet sur lequel s'applique ce script.
- **La structure des données** `RaycastHit` que nous avons définies comme variable `hit`. Le rayon est stocké sous la forme d'une variable.
- **La longueur du rayon** (`5`). La distance exprimée dans l'unité du jeu, le mètre.

Ensuite, l'instruction `if` imbriquée vérifie tout d'abord que la variable `hit` entre en contact avec des colliders dans le monde du jeu, en particulier le collider appartenant à un objet de jeu portant le tag `outpostDoor`, avec :

```
hit.collider.gameObject.tag
```

Puis cette instruction `if` garantit, comme le faisait la fonction de détection de collision, que la valeur de la variable booléenne `doorIsOpen` est `false`. Là encore, il s'agit de s'assurer que le déclenchement de l'animation ne se répète pas plusieurs fois lorsque la porte a commencé à s'ouvrir.

Une fois les deux conditions `if` réunies, la variable `currentDoor` est définie sur l'objet stocké dans la variable `hit` puis le script appelle la fonction `Door()` de la même manière qu'il le faisait dans la fonction de détection de collision :

```
currentDoor = hit.collider.gameObject;
Door(doorOpenSound, true, "dooropen");
```

Testez la jouabilité du jeu une fois de plus et vous remarquerez que, lorsque vous approchez de la porte, celle-ci s'ouvre non seulement avant que vous ne la percutiez, mais aussi qu'elle s'ouvre uniquement lorsque vous lui faites face. En effet, le rayon qui détecte la porte est projeté dans le même sens que celui où le personnage du joueur se dirige.

En résumé

Ce chapitre vous a permis d'explorer deux méthodes essentielles pour détecter les interactions entre les objets dans les jeux 3D. Vous devez maîtriser le raycasting et la détection de collision car vous aurez souvent à les réutiliser dans Unity pour vos futures créations.

Le chapitre suivant s'intéresse à une autre méthode de détection de collision, en utilisant les colliders des objets comme des déclencheurs. Ce mode Trigger permet de détecter les collisions sans qu'il y ait besoin qu'un objet soit présent physiquement – le joueur peut ainsi collecter des objets sans les percuter, par exemple. Considérez les déclencheurs comme des collisions sans aucun impact. Vous auriez pu adopter cette méthode pour la porte de l'avant-poste, cependant il est important que vous appreniez d'abord les principes de base de la détection de collision. Voilà pourquoi nous les présentons dans cet ordre particulier.

Vous allez créer un mini-jeu de collecte dans lequel le joueur devra trouver quatre piles afin de recharger le mécanisme d'ouverture de la porte de l'avant-poste. Par conséquent, l'accès à l'avant-poste lui sera interdit tant qu'il n'aura pas obtenu ces piles.

5

Éléments préfabriqués, collections et HUD

Au cours de ce chapitre, vous continuerez le travail du Chapitre 4. En utilisant une méthode analogue à celle du chapitre précédent, vous allez en apprendre plus sur la détection des collisions en utilisant les colliders (composants de collision) comme *déclencheurs*.

Les déclencheurs sont souvent considérés comme des composants. Pourtant, pour rester simple, il s'agit de colliders qui possèdent un mode Déclencheur pouvant être activé avec l'option Is Trigger dans le panneau Inspector (voir Figure 5.1).

Figure 5.1

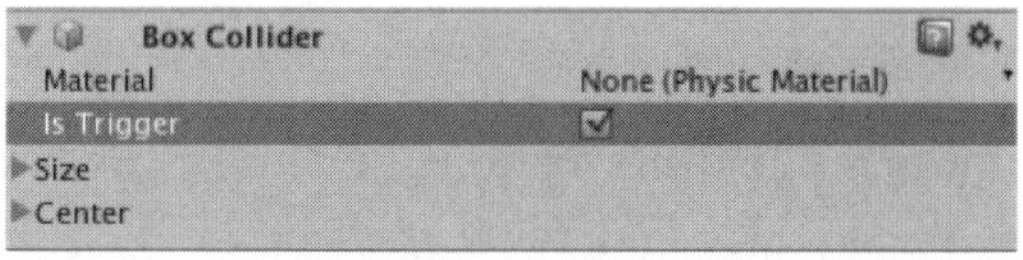

Vous avez déjà un avant-poste dont la porte s'ouvre, mais vous allez maintenant forcer le joueur à trouver certains objets pour qu'il puisse accéder à ce bâtiment. En affichant des instructions à l'écran lorsque le joueur s'approche de la porte, vous lui ferez savoir que l'ouverture de la porte nécessite une source d'alimentation. Pour l'inciter à rechercher plusieurs exemplaires de cet objet disséminés à proximité afin de disposer de suffisamment de puissance pour actionner le mécanisme d'ouverture de la porte, vous ferez ensuite apparaître une pile vide en 2D à l'écran.

En créant ce jeu simple, vous apprendrez à :

- travailler avec des objets 2D en utilisant des textures GUI ;
- contrôler l'affichage du texte à l'écran avec les éléments GUI Text ;
- utiliser des éléments préfabriqués pour créer plusieurs exemplaires d'un objet de jeu et les stocker comme ressources.

La création de l'élément préfabriqué batterie

À cette section, vous importerez un modèle de pile que vous convertirez en élément préfabriqué de Unity (un modèle de données qui peut être utilisé pour créer plusieurs copies d'un modèle possédant certains paramètres prédéfinis). Si vous avez déjà utilisé Adobe Flash, vous pouvez comparer cela à MovieClip, qui permet de créer plusieurs copies identiques et de modifier chacune d'elles après leur création.

Télécharger, importer et positionner

Pour commencer à créer le jeu, vous aurez besoin du paquet de ressources de l'archive fournie sur le site web de Pearson (**http://www.pearson.fr**). Procédez, si besoin, à l'extraction des fichiers, puis recherchez le package batteries.unitypackage. Revenez ensuite dans Unity et cliquez sur Assets > Import Package. Parcourez le disque dur jusqu'au dossier contenant le package et sélectionnez-le comme fichier à importer pour afficher la liste des ressources dans la boîte de dialogue Importing package. Cliquez ensuite sur Import pour importer les ressources suivantes :

- un modèle 3D de pile ;
- cinq fichiers image d'une batterie de remplissage avec charge ;
- un fichier audio qui sera lu lorsque le joueur collectera une pile.

Les fichiers doivent maintenant s'afficher dans le panneau Project (voir Figure 5.2).

Figure 5.2

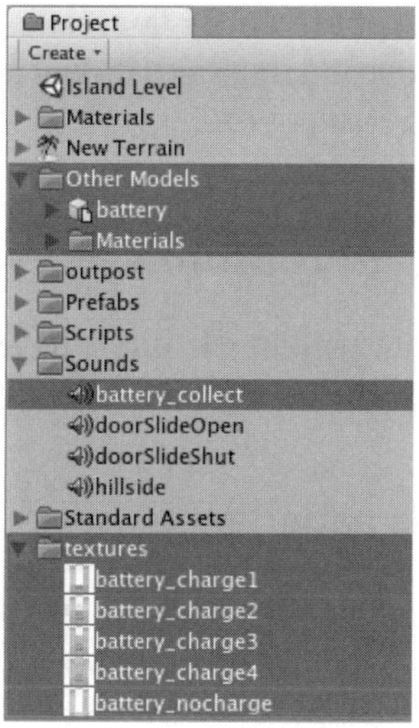

Faites glisser le modèle BATTERY depuis le dossier Other Models du panneau PROJECT sur le panneau SCENE. Placez ensuite le curseur sur le panneau SCENE et appuyez sur la touche F pour centrer la vue sur cet objet. La position de la pile est arbitraire, vous la repositionnerez une fois que vous aurez créé votre élément préfabriqué.

Ajouter un tag

Pour pouvoir détecter une collision avec l'objet BATTERY, vous devez lui assigner un tag pour l'identifier dans le script que vous allez bientôt écrire. Cliquez sur le menu déroulant TAG, et sélectionnez ADD TAG.

Le panneau INSPECTOR affiche alors le Tag Manager. Ajoutez un tag BATTERY dans le premier élément disponible (voir Figure 5.3).

Figure 5.3

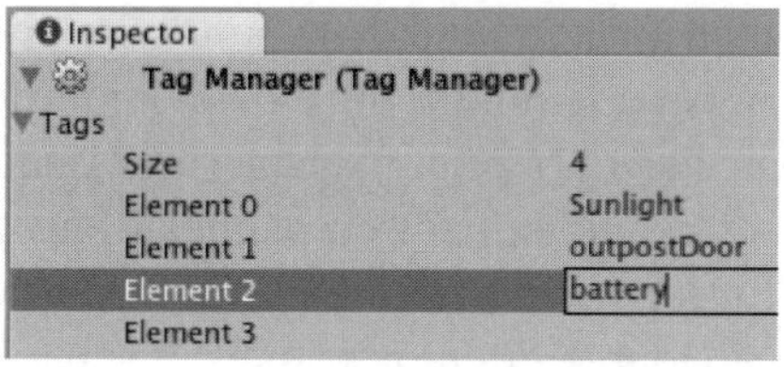

Appuyez sur Entrée pour valider la création de ce tag. Sélectionnez de nouveau l'objet BATTERY dans le panneau HIERARCHY, puis choisissez le tag BATTERY dans le menu déroulant TAG du panneau INSPECTOR.

Échelle, collider et rotation

Vous allez maintenant préparer la pile à devenir un élément préfabriqué en définissant les composants et les paramètres qui seront conservés sur chaque copie de la batterie.

Redimensionner la batterie

L'élément que vous créez devra avoir une taille suffisante pour que le joueur puisse le repérer dans le jeu. Comme nous avons déjà vu comment modifier l'échelle des objets dans le composant FBXIMPORTER, vous allez ici simplement le redimensionner à l'aide du composant TRANSFORM dans le panneau INSPECTOR. L'objet BATTERY étant toujours sélectionné dans le panneau HIERARCHY, donnez une valeur de 6 à tous les paramètres SCALE du composant TRANSFORM dans le panneau INSPECTOR.

Ajouter un déclencheur de collision

Vous devez ensuite ajouter un collider à la pile pour que le joueur puisse interagir avec cet objet. Cliquez sur COMPONENT > PHYSICS > CAPSULE COLLIDER. Nous avons choisi ce type de collider car c'est celui dont la forme est la plus proche de celle de la pile. Le joueur ne devant pas buter contre cet objet lors du contact, vous devez activer le mode Déclencheur de son collider. Pour cela, choisissez l'option Is TRIGGER dans le nouveau composant CAPSULE COLLIDER.

Créer un effet de rotation

Vous allez maintenant écrire un script pour faire pivoter l'objet BATTERY, de manière à ajouter un effet visuel et à le rendre plus visible pour le joueur. Sélectionnez le dossier Scripts dans le panneau PROJECT pour vous assurer que ce script y sera bien créé. Cliquez sur le bouton CREATE situé en haut du panneau PROJECT et choisissez JAVASCRIPT. Appuyez sur la touche Entrée/F2 et modifiez le nom du fichier (NewBehaviourScript par défaut) en *RotateObject*. Double-cliquez ensuite sur son icône pour l'ouvrir dans l'éditeur de script.

Insérez une ligne au début de votre nouveau script, avant la fonction `Update()`, et créez-y une variable publique à virgule flottante `rotationAmount` d'une valeur de 5.0 de la façon suivante :

```
var rotationAmount : float = 5.0;
```

Cette variable vous servira à définir la vitesse de rotation de l'objet BATTERY. Il s'agit d'une variable publique (elle se trouve en dehors de toute fonction et n'est pas déclarée comme `private`), vous pourrez donc également ajuster cette valeur dans le panneau INSPECTOR une fois le script attaché à l'objet BATTERY.

Dans la fonction `Update()`, ajoutez la commande suivante pour faire pivoter l'objet BATTERY sur son axe Y avec une valeur égale à celle de la variable `rotationAmount` :

```
function Update () {
  transform.Rotate(Vector3(0,rotationAmount,0));
}
```

La commande `Rotate()` attend une valeur de type Vector3 (X, Y, Z). Les valeurs X et Z sont ici définies à 0 tandis que la valeur Y est celle de la variable. Comme cette commande se trouve dans la fonction `Update()`, elle s'exécutera à chaque image, si bien que la pile effectuera une rotation de 5 degrés de chaque image. Cliquez sur FILE > SAVE dans l'éditeur de script, puis revenez dans Unity.

Pour lier ce script à l'objet BATTERY, assurez-vous que ce dernier est sélectionné dans le panneau HIERARCHY. Cliquez ensuite sur COMPONENT > SCRIPTS > ROTATEOBJECT. Vous pouvez également simplement faire glisser le script depuis le panneau PROJECT sur l'objet dans le panneau HIERARCHY.

Cliquez sur le bouton PLAY situé en haut de l'interface pour vous assurer que l'objet BATTERY tourne bien sur lui-même dans le jeu. Si cela ne fonctionne pas, vérifiez que votre script ne contient pas d'erreur et qu'il est attaché à l'objet adéquat. N'oubliez pas de cliquer de nouveau sur PLAY pour terminer vos tests avant de poursuivre.

Enregistrer comme élément préfabriqué

À présent que l'objet BATTERY est terminé, vous devez le cloner à trois reprises pour disposer d'un total de quatre piles. La meilleure méthode pour cela consiste à utiliser le système d'élément préfabriqué de Unity. Un élément préfabriqué est simplement un modèle de données qui stocke les paramètres d'un objet créé dans la scène. Il peut ensuite être cloné lors de l'édition ou de l'instanciation (sa création à la volée) lors de l'exécution du jeu.

Créez un dossier dans le panneau Project pour stocker l'élément préfabriqué et ceux que vous créerez plus tard. Pour cela, assurez-vous d'abord qu'aucun dossier existant n'est sélectionné en cliquant dans l'espace gris sous les objets dans le panneau Project. Cliquez ensuite sur le bouton Create et sélectionnez Folder, puis appuyez sur Entrée/F2 et nommez ce nouveau dossier *Prefabs*.

Sélectionnez le dossier Prefabs, puis cliquez sur le bouton Create et choisissez Prefab pour créer un nouvel élément préfabriqué vide dans ce dossier.

Info

L'icône d'un élément préfabriqué vide est un cube gris, tandis que celle d'un élément préfabriqué ayant un contenu est un cube bleu clair.

Renommez l'élément préfabriqué vide battery. Faites ensuite glisser l'objet battery sur lequel vous avez travaillé depuis le panneau Hierarchy jusque sur l'élément préfabriqué vide battery dans le panneau Project.

La pile devient alors un élément préfabriqué. Une copie de cet élément préfabriqué est également créée dans la scène courante. Par conséquent, toute modification apportée à l'élément préfabriqué dans le panneau Project se répercute sur sa copie dans la scène. Le nom des objets de la scène liés à des ressources du projet s'affiche en bleu dans le panneau Hierarchy, tandis que le nom des objets existant uniquement dans la scène s'affiche en noir.

Disperser les batteries

Comme l'objet battery est maintenant stocké sous la forme d'un élément préfabriqué, la duplication de la copie dans la scène entraîne la création d'occurrences de cet élément préfabriqué. Veillez à ce que l'objet battery soit toujours sélectionné dans le panneau Hierarchy, puis cliquez sur Edit > Duplicate ou utilisez le raccourci clavier Cmd/Ctrl+D pour le dupliquer trois fois dans la scène.

Astuce

Lorsque vous dupliquez des objets dans la scène, les copies sont créées dans la même position, ce qui peut entraîner une certaine confusion. En effet, Unity duplique chaque paramètre des objets, y compris leur position. Le plus simple est de se souvenir que les copies se trouvent dans la même position que l'original et doivent simplement être déplacées.

Sélectionnez chacune des quatre piles dans le panneau HIERARCHY et utilisez l'outil Transform pour les disposer autour de l'avant-poste. N'oubliez pas que vous pouvez utiliser l'axe 3D situé dans le coin supérieur droit du panneau SCENE pour passer de la vue Perspective aux vues Haut, Bas et latérales. Placez les piles à une hauteur qui ne soit pas trop élevée pour que le joueur puisse les atteindre.

Une fois que vous avez disposé les quatre piles autour de l'avant-poste, vous devriez obtenir un résultat comparable à celui illustré à la Figure 5.4.

Figure 5.4

L'affichage d'une interface graphique pour la pile

Maintenant que les piles sont en place, vous devez indiquer au joueur ce qu'il doit collecter grâce à une représentation visuelle de l'objet. Les textures importées avec le paquet de ressources ont été conçues pour montrer clairement que le joueur devra collecter quatre batteries afin de déverrouiller la porte. Pour créer l'illusion que cet élément d'interface est dynamique, vous pouvez remplacer l'image de la pile vide par celle montrant la pile chargée d'une unité lorsque le joueur collecte la première pile, puis par l'image de la pile chargée à deux unités lorsqu'il obtient la deuxième, et ainsi de suite.

Créer l'objet *GUI Texture*

Un dossier de textures a été importé en même temps que le paquet de ressources contenant les piles. Ce dossier contient cinq fichiers image : un pour la pile vide et quatre pour les différentes étapes de chargement. Créées dans Adobe Photoshop, ces images au format PNG (*Portable Network Graphics*) ont un fond transparent. Nous avons choisi ce format car il prend en charge les couches alpha de haute qualité, bien que l'image soit compressée. La *couche alpha* est celle qui crée la transparence dans une image en complément des couches rouge, vert et bleu qui constituent l'image.

Pour créer l'interface graphique montrant le chargement progressif de la pile, vous allez ajouter l'image de la pile vide dans la scène à l'aide du composant GUI Texture de Unity. Affichez le contenu du dossier textures dans le panneau Project, puis sélectionnez le fichier nommé battery_nocharge.

Vous ne pouvez pas déposer directement cette ressource dans le panneau Scene. Vous devez créer un nouvel objet possédant un composant GUI Texture, puis utiliser l'image `battery_nocharge` comme texture de ce composant.

Bien que cette procédure se déroule techniquement en trois étapes, elle peut être réalisée en une seule. Pour cela, sélectionnez la texture à utiliser dans le panneau Project, puis cliquez sur GameObject > Create Other > GUI Texture dans le menu principal.

Un nouvel objet auquel est attaché un composant GUI Texture est alors créé. Unity lit les dimensions de la texture choisie à partir du fichier image, si bien que les valeurs du paramètre Pixel Inset sont déjà définies dans le panneau Inspector (voir Figure 5.5).

Figure 5.5

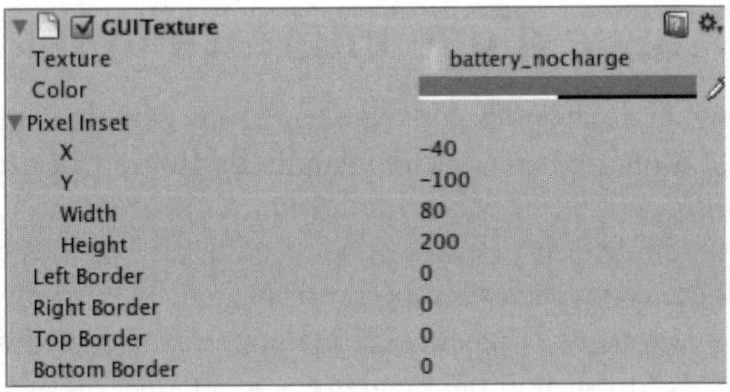

Les valeurs du paramètre PIXEL INSET définissent les dimensions et la superficie d'affichage d'un objet. Généralement, les paramètres WIDTH et HEIGHT doivent être spécifiés pour correspondre aux dimensions d'origine de votre fichier de texture, et les valeurs X et Y être fixées à la moitié de ces dimensions. Lorsque vous créez l'objet après avoir sélectionné la texture, Unity définit ces valeurs pour vous.

Astuce

Si vous sélectionnez l'image que vous souhaitez utiliser en premier, vous indiquez à Unity qu'en créant le nouvel objet, il doit utiliser ce fichier comme texture et définir les dimensions du composant GUI TEXTURE en fonction de celle-ci.

De plus, lorsque vous sélectionnez une image et créez un objet GUI TEXTURE à l'aide du menu principal, l'objet créé est nommé selon le nom de la texture, ce qui est très utile pour trouver l'objet dans le panneau HIERARCHY après sa création.

Sélectionnez au besoin l'objet BATTERY_NOCHARGE que vous avez créé dans le panneau HIERARCHY, appuyez sur Entrée/F2 et renommez-le *Battery GUI*.

Positionner l'objet *GUI Texture*

Vous avez besoin d'utiliser les coordonnées relatives à l'écran lorsque vous travaillez avec des éléments 2D car ils fonctionnent uniquement sur les axes X et Y – l'axe Z étant utilisé pour définir la priorité d'affichage des différents éléments GUI Texture.

Les coordonnées relatives à l'écran s'incrémentent de 0 à 1 avec des nombres décimaux. Pour positionner l'objet BATTERY GUI où il doit apparaître (dans le coin inférieur gauche de l'écran), vous avez besoin de définir les valeurs X et Y de son composant TRANSFORM.

Donnez une valeur de 0,05 au paramètre X et une valeur de 0,2 au paramètre Y.

L'image doit maintenant s'afficher dans le panneau GAME (voir Figure 5.6).

Figure 5.6

Vous pouvez également afficher les détails 2D dans le panneau SCENE en cliquant sur le bouton GAME OVERLAY (voir Figure 5.7).

Figure 5.7

Modifier l'interface graphique à l'aide d'un script

La pile qui s'affiche dans le coin de l'écran est vide, or le joueur doit collecter plusieurs piles. Vous devez donc écrire un script qui indique au composant GUI TEXTURE de changer de texture en fonction du nombre de piles que le joueur possède.

Sélectionnez le dossier Scripts dans le panneau PROJECT, puis cliquez sur le bouton CREATE et choisissez JAVASCRIPT. Renommez le script ainsi créé *BatteryCollect* (NewBehaviourScript par défaut), puis double-cliquez sur son icône pour l'ouvrir dans l'éditeur de script.

Le script servira à contrôler le composant GUI TEXTURE de l'objet BATTERY GUI. Aussi, il est préférable qu'il soit attaché à cet objet, afin que les scripts connexes soient joints aux objets appropriés.

Avec ce script, la texture affichée à l'écran dépendra du nombre de piles qui ont été collectées – ces informations seront stockées dans une variable numérique entière (de type `integer`). Une fois l'écriture du script terminée, vous modifierez le script `PlayerCollisions`, en ajoutant une détection de déclencheur de collision pour les piles. Chaque fois qu'une collision sera détectée entre le personnage et une pile, la variable numérique sera incrémentée dans le script `BatteryCollect`, ce qui modifiera la texture utilisée par le composant GUI TEXTURE de l'objet BATTERY GUI.

Le script commence par la déclaration d'une variable de type `static` – une variable statique accessible depuis d'autres scripts –, qui stocke l'état de chargement de la pile. Cette variable est un entier, car il est impossible que sa valeur soit décimale. Ajoutez la ligne suivante avant la première du script :

```
static var charge : int = 0;
```

Vous avez ensuite besoin de cinq variables pour stocker les textures qui représentent les cinq états différents de l'objet BATTERY GUI – la pile vide et les quatre étapes de chargement. Pour cela, ajoutez les cinq variables suivantes de type `Texture2D` sans valeur définie :

```
var charge1tex : Texture2D;
var charge2tex : Texture2D;
var charge3tex : Texture2D;
var charge4tex : Texture2D;
var charge0tex : Texture2D;
```

Comme il s'agit de variables publiques, vous pourrez assigner chaque fichier image en faisant glisser les textures du panneau PROJECT sur les champs des variables dans le panneau INSPECTOR lorsque ce script sera sélectionné.

Pour configurer les paramètres par défaut du composant GUI TEXTURE, ajoutez la fonction `Start()` suivante après les variables que vous venez de déclarer :

```
function Start(){
  guiTexture.enabled = false;
  charge = 0;
}
```

La fonction `Start()` s'exécutera une fois au début de ce niveau du jeu (ou de la scène, pour reprendre le terme utilisé dans Unity). Avec la ligne :

```
guiTexture.enabled = false;
```

vous vous assurez que le composant n'est pas activé et donc que la pile n'est pas visible lorsque le jeu commence. La variable `charge` est définie également à 0 au début du jeu, afin que le script considère qu'aucune pile n'a été collectée lorsque la scène commence.

Insérez ensuite quelques lignes avant l'accolade de fermeture de la fonction `Update()`, puis ajoutez l'instruction `if` suivante :

```
if(charge == 1){
  guiTexture.texture = charge1tex;
  guiTexture.enabled = true;
}
```

Ici, le script vérifie si la variable `charge` a une valeur de 1 puis il exécute deux commandes :

- `guiTexture.texture = charge1tex;`. Cette ligne définit quelle est l'image assignée à la variable `charge1tex` qui doit être utilisée comme texture par le composant GUI TEXTURE de l'objet sur lequel ce script est attaché.
- `guiTexture.enabled = true;`. Cette ligne active le composant lui-même. Vous avez indiqué que l'objet BATTERY GUI n'est pas visible (c'est-à-dire inactivé) lorsque le jeu démarre, afin d'éviter toute confusion pour le joueur et pour éviter d'encombrer l'écran. La pile vide doit uniquement s'afficher après que le joueur a essayé d'ouvrir la porte.

  L'instruction `if` de cette ligne du script permet donc d'activer l'interface graphique lorsque le joueur a collecté une pile. Vous ajouterez plus tard quelques lignes de script au raytracing qui détecte la collision avec la porte dans le script `PlayerCollisions` afin d'afficher la pile vide si l'utilisateur essaie d'entrer dans l'avant-poste avant d'avoir collecté sa première pile.

Vous allez ensuite ajouter trois instructions `if` supplémentaires dans la fonction `Update()` pour vérifier l'état de la variable `charge`. Comme il est impossible que la valeur de la variable `charge` soit égale à la fois à 1 et à une autre valeur, vous utiliserez des conditions `else if`, puisque celles-ci sont vérifiées uniquement lorsque l'une ou l'autre des autres instructions `if` s'exécute déjà.

Si vous deviez utiliser une instruction `if` pour chacune des conditions suivantes, elles seraient toutes vérifiées simultanément, ce qui rendrait le script inefficace. Ajoutez le code suivant après l'accolade de fermeture de l'instruction `if` existante :

```
else if(charge == 2){
  guiTexture.texture = charge2tex;
  }
else if(charge == 3){
  guiTexture.texture = charge3tex;
  }
else if(charge >= 4){
  guiTexture.texture = charge4tex;
  }
```

Ces conditions `else if` indiquent à la texture affichée par le composant GUI Texture d'utiliser les différentes variables publiques déclarées au début du script (vous assignerez plus tard les fichiers d'images à ces variables dans le panneau Inspector). Vous n'avez pas besoin d'activer le composant dans ces conditions `else if` car il a déjà été activé lorsque le joueur a ramassé la première pile.

Enfin, il suffit d'ajouter une instruction `else` à la fin de la suite de conditions `if` et `else if` au cas où la variable `charge` aurait une valeur de 0, puisque la déclaration `else` signifie "si aucune des conditions qui précèdent n'est vraie, alors procédez comme suit". Autrement dit, puisque les déclarations `if` et `else if` recherchent une valeur de chargement allant de 1 à 4, l'instruction `else` se chargera de l'affichage quand le jeu commencera (quand la variable de charge sera égale à 0). Cela reprend pour l'essentiel la fonction `Start()` :

```
else{

  guiTexture.texture = charge0tex;

}
```

Maintenant que le script est terminé, cliquez sur File > Save dans l'éditeur de script et revenez à Unity.

Sélectionnez l'objet Battery GUI dans le panneau Hierarchy, puis cliquez sur Component > Scripts > BatteryCollect dans le menu principal pour assigner le script à l'objet Battery GUI. Les cinq variables publiques en attente d'affectation devraient s'afficher dans le panneau Inspector (voir Figure 5.8).

Figure 5.8

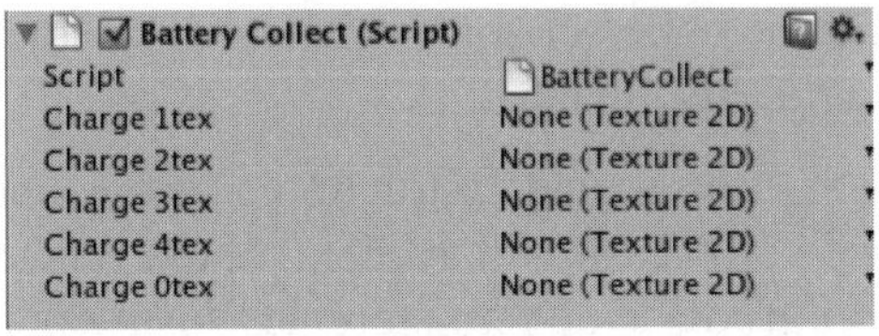

Faites glisser les cinq fichiers de texture depuis le dossier textures du panneau PROJECT que vous avez importé plus tôt sur les variables publiques appropriées (voir Figure 5.9).

Figure 5.9

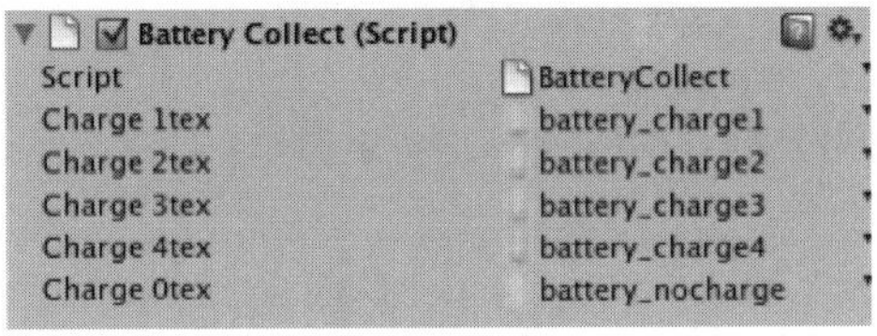

À présent que l'interface graphique de la collecte des piles est prête, il vous reste à l'ajouter au script `PlayerCollisions` attaché à l'objet FIRST PERSON CONTROLLER, afin de détecter si le personnage du joueur interagit avec les déclencheurs de collision des objets BATTERY.

La collecte des piles avec des déclencheurs

Pour déclencher les différents états de l'objet BATTERY GUI, vous allez utiliser une fonction `OnTriggerEnter()` pour détecter l'interaction avec les objets qui disposent de colliders en mode Déclencheur, c'est-à-dire les piles à collecter.

Avant d'écrire cette fonction dans le script `PlayerCollisions`, vous ajouterez une variable publique pour stocker un élément audio. Ce son se déclenchera lorsque le joueur ramassera une pile afin de compléter les indications visuelles sur le chargement de la pile.

Double-cliquez sur l'icône du script PLAYERCOLLISIONS dans le dossier Scripts du panneau PROJECT pour l'ouvrir dans l'éditeur de script si nécessaire. Ajoutez la ligne suivante au début du script pour créer une variable publique :

```
var batteryCollect : AudioClip;
```

Seul le type de données (AudioClip) de la variable est déclaré dans le script. Sa valeur n'est pas définie ; elle pourra l'être par la suite dans le panneau INSPECTOR.

Insérez ensuite une ligne avant la dernière ligne du script :

```
@script RequireComponent(AudioSource)
```

et ajoutez la fonction suivante :

```
function OnTriggerEnter(collisionInfo : Collider){
}
```

Cette fonction est spécifiquement conçue pour détecter les collisions avec les colliders en mode Déclencheur. Toute collision avec ce type de collider est placée dans le paramètre `collisionInfo`, qui est de type `Collider`, si bien que pour effectuer une requête sur ces informations, vous devez faire référence à l'objet attaché au collider qui a été touché.

Ajoutez l'instruction `if` suivante à l'intérieur de la fonction `OnTriggerEnter()` (c'est-à-dire avant son accolade de fermeture) pour interroger tous les déclencheurs avec lesquels le personnage du joueur entre en collision :

```
if(collisionInfo.gameObject.tag == "battery"){
  BatteryCollect.charge++;
  audio.PlayOneShot(batteryCollect);
  Destroy(collisionInfo.gameObject);
}
```

Cette déclaration `if` effectue une requête sur le paramètre `collisionInfo` de la fonction afin de vérifier si le collider de la collision courante est attaché à un objet de jeu portant le tag `battery` – s'il s'agit d'une pile. Si tel est le cas, le script :

- Incrémente la valeur de la variable statique (globale) `charge` du script `BatteryCollect` à l'aide de la syntaxe à point et de l'opérateur ++. En augmentant la valeur de la variable `charge` à chaque collision avec une pile, vous déclenchez le changement de texture dans le script `BatteryCollect` pour représenter à l'écran le chargement de la pile, complétant ainsi le lien entre les collisions et l'interface graphique.
- Lance une seule fois la lecture de la séquence audio assignée à la variable `battery-Collect` dans le panneau INSPECTOR.
- Retire de la scène, grâce à la commande `Destroy()`, l'objet avec lequel le personnage du joueur est entré en collision. La syntaxe à point permet de préciser que l'objet à détruire est celui qui est impliqué dans la collision. Cette opération est régie par une instruction `if` et s'exécute donc uniquement en cas de collision avec un objet portant le tag `battery`. Il est donc impossible qu'un autre objet soit détruit. Dans cet exemple, la commande `Destroy()` prend un objet de jeu comme seul paramètre, mais elle peut également avoir une valeur décimale comme second paramètre (séparé du premier par une virgule) pour indiquer le temps après lequel un objet doit être supprimé.

Cliquez sur File > Save dans l'éditeur de script pour enregistrer le script, puis revenez dans Unity. Sélectionnez l'objet First Person Controller dans le panneau Hierarchy. Comme vous pouvez le constater, le composant PlayerCollisions (Script) dans le panneau Inspector possède maintenant une nouvelle variable publique `Battery Collect` qui attend que lui soit affectée une ressource Audio Clip (voir Figure 5.10).

Figure 5.10

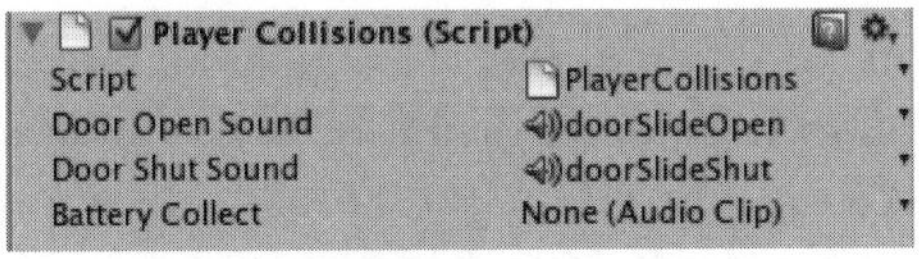

Faites glisser la ressource audio battery_collect située dans le dossier Sounds du panneau Project sur la variable `Battery Collect`, ou cliquez sur la flèche grise à droite de None (Audio Clip) et sélectionnez battery_collect dans la liste déroulante qui s'affiche.

Cliquez sur le bouton Play et testez le jeu. Chacune des piles doit disparaître lorsque le personnage du joueur entre en contact avec elle ; l'image de la pile doit s'afficher puis sa charge augmenter à chaque pile que vous obtenez. Vous devez également entendre l'effet sonore jouer à chaque nouvelle pile, aussi assurez-vous que le volume sonore de votre ordinateur n'est pas à zéro ! Cliquez de nouveau sur le bouton Play pour arrêter le test une fois que vous avez vérifié que vous pouvez recueillir toutes les piles.

Restreindre l'accès à l'avant-poste

Cet exercice a pour principal objectif de vous montrer comment contrôler certaines situations dans le jeu. Dans cet exemple, nous voulons que le joueur puisse uniquement ouvrir la porte de l'avant-poste après avoir collecté quatre piles.

Du point de vue du développeur, cette énigme nécessite de résoudre deux questions principales :

- Comment le joueur sait-il qu'il doit collecter des piles pour ouvrir la porte ?
- Comment écrire un script qui ouvre la porte uniquement lorsque le joueur est en possession de toutes les piles ?

Considérons la première question : vous allez chercher à conserver une part de mystère dans votre jeu. Vous proposerez au joueur un indice pour ouvrir la porte, uniquement s'il cherche à entrer dans l'avant-poste. Pour cela, vous aurez besoin que des instructions s'affichent à l'écran lorsqu'il s'approchera de la porte la première fois. Vous ajouterez également de nouvelles instructions dans le cas où il s'approcherait de nouveau de la porte après avoir rassemblé quelques piles mais pas toutes.

Afin de vérifier si le joueur peut ouvrir la porte et, par conséquent, si des instructions doivent s'afficher à l'écran, vous pouvez utiliser le script `BatteryCollect` existant. Comme sa variable statique `charge` contient la quantité de piles collectées et stockées, vous saurez en l'interrogeant si sa valeur est égale à 4 – autrement dit, si toutes les piles ont été collectées.

Restreindre l'accès

Avant de donner des instructions au joueur, vous allez modifier la partie du script `PlayerCollisions` qui gère l'ouverture de la porte afin qu'elle s'active uniquement lorsque le joueur a collecté les quatre piles. Au chapitre précédent, vous avez écrit une fonction personnalisée `Door()` dans le script `PlayerCollisions` dont les paramètres géraient l'ouverture et la fermeture des portes que le joueur rencontre de la manière suivante :

```
function Door(aClip : AudioClip, openCheck : boolean, animName : String,
thisDoor : GameObject){
  audio.PlayOneShot(aClip);
  doorIsOpen = openCheck;
  thisDoor.transform.parent.animation.Play(animName);
}
```

Cette fonction lance la lecture d'une séquence sonore, garantit que la porte ne peut être rouverte et déclenche l'animation d'ouverture de la porte. Elle est appelée au sein de la fonction `Update()`, dans la partie du script consacrée au raycasting (la ligne vectorielle projetée dans la même direction que le regard du joueur et qui vérifie la collision avec la porte). Ces lignes sont les suivantes :

```
var hit : RaycastHit;
  if (Physics.Raycast (transform.position, transform.forward, hit, 5)) {
      if(hit.collider.gameObject.tag=="outpostDoor" && doorIsOpen == false){
      currentDoor = hit.collider.gameObject;
     Door(doorOpenSound, true, "dooropen", currentDoor);
    }
  }
```

Double-cliquez sur le script PLAYERCOLLISIONS dans le panneau PROJECT pour l'ouvrir, puis recherchez l'extrait de code de la fonction `Update()` dans lequel se trouve l'appel à la fonction `Door()` qui ouvre la porte :

```
if(hit.collider.gameObject.tag=="outpostDoor" && doorIsOpen == false){
  Door(doorOpenSound, true, "dooropen", currentDoor);
}
```

Pour que la porte reste fermée aussi longtemps que toutes les piles n'ont pas été collectées, il suffit d'ajouter une troisième condition à l'instruction `if` existante, en utilisant une autre paire d'esperluettes, `&&` :

```
if(hit.collider.gameObject.tag=="outpostDoor" && doorIsOpen == false &&
➥BatteryCollect.charge >= 4){
  Door(doorOpenSound, true, "dooropen", currentDoor);
}
```

En ajoutant la condition :

```
BatteryCollect.charge >= 4
```

vous vérifiez si la valeur de la variable statique `charge` du script `BatteryCollect` est égale ou supérieure à 4. Ainsi, la porte ne s'ouvrira pas tant que le joueur n'aura pas ramassé toutes les piles dispersées dans l'île.

La commande *GetComponent()*

Une fois que le joueur peut entrer dans l'avant-poste, vous devez supprimer l'objet Battery GUI de l'écran. Pour cela, vous avez besoin d'accéder à son composant GUI Texture. Le déclenchement de la porte se trouvant dans le script `PlayerCollisions` dans lequel vous travaillez actuellement, vous devez faire référence à un composant attaché à un objet différent (Battery GUI) que celui sur lequel se trouve ce script (First Person Controller). Dans le script `BatteryCollect`, vous pourriez écrire simplement :

```
guiTexture.enabled = false;
```

puisque ce script est attaché au même objet que le composant GUI Texture. Mais cela n'est pas possible dans un script qui ne se trouve pas sur un objet possédant un composant GUI Texture.

Vous devez donc utiliser la commande `GetComponent()`, à la suite de la référence à l'objet sur lequel se trouve le composant auquel vous voulez vous adresser. En effet, vous pouvez alors facilement ajuster les composants des objets externes.

Ajoutez la ligne suivante au-dessous de celle qui appelle la fonction `Door()` dans l'instruction `if` que vous venez de modifier :

```
GameObject.Find("Battery GUI").GetComponent(GUITexture).enabled=false;
```

Cette ligne de script utilise la commande `GameObject.Find`, en indiquant le nom de l'objet dans le panneau Hierarchy, puis passe le composant GUI Texture en paramètre de `GetComponent()` à l'aide de la syntaxe à point, pour le désactiver enfin de la manière habituelle, en définissant sa valeur à `false` (`enabled = false;`).

Il ne s'agit pas de détruire cet objet, car vous avez encore besoin de ce script dans le jeu pour référencer le nombre de piles déjà collectées. C'est pourquoi vous désactivez simplement le composant visuel.

Cliquez sur FILE > SAVE dans l'éditeur de script, puis revenez à Unity.

Cliquez sur le bouton PLAY et testez le jeu. Assurez-vous que vous ne pouvez pas entrer dans l'avant-poste sans avoir recueilli les quatre piles. Si ce n'est pas le cas, vérifiez que votre script correspond bien à celui que nous vous avons indiqué jusqu'à présent. N'oubliez pas de cliquer de nouveau sur PLAY pour terminer le test.

Des indices pour le joueur

Que faire si le joueur, moins intrigué par les piles que par la porte de l'avant-poste, va jusqu'à celle-ci et essaie d'entrer ? Dans l'idéal, vous devriez alors :

- Lui indiquer par du texte que le mécanisme de la porte doit être rechargé. Même s'il est facile d'écrire : "Collectez quelques piles !", il est plus intéressant de lui fournir des conseils, comme : "Le mécanisme de la porte semble manquer de puissance..."
- Afficher l'objet BATTERY GUI pour que le joueur comprenne qu'il doit charger une pile.

Le deuxième indice est beaucoup plus facile à implémenter, aussi allons-nous l'aborder en premier.

L'indice *Battery GUI*

Revenez à l'éditeur de script dans lequel le script PLAYERCOLLISIONS est toujours ouvert. Si vous l'avez fermé pour une raison quelconque, vous pouvez le rouvrir depuis le panneau PROJECT.

Après l'accolade de fermeture de l'instruction `if` sur laquelle vous avez travaillé, ajoutez une autre instruction `else if`. Elle vise les mêmes conditions que la précédente, mais elle vérifie cette fois si la valeur de la variable `charge` de `BatteryCollect` est inférieure à 4 :

```
else if(hit.collider.gameObject.tag=="outpostDoor" && doorIsOpen == false &&
➥BatteryCollect.charge < 4){

}
```

Dans cette instruction `else if`, vous utilisez la même ligne qui désactive le composant `GUITexture` dans la première instruction `if` mais, cette fois, elle aura au contraire pour effet de l'activer. Insérez la ligne suivante dans la déclaration `else if` :

```
GameObject.Find("Battery GUI").GetComponent(GUITexture).enabled=true;
```

Cliquez sur FILE > SAVE dans l'éditeur de script, puis revenez à Unity. Cliquez sur le bouton PLAY et vérifiez que si vous approchez de la porte sans aucune batterie, l'objet BATTERY GUI s'affiche. Cliquez sur le bouton PLAY de nouveau pour arrêter l'essai.

L'indice textuel

Le moyen le plus simple pour écrire du texte en 2D qui doit s'afficher à l'écran consiste à utiliser un composant GUITEXT. Vous allez donc créer un nouvel objet GUI TEXT qui possède les deux composants TRANSFORM et GUITEXT. Cliquez sur GAMEOBJECT > CREATE OTHER > GUI TEXT. L'objet GUI TEXT s'affiche alors dans le panneau HIERARCHY. Le texte 2D "Gui Text" apparaît également dans le panneau SCENE (voir Figure 5.11).

Figure 5.11

Sélectionnez cet objet dans le panneau HIERARCHY, appuyez sur Entrée/F2 et renommez-le *TextHint GUI.*

Sélectionnez l'objet GUI TEXT dans le panneau HIERARCHY pour afficher le composant lui-même dans le panneau INSPECTOR. Vous allez conserver la valeur par défaut (0,5) pour les coordonnées X et Y du composant TRANSFORM. En effet, l'objet GUI TEXT utilisant également les coordonnées relatives à l'écran, une valeur de 0,5 sur ces deux axes place le texte au milieu de l'écran, ce qui est parfait pour attirer l'attention du joueur.

Le composant GUIText de l'objet possède également un paramètre Anchor qui permet d'aligner le texte à gauche, à droite ou encore au centre, comme dans un logiciel de traitement de texte. Cliquez sur la double flèche située à droite du paramètre Anchor et sélectionnez middle center afin que le texte s'étire depuis et non vers le centre de l'écran.

Bien que le paramètre Text du panneau Inspector permette d'entrer le texte que doit afficher le composant GUIText (voir Figure 5.12), vous allez contrôler ce texte dynamiquement grâce à un script.

Figure 5.12

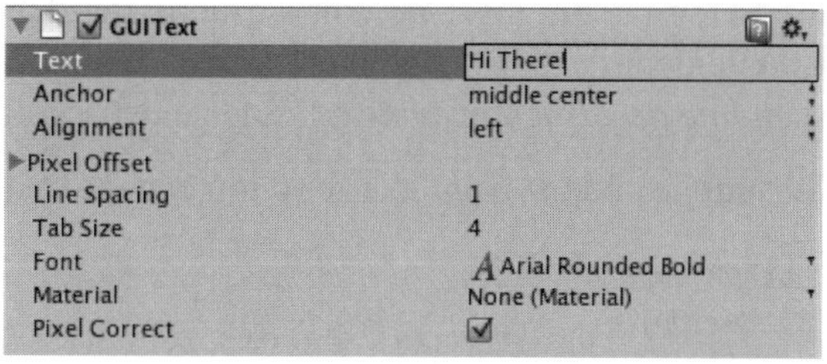

Sélectionnez le dossier Scripts dans le panneau Project, cliquez sur le bouton Create et choisissez JavaScript dans le menu déroulant.

Renommez ce script *TextHints*, puis double-cliquez sur son icône pour l'ouvrir dans l'éditeur de script.

Pour commencer, déclarez les trois variables suivantes au début du script :

```
static var textOn : boolean = false;
static var message : String;
private var timer : float = 0.0;
```

La première variable statique, `textOn`, est de type booléen, car elle doit agir comme un simple interrupteur. Nous reviendrons bientôt plus en détail sur ce point.

Ensuite, le script déclare une autre variable statique `message` de type `string`, que vous utiliserez pour transmettre toutes les informations au paramètre `Text` du composant. Ces deux variables sont statiques car nous aurons besoin de faire référence à elles depuis le script `PlayerCollisions`.

La troisième variable, `timer`, est privée car elle n'a besoin ni d'être utilisée par d'autres scripts ni de s'afficher dans le panneau Inspector. Elle servira à décompter le temps écoulé à partir du moment où le message s'affiche à l'écran, afin de le faire disparaître après un certain délai.

Ajoutez ensuite la fonction `Start()` suivante, afin de définir certains états lorsque la scène commence :

```
function Start(){
  timer = 0.0;
  textOn = false;
  guiText.text = "";
}
```

Ces lignes s'assurent simplement que la variable `timer` est définie à 0, que la variable `textOn` est `false` (aucun texte ne doit s'afficher au début du jeu) et qu'aucun texte ne se trouve actuellement dans le paramètre `text` du composant `guiText`. Pour cela, il suffit de créer une *chaîne de caractères vide* à l'aide de deux guillemets sans aucun texte entre eux.

Ajoutez ensuite le code suivant à la fonction `Update()` du script :

```
function Update () {
  if(textOn){
    guiText.enabled = true;
    guiText.text = message;
    timer += Time.deltaTime;
  }
  if(timer >=5){
    textOn = false;
    guiText.enabled = false;
    timer = 0.0;
  }
}
```

En deux étapes, cette procédure simple :

- Vérifie si la variable `textOn` devient `true`. Quand c'est le cas, elle :
  - Active le composant GUIText.
  - Donne au paramètre `text` la valeur de la variable `message` de type `string`.
  - Commence à incrémenter la variable `timer` à l'aide de la commande `Time.deltaTime`.
- Contrôle si la variable `timer` a atteint une valeur de 5 secondes. Si cela est le cas, elle :
  - Définit la variable booléenne `textOn` à `false` (la première instruction `if` n'est alors plus valide).
  - Désactive le composant GUIText.
  - Réinitialise la variable `timer` à `0.0`.

Cliquez sur File > Save dans l'éditeur de script, puis revenez à Unity. Sélectionnez l'objet TextHint GUI dans le panneau Hierarchy, puis cliquez sur Component > Scripts > TextHints afin de lier le script que vous venez d'écrire à cet objet.

Maintenant que vous disposez d'un script qui contrôle l'objet TextHint GUI, il vous reste à déclencher son affichage en appelant les variables statiques qu'il contient. Étant donné que le moment où les messages doivent apparaître dépend de la collision du personnage avec la porte, vous allez appeler ces variables statiques depuis le script `PlayerCollisions`. Pour cela, commencez par l'ouvrir dans l'éditeur de script.

Trouvez les dernières déclarations `else if` que vous avez ajoutées à la fonction `Update()` (elles accompagnent les lignes qui détectent la projection du rayon sur la porte), puis écrivez les deux lignes suivantes :

```
TextHints.message = "le mécanisme de la porte semble manquer de puissance...";
TextHints.textOn = true;
```

Cette portion du script envoie un texte à la variable statique `message` du script `TextHints` et définit la valeur de la variable booléenne `textOn` du même script à `true`. Voici la déclaration complète `else if` :

```
else if(hit.collider.gameObject.tag=="outpostDoor" && doorIsOpen == false &&
➥BatteryCollect.charge < 4){
  GameObject.Find("Battery GUI").GetComponent(GUITexture). enabled=true;
  TextHints.message = "le mécanisme de la porte semble manquer de puissance...";
  TextHints.textOn = true;
}
```

Comme vous avez activé le composant en définissant la variable `textOn` à `true`, le script `TextHints` se charge du reste ! Cliquez sur File > Save dans l'éditeur de script puis revenez à Unity. Cliquez sur le bouton Play pour tester le jeu. Marchez jusqu'à la porte sans collecter les quatre piles nécessaires. Un indice textuel s'affiche pendant cinq secondes à l'écran. Cliquez de nouveau sur Play pour arrêter le test du jeu.

Cliquez sur File > Save dans Unity pour sauvegarder votre travail.

Pour finir, vous allez modifier la police de caractères du texte de l'indice pour améliorer son apparence.

Utiliser les polices

Pour utiliser des polices dans un projet Unity, vous devez les importer comme ressources, comme pour tous les autres éléments. Pour cela, vous pouvez simplement ajouter un fichier TTF (polices *TrueType*) ou OTF (polices *OpenType*) dans le dossier Assets depuis le Finder

(Mac OS) ou l'Explorateur (Windows) ou cliquer sur ASSETS > IMPORT NEW ASSET dans Unity.

Pour cet exemple, vous emploierez une police libre de droits commerciaux, disponible sur **www.dafont.com** (un site web proposant des polices libres de droits, très intéressantes pour les travaux typographiques). L'utilisation des polices proposées sur certains sites web peut être soumise à conditions.

Rendez-vous sur ce site et téléchargez une police dont vous aimez l'apparence et qui soit lisible. N'oubliez pas qu'elle servira à donner des instructions au joueur : elle doit donc être aisément lisible. Téléchargez la police Sugo si vous souhaitez avoir la même que nous, décompressez-la, puis appliquez les méthodes mentionnées plus tôt pour ajouter le fichier Sugo.ttf comme ressource à votre projet.

Une fois cette ressource importée dans votre projet, localisez et sélectionnez la police dans le panneau PROJECT. Pour la rendre plus lisible, vous allez augmenter sa taille chaque fois qu'elle est utilisée. À la section TRUE TYPE FONT IMPORTER du panneau INSPECTOR, définissez une FONT SIZE (taille de la police) de 24, puis cliquez sur le bouton APPLY (voir Figure 5.13). Si vous avez choisi une police différente, la taille à adopter peut être différente, mais n'oubliez pas que vous pouvez modifier le paramètre Font Size à tout moment.

Figure 5.13

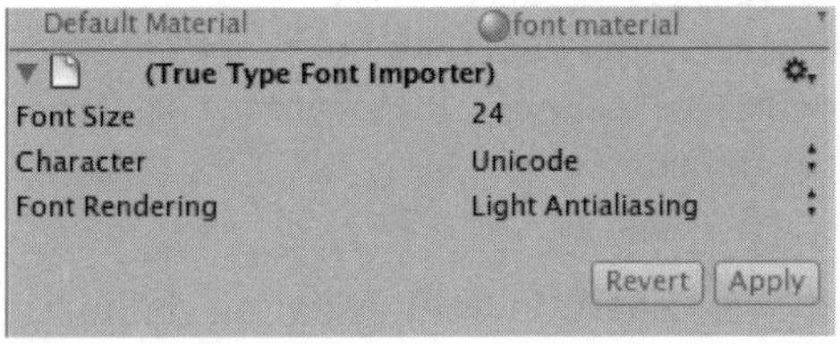

Pour que l'objet TEXTHINT GUI utilise cette police, sélectionnez-le dans le panneau HIERARCHY, puis choisissez la police dans le menu déroulant situé à droite du paramètre Font du composant GUITEXT dans le panneau INSPECTOR. Vous pouvez également faire glisser la police du panneau PROJECT sur ce paramètre dans le panneau INSPECTOR.

Cliquez maintenant sur le bouton PLAY et testez votre jeu. Cette fois, si le joueur approche de la porte en ayant moins de quatre batteries, le message s'affiche à l'écran. Puis il disparaît cinq secondes après que le personnage du joueur n'entre plus en collision avec la porte, comme vous l'avez défini plus tôt. Cliquez de nouveau sur le bouton PLAY pour arrêter le test du jeu, puis cliquez sur FILE > SAVE pour sauvegarder vos modifications.

En résumé

Au long de ce chapitre, vous avez créé et résolu un scénario de jeu. En prévoyant ce que le joueur s'attend à rencontrer dans le jeu que vous lui présentez – sans tenir compte de ce que vous savez des événements préalables –, vous pouvez définir au mieux la méthode à adopter en tant que développeur.

Essayez de considérer chaque nouvel élément dans le jeu du point de vue du joueur. Pour cela, entraînez-vous avec des jeux existants, pensez à des situations du monde réel et, surtout, évitez tout *a priori*. Les jeux les plus intuitifs sont toujours ceux qui trouvent un équilibre entre les difficultés des tâches à réaliser et qui informent correctement le joueur sans le dérouter. Il est crucial que les informations visuelles ou sonores destinées au joueur soient appropriées ; quel que soit le jeu que vous concevez, vous devez toujours tenir compte des informations dont le joueur dispose.

Maintenant que vous avez étudié un scénario de jeu de base et vu comment construire et contrôler les éléments d'une interface graphique, vous allez découvrir un scénario de jeu plus avancé. Au prochain chapitre, vous découvrirez deux concepts essentiels de plus : l'instanciation et la physique des corps rigides.

6

Instanciation et corps rigides

Vous allez étudier deux concepts essentiels à la conception d'un jeu 3D. Nous examinerons dans la première moitié la notion d'*instanciation* – le processus de création d'objets au cours de l'exécution du jeu. Puis vous la mettrez en pratique en utilisant la physique des *corps rigides* (Rigid Body dans Unity).

Lorsque vous construisez différentes scènes de jeu, tous les objets nécessaires dans chacune d'elles ne doivent pas être présents au début du jeu. C'est vrai pour une grande variété de jeux, notamment les jeux de puzzle comme *Tetris*. Les pièces de formes aléatoires sont créées – ou *instanciées* – en haut de l'écran à intervalles définis, car toutes ne peuvent pas y être stockées indéfiniment.

Maintenant, prenons l'exemple de votre jeu d'exploration d'une île. Au cours de ce chapitre, vous allez étudier la physique des corps rigides en créant une méthode qui permette au personnage du joueur de lancer des noix de coco. Or, les noix de coco ne doivent pas être présentes au chargement de la scène du jeu. C'est là que l'instanciation entre en scène.

En spécifiant une ressource (généralement un élément préfabriqué d'un objet), sa position et sa rotation, vous pouvez créer des objets au cours de l'exécution du jeu et donc créer une noix de coco à chaque pression du joueur sur le bouton de tir.

Afin de relier cette nouvelle partie au jeu tel qu'il se présente actuellement, vous allez supprimer une des piles nécessaires pour entrer dans l'avant-poste. Pour l'obtenir, le joueur devra participer à un jeu de massacre avec des noix de coco. À partir du modèle de noix de coco fourni, vous devrez créer un élément préfabriqué et contrôler l'animation des cibles dans le jeu à l'aide d'un script – en détectant la collision des noix de coco avec les cibles.

Comme les cibles fournies sont animées (lorsqu'elles sont "touchées" puis "réinitialisées"), vous allez également définir à l'aide d'un script le temps qui s'écoulera entre le moment où la cible est renversée et celui où elle se reprend sa position initiale. Le joueur pourra gagner ce mini-jeu seulement si les trois cibles sont abaissées en même temps, ce qui requiert de sa part une dose d'habileté supplémentaire.

Au cours de ce chapitre, vous apprendrez à :

- préparer des éléments préfabriqués pour l'instanciation ;
- utiliser la commande d'instanciation en pratique ;
- vérifier une action du joueur en entrée ;
- utiliser les corps rigides pour qu'un objet soit régi par le moteur physique ;
- fournir des informations au joueur.

Présentation de l'instanciation

À cette section, vous apprendrez comment reproduire et dupliquer des objets en cours de jeu. Ce concept est utilisé dans de nombreux jeux pour créer des projectiles, des objets à collecter, voire certains personnages comme les ennemis.

Le concept

L'instanciation est tout simplement une méthode de création (ou de *reproduction*) d'objets pendant l'exécution du jeu à partir d'un modèle (un élément préfabriqué dans Unity). Elle sert également pour dupliquer des objets de jeu déjà présents dans la scène.

L'instanciation d'un objet se déroule généralement de la façon suivante :

- On crée l'objet à instancier dans la scène, puis on lui ajoute les composants nécessaires.

- On crée, dans le projet, un élément préfabriqué, sur lequel on fait glisser l'objet réalisé auparavant.
- On supprime l'objet original de la scène afin de conserver uniquement la ressource préfabriquée.
- On écrit un script contenant la commande `Instantiate()` qu'on attache à un objet de jeu actif. On définit ensuite l'élément préfabriqué comme l'objet créé par cette commande.

Le script

La commande `Instantiate()` compte trois paramètres et s'écrit de la façon suivante :

```
Instantiate (objet à créer, position où le créer, rotation à lui donner);
```

En comprenant comment définir ces trois paramètres, vous serez ensuite capable d'utiliser la commande `Instantiate()` dans toutes les situations.

Passer un objet

Pour transmettre un objet, il suffit d'indiquer le nom d'une variable publique pour le premier paramètre de la commande `Instantiate()`. Quand une variable publique de type `GameObject` est créée au début d'un script, vous pouvez ensuite, dans le panneau Inspector de Unity, faire glisser dessus un élément préfabriqué puis utiliser cette variable comme paramètre de l'objet, comme dans l'extrait de code suivant :

```
var myPrefab : GameObject;
Instantiate(myPrefab, position où le créer, rotation à lui donner);
```

Vous pouvez également vous assurer que seuls certains types d'éléments préfabriqués peuvent être stockés dans la variable `myPrefab` en définissant un type de données plus précis. Vous pourriez ainsi écrire, par exemple :

```
var myPrefab : Rigidbody;
Instantiate(myPrefab, position où le créer, rotation à lui donner);
```

Ainsi, seuls les objets préfabriqués dotés d'un composant Rigidbody peuvent être utilisés.

Position et rotation

La position et la rotation des objets à créer doivent être indiquées sous la forme de valeurs Vector3 (X, Y, Z). Elles peuvent être transmises directement comme suit :

```
Instantiate(myPrefab, Vector3(0, 12, 30), Vector3(0, 0, 90));
```

mais elles peuvent également être héritées d'un autre objet en utilisant ses valeurs de position.

Lorsque vous définissez la position d'un objet à instancier, vous devez tenir compte, d'une part, de la position où il sera créé et, d'autre part, s'il doit l'être dans l'espace local ou dans l'espace global.

Vous allez créer les éléments préfabriqués de noix de coco, par exemple, à un point dans le monde du jeu défini par un objet de jeu vide, qui sera un enfant de l'objet représentant le personnage du joueur. Par conséquent, on peut considérer qu'il sera créé dans l'espace local – à un endroit différent chaque fois mais toujours à une position relative identique par rapport à l'endroit où se tient le personnage du joueur et à la direction vers laquelle il se tourne.

Cette décision vous permet de décider où écrire le code, autrement dit à quel objet attacher le script. Si vous l'attachez à l'objet vide qui représente la position où les noix de coco doivent être créées, vous pouvez simplement faire référence à la variable `transform.position` à l'aide de la syntaxe à point pour indiquer la position de l'objet dans la commande `Instantiate()`. De cette manière, l'objet créé hérite de la position du composant TRANSFORM de l'objet vide, puisque c'est sur celui-ci que le script est attaché. Cette méthode peut également servir pour la rotation de la nouvelle occurrence de l'objet afin qu'elle corresponde à celle de l'objet parent vide.

La commande `Instantiate()` se présenterait alors de la façon suivante :

```
var myPrefab : GameObject;
Instantiate(myPrefab, transform.position, transform.rotation);
```

Vous mettrez tout cela en pratique plus loin, mais nous allons d'abord voir la physique des corps rigides et son importance dans les jeux.

Présentation des corps rigides

Les moteurs physiques des jeux permettent de simuler le réalisme des lois physiques. Ils sont donc une caractéristique commune à presque tous les moteurs de jeux, nativement ou sous forme de plugin. Unity utilise PhysX de Nvidia, un moteur physique précis et récent que l'on retrouve dans de nombreux jeux commerciaux. Le moteur physique permet non seulement que les objets réagissent aux lois physiques, comme le poids et la gravité, mais également de tenir compte de manière réaliste des effets de frictions, du couple mécanique et des impacts.

Les forces

On appelle *force* l'influence du moteur physique sur les objets. Ces forces peuvent être appliquées de différentes façons à l'aide de composants ou de scripts. Pour être soumis aux forces de la physique, un objet doit posséder un corps rigide, autrement dit un composant RIGIDBODY.

Le composant *Rigidbody*

Pour qu'un objet puisse utiliser le moteur physique dans Unity, vous devez lui attribuer un composant RIGIDBODY. Cela indique simplement au moteur qu'il doit utiliser le moteur physique pour cet objet en particulier – vous n'avez pas besoin de l'appliquer à toute une scène. Le moteur physique fonctionne tout simplement en arrière-plan.

Après qu'un composant RIGIDBODY a été ajouté à un objet, ses paramètres s'affichent dans le panneau INSPECTOR de la même manière que n'importe quel autre objet (voir Figure 6.1).

Figure 6.1

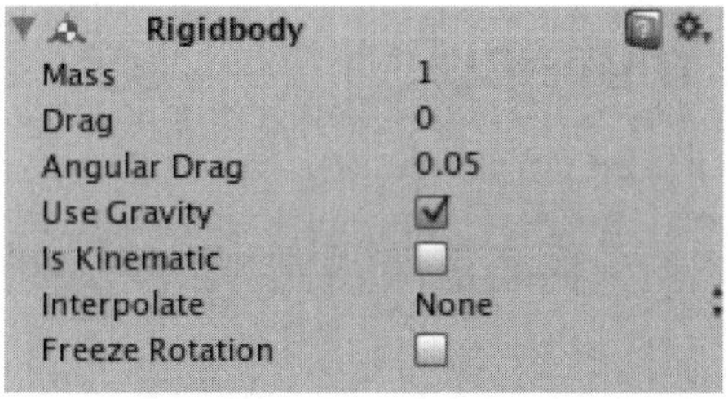

Les composants RIGIDBODY possèdent des paramètres que vous pouvez ajuster ou contrôler à l'aide de scripts :

- **Mass.** Le poids de l'objet en kilogrammes. N'oubliez pas que le fait de définir la masse des différents corps rigides les conduit à se comporter de manière réaliste. Par exemple, si un objet lourd heurte un objet plus léger, celui-ci sera repoussé plus loin.
- **Drag.** La résistance de l'air sur un objet en mouvement. Plus cette valeur est élevée, plus le déplacement de l'objet dans les airs ralentira rapidement.
- **Angular Drag.** Ce paramètre est analogue au précédent, mais il affecte simplement la vitesse de rotation. Il définit à quel point l'air agit sur l'objet pour ralentir sa rotation.
- **Use Gravity.** Comme son nom l'indique, ce paramètre détermine si le corps rigide sera affecté par la gravité ou non. Lorsque cette option est désactivée, l'objet est toujours

soumis aux forces et aux impacts du moteur physique et réagit en conséquence, mais comme s'il se trouvait en apesanteur.

- **Is Kinematic.** Cette option permet de disposer d'un objet de corps rigide non soumis aux lois physiques. Vous pouvez l'utiliser si vous souhaitez qu'un objet repousse un corps rigide soumis à la gravité mais sans être affecté par le choc – c'est le cas, par exemple, des flippers qui repoussent la balle d'un billard électrique.
- **Interpolate.** Ce paramètre peut être utilisé si le mouvement des objets de corps rigide est saccadé. L'interpolation et l'extrapolation permettent de lisser le mouvement, soit en se basant sur l'image précédente, soit en prévoyant l'image suivante.
- **Freeze Rotation.** Peut être utilisé pour verrouiller les objets afin que les forces appliquées par le moteur physique ne les fassent pas pivoter. C'est particulièrement utile pour les objets qui doivent utiliser la gravité mais ne pas basculer, comme les personnages de jeux.

Créer le mini-jeu

Pour mettre en pratique ce que vous venez d'apprendre, vous allez créer un jeu de lancer de noix de coco qui permettra au joueur d'accéder à l'avant-poste. En récompense, le joueur obtiendra la dernière pile nécessaire pour charger le mécanisme d'ouverture de la porte.

Vous avez déjà disposé quatre piles dans le jeu, il vous suffit donc d'en enlever une de la scène de manière que le joueur n'ait accès qu'à trois d'entre elles.

Sélectionnez un des objets BATTERY dans le panneau HIERARCHY, puis appuyez sur Cmd+Retour arrière (Mac OS) ou Suppr (Windows) pour le supprimer.

Créer l'élément préfabriqué pour la noix de coco

Maintenant que vous connaissez les principes de l'instanciation, vous allez commencer la conception du mini-jeu en créant le projectile, c'est-à-dire la noix de coco.

Cliquez sur GAME OBJECT > CREATE OTHER > SPHERE.

Un objet sphérique (basé sur une forme primitive) est alors créé dans la scène. Il n'apparaît pas directement au premier plan, mais vous pouvez facilement zoomer dessus. Pour cela, placez le curseur sur le panneau SCENE puis appuyez sur la touche F (pour focus). Sélectionnez l'objet SPHERE dans le panneau HIERARCHY, appuyez sur Entrée/F2 et renommez-le *Coconut*.

Vous allez modifier ses dimensions et sa forme pour qu'il ressemble davantage à une noix de coco. Pour cela, vous réduirez sa taille et augmenterez légèrement la valeur sur l'axe Z. Dans le composant TRANSFORM du panneau INSPECTOR, donnez la valeur 0,5 aux paramètres SCALE X et Z de l'objet COCONUT et la valeur 0,6 au paramètre Y.

Les textures à utiliser sur la noix de coco se trouvent dans l'archive disponible sur la page web consacrée à cet ouvrage (**www.pearson.fr**). Cliquez sur ASSETS > IMPORT PACKAGE, parcourez votre disque dur jusqu'au package CoconutGame.unitypackage, sélectionnez-le puis cliquez sur IMPORT.

Le dossier Coconut Game qui s'affiche dans le panneau PROJECT contient les éléments suivants :

- une image pour la texture de la noix de coco ;
- une texture en forme de cible ;
- quatre séquences audio ;
- deux modèles 3D, PLATFORM et TARGET ;
- un dossier Materials pour les modèles 3D.

Créer la texture de la noix de coco

Pour appliquer la texture de la noix de coco, vous avez besoin de créer un nouveau matériau à lui appliquer. Cliquez sur le bouton CREATE dans le panneau PROJECT, puis sélectionnez MATERIAL dans le menu déroulant. Appuyez sur Entrée/F2 et nommez ce nouveau matériau *Coconut Skin*.

Pour appliquer la texture à ce matériel, faites simplement glisser la texture COCONUT du panneau PROJECT sur le rectangle vide situé à droite du paramètre Base (RGB) du matériau dans le panneau INSPECTOR. Un aperçu du matériau doit s'afficher dans la fenêtre au bas du panneau INSPECTOR (voir Figure 6.2).

Figure 6.2

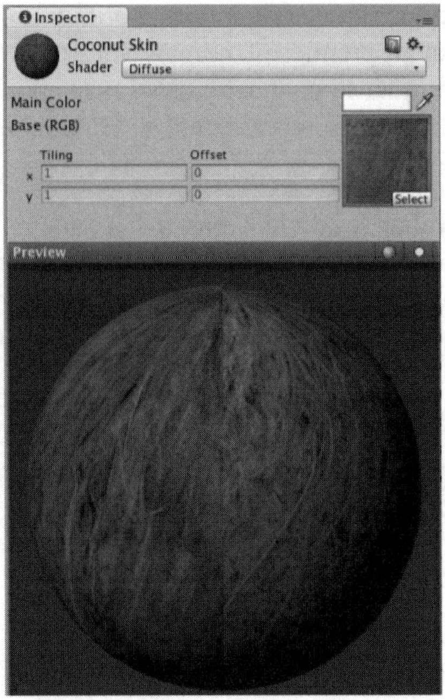

Cet aperçu montre l'aspect du matériau sur une sphère. Il s'agit de l'aspect par défaut des prévisualisations de matériaux dans Unity ; cela n'a rien à voir avec le fait que vous utilisez ici un objet sphérique.

Ensuite, vous devez appliquer le matériau COCONUT SKIN sur l'objet COCONUT GAME que vous avez placé dans la scène. Pour cela, il vous suffit de faire glisser le matériau du panneau PROJECT sur le nom de l'objet dans le panneau HIERARCHY ou sur l'objet lui-même dans le panneau SCENE.

Ajouter des comportements physiques

Comme l'objet de jeu COCONUT doit avoir un comportement réaliste, vous devez lui ajouter un composant pour qu'il utilise le moteur physique. Sélectionnez cet objet dans le panneau HIERARCHY puis cliquez sur COMPONENT > PHYSICS > RIGIDBODY.

Un composant RIGIDBODY est alors ajouté à l'objet pour gérer la gravité. Par conséquent, lorsque le joueur lancera l'objet vers l'avant, celui-ci se rapprochera peu à peu du sol comme dans le monde réel. Les paramètres par défaut du composant RIGIDBODY peuvent être conservés pour le moment.

Cliquez sur le bouton Play pour tester le jeu. Vous constatez que la noix de coco tombe au sol puis roule dans le panneau Game. Cliquez ensuite de nouveau sur le bouton Play pour terminer le test.

Enregistrer comme élément préfabriqué

Maintenant que votre objet de jeu Coconut est terminé, vous devez le stocker comme élément préfabriqué dans votre projet afin de pouvoir l'instancier autant de fois que nécessaire à l'aide d'un script.

Sélectionnez le dossier Prefabs dans le panneau Project, puis cliquez sur le bouton Create et sélectionnez Prefab. Nommez le nouvel élément préfabriqué *Coconut Prefab*. Faites glisser l'objet de jeu Coconut du panneau Hierarchy sur l'élément préfabriqué dans le panneau Project pour l'enregistrer. Enfin, sélectionnez l'objet original dans le panneau Hierarchy, puis appuyez sur Cmd+Retour arrière (Mac OS) ou Suppr (Windows) pour le supprimer de la scène.

Créer l'objet *Launcher*

Pour permettre au joueur de lancer l'élément préfabriqué noix de coco que vous venez de créer, vous avez besoin d'un script, pour gérer l'instanciation, et d'un objet de jeu vide, pour définir la position de référence où seront créés les objets dans le monde du jeu.

Dans le monde réel, lorsqu'on lance une balle à la manière d'un lanceur de base-ball, elle entre dans notre champ de vision sur le côté, au fur et à mesure que notre bras se tend pour la libérer. Par conséquent, il faut positionner un objet juste à l'extérieur du champ de vision du joueur et s'assurer qu'il conserve la même position relative au personnage où que celui-ci regarde. Le point de vue du joueur est géré par l'objet Main Camera, qui est un enfant de l'objet First Person Controller. Par conséquent, si vous créez un objet vide enfant de l'objet Main Camera, celui-ci suivra les mouvements de la caméra, puisque sa position restera toujours la même par rapport à son parent.

Cliquez sur GameObject > Create Empty pour créer un objet de jeu vide dans la scène. Sélectionnez ce nouvel objet dans le panneau Hierarchy (il se nomme GameObject par défaut) et renommez-le *Launcher*. Cliquez ensuite sur la flèche grise à gauche de l'objet First Person Controller dans le panneau Hierarchy pour afficher les éléments qui le composent. Faites glisser l'objet Launcher sur l'objet Main Camera pour qu'il en devienne un enfant. Si l'opération est correcte, une flèche grise apparaît devant le nom de l'objet Main Camera pour indiquer qu'il possède des objets enfants. L'objet Launcher s'affiche en retrait et en dessous (voir Figure 6.3).

Figure 6.3

Enfant de l'objet MAIN CAMERA, LAUNCHER se déplace et tourne avec son parent. Mais il doit être repositionné. Commencez par réinitialiser sa position dans le composant TRANSFORM du panneau INSPECTOR. Pour cela, vous pouvez soit remplacer toutes les valeurs du paramètre POSITION par 0, soit, et cela est plus rapide, cliquer sur le bouton en forme d'engrenage et sélectionner RESET POSITION dans le menu déroulant (voir Figure 6.4).

Figure 6.4

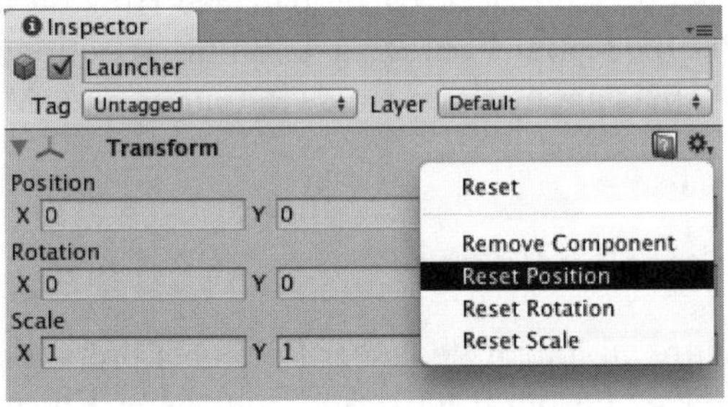

Astuce

Le bouton en forme d'engrenage est disponible pour chaque composant dans le panneau INSPECTOR *et permet d'effectuer rapidement certaines opérations. Vous pouvez également l'utiliser pour supprimer des composants dont vous n'avez plus besoin ou qui ont été ajoutés par erreur.*

Une fois la position de l'objet enfant LAUNCHER réinitialisée à 0, celui-ci se place exactement au centre (position identique) de son parent. Bien sûr, ce n'est pas sa position définitive, mais c'est un bon point de départ. Vous ne devez pas le laisser dans cette position pour les deux raisons suivantes :

- Les noix de coco lancées sembleraient sortir de la tête du joueur, ce qui serait assez bizarre.
- Lorsque vous instanciez des objets, vous devez vous assurer qu'ils sont créés à une position où leur collider (composant de collision) n'en croise pas un autre, car cela forcerait le moteur physique à écarter ces colliders, ce qui pourrait interrompre la force appliquée lors du lancer de la noix de coco.

Pour éviter cela, vous avez simplement besoin de déplacer l'objet Launcher vers l'avant et vers la droite de sa position actuelle. Donnez la valeur 1 aux options X et Y du paramètre Position du composant Transform. Votre objet Launcher devrait maintenant être placé à l'endroit où est censé se trouver le bras droit du personnage du joueur lorsqu'il lance un objet (voir Figure 6.5).

Figure 6.5

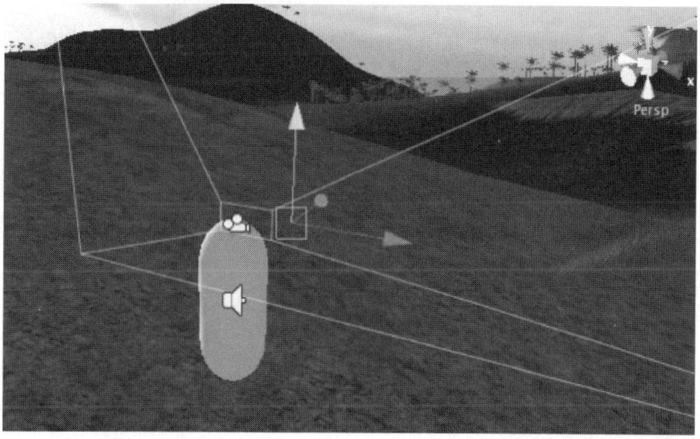

Enfin, pour que la trajectoire de la noix de coco aille vers le centre du champ de vision, vous devez faire pivoter légèrement l'objet Launcher sur l'axe Y. Dans le paramètre Rotation du composant Transform, donnez une valeur de 352 à l'axe Y pour que l'objet pivote de 8 degrés.

Vous devez maintenant écrire le script pour instancier la noix de coco et permettre au joueur de la lancer lorsqu'il appuie sur le bouton de tir.

Le script du lancer de noix de coco

Comme les noix de coco sont lancées lorsque le joueur appuie sur le bouton de tir, vous devez vérifier, à chaque image, s'il appuie sur une touche – liée à une entrée dans Unity. Les touches ainsi que les axes et les boutons de la souris sont liés par défaut aux entrées nommées dans le gestionnaire Input Manager de Unity, mais vous pouvez les modifier à votre guise. Cliquez sur Edit > Project Settings > Input, cliquez sur la flèche grise située à gauche de Axes, puis sur la flèche grise avant Fire1.

Les trois principaux paramètres à observer ici sont Name, Positive et Alt Positive. Le script fera référence à cet axe par son nom et écoutera les paramètres Positive et Alt Positive, puisqu'il s'agit des touches et des boutons eux-mêmes. Vous pouvez ajouter de nouveaux axes en augmentant simplement la valeur SIZE en haut du panneau INPUT MANAGER – cela crée un axe que pouvez ensuite personnaliser.

Figure 6.6

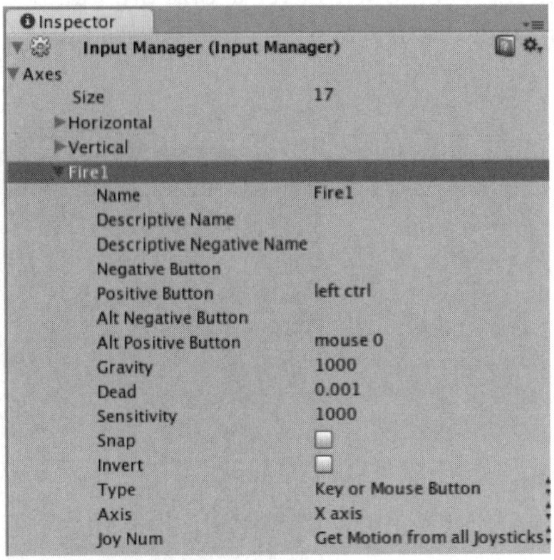

Pour que le joueur lance des noix de coco vers les cibles – que vous disposerez dans la scène plus tard –, le script doit implémenter deux étapes clés :

- l'instanciation de l'objet COCONUT à lancer lorsque le joueur presse le bouton de tir ;
- l'attribution d'une vitesse au composant RIGIDBODY pour que la noix de coco soit propulsée vers l'avant dès qu'elle a été créée.

Pour cela, commencez par créer un nouveau fichier JavaScript de la façon suivante :

1. Sélectionnez le dossier Scripts dans le panneau PROJECT.
2. Cliquez sur le bouton CREATE et choisissez JAVASCRIPT dans le menu déroulant.
3. Appuyez sur Entrée/F2 et nommez le script *CoconutThrow*.
4. Double-cliquez sur l'icône du script pour l'ouvrir dans l'éditeur de script.

Vérifier les actions du joueur en entrée

Vous devez écouter sur quelles touches le joueur appuie à chaque image. Pour cela, vous avez besoin d'écrire le code du lanceur à l'intérieur de la fonction `Update()`. Insérez quelques lignes avant l'accolade de fermeture de cette fonction (`}`), puis ajoutez l'instruction `if` suivante pour écouter les pressions sur la touche `Fire1` :

```
if(Input.GetButtonUp("Fire1")){
}
```

Cette instruction vérifie la classe `Input` et attend que les boutons liés à l'entrée Fire1 (la touche Ctrl gauche et le bouton gauche de la souris) soient relâchés. Vous devez ensuite placer les actions à exécuter lorsque le joueur relâche l'un ou l'autre bouton dans cette instruction `if`.

Pour commencer, un son doit se faire entendre pour indiquer le lancement. S'il s'agissait d'un jeu de tir, on entendrait certainement la détonation d'une arme à feu. Ici, vous utiliserez simplement un son de souffle pour représenter le lancement de la noix de coco.

Lancer la lecture du son

Une variable doit représenter la séquence sonore à jouer. Aussi, placez la variable publique suivante au début du script :

```
var throwSound : AudioClip;
```

Cette variable est publique ; vous pourrez donc lui assigner la séquence audio dans le panneau INSPECTOR après avoir écrit ce script.

Vous devez maintenant définir l'action permettant de lire cette séquence audio. Pour cela, ajoutez la ligne suivante après l'accolade d'ouverture de votre instruction `if` :

```
audio.PlayOneShot(throwSound);
```

Ainsi, la lecture du son se déclenchera lorsque le joueur relâchera le bouton FIRE1.

Instancier la noix de coco

Vous devez ensuite créer la noix de coco proprement dite dans l'instruction `if` courante. Étant donné que vous avez créé la noix de coco puis que vous l'avez enregistrée comme un élément préfabriqué, vous devez ajouter une autre variable publique afin d'assigner par la suite cet élément préfabriqué à une variable dans le panneau INSPECTOR. Ajoutez la ligne suivante au début du script, sous la déclaration de la variable `throwSound` :

```
var coconutObject : Rigidbody;
```

Une variable publique du type de données `Rigidbody` est alors créée. Bien que la noix de coco soit stockée comme élément préfabriqué, son instanciation crée un objet de jeu possédant un composant RIGIDBODY sur la scène. Il est donc important d'indiquer son type de données pour interdire qu'un objet d'un type de données différent puisse être attribué à cette variable dans le panneau INSPECTOR. De plus, en limitant strictement le type de données à

RIGIDBODY, vous n'avez pas besoin de la commande `GetComponent()` pour sélectionner au préalable le composant RIGIDBODY, vous pouvez écrire un script qui communique directement avec lui.

Insérez la ligne suivante sous la deuxième ligne de la condition `if` dans la fonction `Update()` :

```
var newCoconut : Rigidbody = Instantiate(coconutObject, transform.position,
➥transform.rotation);
```

Ici, le script déclare une variable locale `newCoconut`. Cette variable est privée puisqu'elle est déclarée dans la fonction `Update()`, si bien qu'il est impossible d'utiliser explicitement le préfixe `private`. Le script transmet la création (l'instanciation) d'un nouveau GameObject – et donc son type de données – dans cette variable.

N'oubliez pas que les trois paramètres de la commande `Instantiate()` sont le nom de l'objet, sa position et sa rotation. Vous verrez que nous avons utilisé la variable publique pour créer une occurrence de notre élément préfabriqué qui hérite des paramètres de position et de rotation de l'objet sur lequel ce script est attaché, c'est-à-dire l'objet LAUNCHER.

Nommer les occurrences

Chaque fois que vous créez des objets lors de l'exécution du jeu avec la commande `Instantiate()`, Unity nomme les nouvelles occurrences à partir du nom de l'élément préfabriqué auquel il ajoute "(clone)". Comme il s'agit d'un nom assez peu pratique pour être utilisé dans le script – vous y ferez référence plus tard lorsque vous définirez les cibles –, vous pouvez renommer les occurrences en ajoutant la ligne suivante sous la ligne de la commande `Instantiate()` :

```
newCoconut.name = "coconut";
```

Ici, le script utilise simplement le nom de la variable, qui fait référence à la dernière occurrence créée de l'élément préfabriqué, pour désigner le paramètre `name` de la variable.

Définir une vitesse

Bien que cette variable crée une occurrence de la noix de coco, le script n'est pas encore terminé, car vous devez également lui assigner une vitesse. Sans ce paramètre, la noix de coco tomberait au sol à sa création. Pour vous permettre de gérer la vitesse de la noix de coco que le joueur lance, créez une autre variable publique au début du script. Afin que la précision soit correcte, cette variable sera de type `float` et pourra prendre une valeur décimale :

```
var throwForce : float;
```

Maintenant, ajoutez la ligne suivante sous la commande `Instantiate()` dans la déclaration `if` :

```
newCoconut.rigidbody.velocity = transform.TransformDirection
➥(Vector3(0,0, throwForce));
```

Le script fait ici référence à la nouvelle instance de noix de coco par son nom de variable (`newCoconut`) puis il utilise la syntaxe à point pour désigner le composant RIGIDBODY et définir sa vitesse.

La vitesse est fixée avec la commande `transform.TransformDirection`, qui crée une direction de l'espace local à l'espace global. Vous devez procéder ainsi car l'objet LAUNCHER sera constamment en mouvement et jamais orienté dans la même direction.

La direction de l'axe Z de l'espace global est toujours la même. Lorsqu'on définit la vitesse d'un objet, on peut alors prendre un axe local spécifique en lui attribuant une valeur de type Vector3. C'est pourquoi les paramètres X et Y de la variable de type Vector3 ont ici une valeur de 0.

S'assurer de la présence du composant

Pour éviter qu'une erreur se produise lorsque le script fait référence à un composant qui ne serait pas attaché à un objet, vous pouvez vérifier si ce composant existe et ajoutez-le si ce n'est pas le cas. Dans notre exemple, vous pourriez vérifier l'existence d'une nouvelle occurrence `newCoconut` pour le composant RIGIDBODY de la façon suivante :

```
if(!newCoconut.rigidbody) {
  newCoconut.AddComponent(Rigidbody);
}
```

Ainsi, si aucun composant RIGIDBODY n'cst attaché à l'occurrence de la variable courante, le script lui ajoute un élément de ce type. Pour écrire "il n'y a pas de rigidbody", on place simplement un point d'exclamation au début de la condition `if` – une pratique courante dans les scripts. Comme l'élément préfabriqué que vous avez préparé possède un composant RIGIDBODY, vous n'avez pas besoin de le faire ici.

Éviter les collisions inutiles

Bien que vous ayez éloigné l'objet LAUNCHER du collider du personnage du joueur (l'objet COLLIDER CONTROLLER), nous vous conseillons de toujours inclure ce dernier morceau de script afin d'éviter d'instancier de nouvelles noix de coco qui risqueraient de croiser le collider du joueur.

Pour cela, vous pouvez utiliser la commande `IgnoreCollision()` de la classe `Physics`. Cette commande prend généralement trois arguments :

```
IgnoreCollision(Collider A, Collider B, doit être ignoré ou pas);
```

Vous avez donc besoin d'indiquer les deux colliders pour lesquels le moteur physique ne doit pas réagir et définir le troisième paramètre à `true`.

Ajoutez la ligne suivante sous la dernière ligne que vous avez écrite :

```
Physics.IgnoreCollision(transform.root.collider, newCoconut.collider, true);
```

Le premier paramètre de cette commande, `transform.root`, désigne le collider du personnage du joueur. Cette commande trouve tout simplement le premier objet parent de tous les objets sur lesquels l'objet Launcher est attaché. Ici, cet objet est un enfant de l'objet Main Camera mais celui-ci ne possède pas de collider. La commande `transform.root` permet donc de trouver l'objet parent sur lequel la caméra est attachée, à savoir First Person Controller.

Le script transmet ensuite le nom de la variable `newCoconut`, qui représente la dernière occurrence créée de noix de coco. Pour ces deux paramètres, le script utilise la syntaxe à point pour faire référence au composant Collider.

Astuce

Ici, vous aviez besoin de trouver l'objet parent de tous ces objets, mais vous pouvez utiliser la commande `transform.parent` *si vous faites seulement référence au parent direct d'un objet.*

Inclure le composant Audio Source

Enfin, comme le lancer de la noix de coco s'accompagne d'une séquence audio, vous pouvez utiliser la commande `@script` afin que Unity intègre un composant Audio Source lorsque ce script est ajouté à un objet.

Ajoutez la ligne suivante tout en bas du script, après la fermeture de la fonction `Update()` :

```
@script RequireComponent(AudioSource)
```

Cliquez sur File > Save pour enregistrer votre script et revenez dans Unity.

Assigner le script et les variables

Assurez-vous que l'objet Launcher est toujours sélectionné dans le panneau Hierarchy, puis cliquez sur Component > Scripts > Coconut Throw dans le menu principal. Unity ajoute le script que vous venez d'écrire en tant que composant, ainsi que le composant AUDIO SOURCE requis.

Les valeurs ou les ressources des variables publiques du script `CoconutThrow` doivent être définies puisque vous ne l'avez pas fait manuellement dans le script.

Figure 6.7

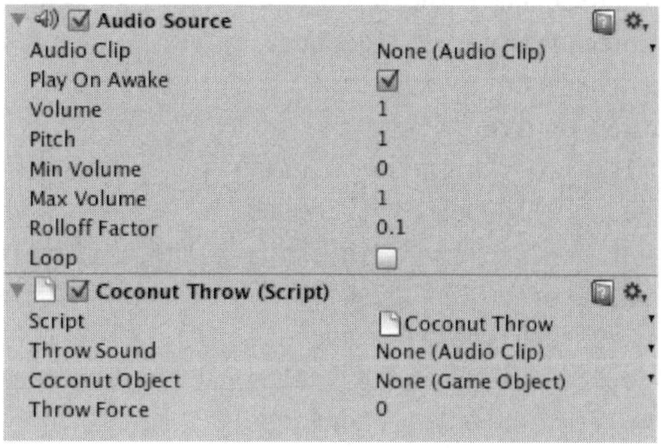

Des ressources doivent être attribuées aux deux variables publiques `Throw Sound` et `Coconut Object` – vous pouvez facilement les identifier car leur type de données défini dans le script est indiqué. La troisième variable publique, bien que son type de données défini dans le script soit indiqué, prend simplement la valeur par défaut dans le format approprié : une valeur numérique de 0.

Cliquez sur la flèche située à droite de NONE (AUDIO CLIP) et sélectionnez la séquence audio THROW sur la liste des ressources audio disponibles. Faites glisser l'objet COCONUT PREFAB du panneau PROJECT sur le champ None (Rigidbody). Ainsi, cet élément préfabriqué est directement lié à cette variable, ce qui signifie que le script créera des instances de cet objet. Enfin, donnez une valeur de 25 à la variable `Throw Force`. Gardez à l'esprit que le script ne change pas quand vous modifiez les valeurs dans le panneau INSPECTOR ; cela annule simplement les valeurs précédemment définies dans le script. N'oubliez pas non plus que ces variables publiques peuvent être modifiées sans que vous ayez besoin de recompiler ou de modifier le code source. Pour des raisons de commodité et de gain de temps, nous vous conseillons de prendre l'habitude d'ajuster les valeurs des variables publiques dans le panneau INSPECTOR.

Figure 6.8

Il est maintenant temps de tester le script du lancer dans le jeu. Cliquez sur le bouton PLAY, puis cliquez du bouton gauche ou appuyez sur la touche Ctrl gauche du clavier pour lancer une noix de coco. Après avoir vérifié que tout fonctionne correctement, cliquez de nouveau sur le bouton PLAY pour arrêter le test. Si ce n'est pas le cas, vérifiez que votre script correspond au script complet suivant :

```
var throwSound : AudioClip;
var coconutObject : Rigidbody;
var throwForce : float;
function Update () {
  if(Input.GetButtonUp("Fire1")){
    audio.PlayOneShot(throwSound);
    var newCoconut : Rigidbody = Instantiate(coconutObject, transform.position,
    ➥transform.rotation);
    newCoconut.name = "coconut";
    newCoconut.rigidbody.velocity = transform.TransformDirection
    ➥(Vector3(0,0, throwForce));
    Physics.IgnoreCollision(transform.root.collider, newCoconut.collider, true);
  }
}
@script RequireComponent(AudioSource)
```

Restrictions de l'instanciation

Cette méthode d'instanciation des objets est la mieux adaptée au système d'éléments préfabriqués de Unity, car elle permet de facilement créer un objet sur la scène et de le dupliquer lors de l'exécution du jeu.

Toutefois, la création de nombreux clones d'un objet possédant un corps rigide peut être coûteuse, car chacun de ces objets fait appel au moteur physique et interagit avec d'autres objets dans le monde en 3D, ce qui utilise des cycles CPU (sollicite la puissance du processeur). Imaginez que vous permettiez au joueur de créer une quantité infinie d'objets contrôlés par le moteur physique… vous comprendrez alors que votre jeu puisse ralentir après un certain temps. Quand trop de cycles CPU et de mémoire sont utilisés, le nombre d'images par seconde diminue. Votre jeu auparavant fluide devient saccadé, ce qui est évidemment désagréable pour le joueur et compromet l'avenir commercial de votre création.

Pour éviter qu'un trop grand nombre d'objets ralentissent le jeu, vous allez :

- permettre au joueur de lancer des noix de coco seulement dans une zone définie de l'univers du jeu ;
- écrire un script qui supprime les noix de coco instanciées dans le monde du jeu après un certain temps.

Si l'instanciation se déroulait sur une plus grande échelle (lors de la création de balles de pistolet, par exemple), vous devriez alors ajouter également un délai avant que le joueur ne puisse "recharger" l'arme. Ce n'est pas nécessaire ici, puisque la commande `GetButtonUp()` empêche le joueur de lancer un trop grand nombre de noix de coco à la fois : il doit relâcher la touche de tir avant qu'une noix de coco ne soit lancée.

Activer le lancer de noix de coco

Pour ce premier point, vous allez utiliser une variable booléenne de commutation. Elle doit avoir une valeur `true` afin que le joueur puisse lancer des noix de coco. Ce sera le cas uniquement lorsque le personnage du joueur se tiendra dans une zone précise de la plate-forme (qui constituera le pas de tir pour le lancer des noix de coco).

Indépendamment des considérations sur les performances, il est logique de limiter cette action, puisque cela n'aurait pas vraiment de sens si le joueur pouvait lancer au hasard des noix de coco dans tout le niveau.

Double-cliquez sur l'icône du script CoconutThrow dans le panneau Project si vous l'avez fermé ou revenez dans l'éditeur de script pour continuer à l'éditer. Vous avez vu plus tôt comment activer et désactiver des scripts à l'aide du paramètre d'activation d'un composant. Dans ce cas précis, vous pourriez également utiliser la commande `GetComponent()`, sélectionner ce script et le désactiver lorsque vous ne voulez pas que le joueur puisse lancer des noix de coco. Cependant, et c'est le cas pour tout ce qui concerne les scripts, il existe de nombreuses solutions à un problème. C'est pourquoi vous allez voir ici de quelle façon employer des variables statiques pour communiquer entre différents scripts. Ajoutez la ligne suivante tout en haut du script CoconutThrow :

```
static var canThrow : boolean = false;
```

Ce préfixe `static` placé avant la variable est le moyen employé par JavaScript dans Unity pour créer une variable globale – une valeur à laquelle les autres scripts peuvent accéder. Vous devez maintenant ajouter une autre condition à l'instruction `if` existante qui permette le lancer. Pour cela, trouvez la ligne suivante dans la fonction `Update()` :

```
if(Input.GetButtonUp("Fire1")){
```

Pour ajouter une seconde condition, il suffit d'ajouter deux esperluettes `&&` avant l'accolade de fermeture de l'instruction `if` et d'indiquer le nom de la variable statique, comme suit :

```
if(Input.GetButtonUp("Fire1") && canThrow){
```

Souvenez-vous qu'écrire tout simplement le nom de la variable est l'équivalent abrégé de :

```
if(Input.GetButtonUp("Fire1") && canThrow==true){
```

Vous avez défini la variable `canThrow` à `false` lorsque vous l'avez déclarée. Comme il s'agit d'une variable statique (ce n'est donc pas une variable publique), vous avez besoin d'ajouter quelques lignes de script pour la définir à `true`. Puisque le joueur doit se tenir à un certain emplacement pour pouvoir lancer des noix de coco, la meilleure façon de procéder consiste ici à utiliser la détection de collision afin de vérifier si le joueur est en contact avec un objet en particulier. Si c'est le cas, cette variable statique est alors définie à `true`.

Ouvrez maintenant le script PLAYERCOLLISIONS et recherchez la fonction `OnController-ColliderHit()` suivante placée en commentaires :

```
/*
function OnControllerColliderHit(hit: ControllerColliderHit){
  if(hit.gameObject.tag == "outpostDoor" && doorIsOpen == false){
  Door(doorOpenSound, true, "dooropen");
  }
}
*/
```

Supprimez les caractères `/*` et `*/` afin que cette fonction ne soit plus en commentaires et redevienne active. Supprimez ensuite la condition `if`, puisque vous n'en avez plus besoin pour gérer l'ouverture et la fermeture de la porte. Il ne devrait plus rester que la fonction elle-même, comme ceci :

```
function OnControllerColliderHit(hit: ControllerColliderHit){

}
```

Une partie du modèle PLATFORM que vous avez téléchargé, appelée mat, constitue la zone sur laquelle le joueur devra se trouver pour lancer les noix de coco. Vous allez donc vous assurer que le personnage du joueur est en collision avec cet objet. Ajoutez l'instruction `if else` suivante dans la fonction :

```
if(hit.collider == GameObject.Find("mat").collider){
  CoconutThrow.canThrow=true;
}else{
  CoconutThrow.canThrow=false;
}
```

Ici, le script vérifie si le collider avec lequel le contact s'effectue est égal au collider de l'objet de jeu qui porte le nom `mat` dans la scène (le signe de double égalité est un opérateur de comparaison). Si cette condition est respectée, le script redéfinit à `true` la valeur de la variable statique `canThrow` déclarée dans le script `CoconutThrow` à l'aide de la syntaxe à point, ce qui permet à la commande `Instantiate()` du script `CoconutThrow` de fonctionner. Dans le cas contraire, le script s'assure que cette variable est définie à `false`, ce qui signifie que le joueur ne pourra pas lancer de noix de coco s'il ne se trouve pas sur le pas de tir de la plate-forme.

Cliquez sur FILE > SAVE dans l'éditeur de script, puis revenez dans Unity.

Supprimer les noix de coco

Comme nous l'avons expliqué plus tôt, un nombre trop élevé d'objets contrôlés par le moteur physique dans la scène peut sérieusement affecter les performances du jeu. Par conséquent, lorsqu'il n'est pas utile de conserver les objets, comme c'est le cas ici, vous pouvez écrire un script pour les supprimer automatiquement après un certain temps.

Sélectionnez le dossier Scripts dans le panneau PROJECT, cliquez sur le bouton CREATE et sélectionnez JAVASCRIPT pour créer un script. Appuyez sur Entrée/F2 et renommez ce script *CoconutTidy*. Double-cliquez ensuite sur son icône pour l'ouvrir dans l'éditeur de script.

Supprimez la fonction `Update()` par défaut car vous n'en avez pas besoin. Pour supprimer un objet d'une scène, il suffit d'utiliser la commande `Destroy()` dont le second paramètre permet de définir un délai d'attente. Ajoutez la fonction et la commande suivantes à votre script :

```
function Start(){
  Destroy(gameObject, 5);
}
```

Avec la commande `Start()`, l'appel à la commande `Destroy()` s'effectue dès l'apparition de l'objet dans le monde du jeu, lorsqu'il est instancié par le joueur qui appuie sur le bouton de tir. La référence à `gameObject` signifie simplement : "l'objet sur lequel ce script est attaché". Le second paramètre, après la virgule, définit le délai en secondes avant l'exécution de la commande.

Avec ce script, la noix de coco est supprimée du monde du jeu cinq secondes après son lancement. Cliquez sur FILE > SAVE dans l'éditeur de script, puis revenez dans Unity. Jusqu'à présent, vous avez attaché tous vos scripts aux objets de la scène sur laquelle vous travaillez. Toutefois, vous avez fini de travailler sur l'élément préfabriqué COCONUT et il n'existe plus de copies de noix de coco dans la scène.

Il existe deux méthodes pour appliquer le script que vous venez d'écrire à l'élément préfabriqué. La manière la plus simple consiste à sélectionner l'élément préfabriqué COCONUT dans le panneau PROJECT puis à cliquer sur COMPONENT > SCRIPTS > COCONUTTIDY.

Mais vous pouvez également procéder en plusieurs étapes, en modifiant l'élément préfabriqué dans le panneau SCENE de la manière suivante :

1. Faites glisser l'élément préfabriqué COCONUT dans le panneau SCENE ou dans le panneau HIERARCHY.
2. Cliquez sur COMPONENT > SCRIPTS > COCONUTTIDY, cliquez sur ADD pour confirmer que l'ajout du composant mettra un terme à la relation de l'objet à l'élément préfabriqué parent.
3. Cliquez sur GAMEOBJECT > APPLY CHANGES TO PREFAB pour répercuter cette mise à jour sur l'élément préfabriqué original.
4. Supprimez l'instance de l'objet dans la scène à l'aide du raccourci clavier Cmd+Retour arrière (Mac OS) ou Suppr (Windows).

Nous vous conseillons d'utiliser la première méthode, en une seule étape. Cependant, dans certains cas, il peut être utile de placer un élément préfabriqué dans la scène et de le modifier avant d'appliquer les modifications à l'élément préfabriqué lui-même. Par exemple, si vous travaillez sur un élément visuel, comme un système de particules, vous aurez alors besoin de voir l'effet de vos modifications ou des nouveaux composants sur cet objet. Il devient par conséquent indispensable de placer un objet issu de l'élément préfabriqué dans la scène pour le modifier.

Une fois le script attaché à l'élément préfabriqué, cliquez sur FILE > SAVE PROJECT dans Unity pour sauvegarder votre travail.

Ajouter la plate-forme

Maintenant, vous êtes prêt à implémenter les ressources du mini-jeu que vous avez téléchargées plus tôt. Vous allez importer une plate-forme et trois cibles dans la scène. Vous détecterez ensuite les collisions entre les noix de coco et les cibles et vérifierez si les trois cibles sont renversées à la fois – ce qui est l'objectif du mini-jeu – à l'aide d'un script.

Dans le panneau PROJECT, ouvrez le dossier Coconut Game qui a été importé lorsque vous avez téléchargé les ressources nécessaires à ce chapitre. Sélectionnez le modèle 3D PLATFORM pour afficher ses propriétés dans le panneau INSPECTOR.

Les paramètres d'importation

Avant de placer une plate-forme et les cibles dans la scène, assurez-vous que les dimensions de ces objets sont correctes et, en créant des colliders pour chaque partie des modèles, que le joueur peut interagir avec eux.

La plate-forme

Dans le composant FBXImporter du panneau Inspector, assurez-vous que le composant FBXImporter a une valeur de 1,25 et que l'option Generate Colliders est activée pour que Unity assigne un Mesh Collider (un composant de collision respectant le maillage de l'objet) à chaque partie du modèle. Ainsi, le personnage du joueur pourra marcher sur la plate-forme.

Pour confirmer ces modifications, cliquez sur le bouton Apply au bas du panneau Inspector.

Faites maintenant glisser le modèle depuis le panneau Project dans le panneau Scene puis, avec l'outil Transform, positionnez-le à proximité de l'avant-poste, afin que le joueur comprenne que les deux éléments sont liés. Assurez-vous que le modèle de plate-forme touche le sol pour que le personnage du joueur puisse monter les marches situées à l'avant du modèle (voir Figure 6.9).

Figure 6.9

Les cibles et les collisions des noix de coco

Sélectionnez le modèle target dans le dossier Coconut Game du panneau Project afin d'afficher les paramètres d'importation de ses différents composants dans le panneau Inspector.

Dans le composant FBXImporter du panneau Inspector, activez l'option Generate Colliders pour vous assurer que la cible bascule lorsqu'une partie du modèle est touchée – souvenez-vous que, sans collider, les objets 3D ne peuvent entrer en contact les uns avec les autres. Donnez également la valeur 1 au paramètre Scale Factor.

Dans le composant ANIMATIONS, vous devez définir et nommer les images pour chaque état de l'animation de ce modèle, de la même manière que vous l'avez fait pour les animations de la porte de l'avant-poste. Vous pourrez ensuite les appeler dans vos scripts lorsqu'une collision se produit entre une noix de coco et la bonne partie de la cible.

Pour ajouter trois états d'animation (voir Figure 6.10), cliquez sur l'icône plus (+) située à droite dans le tableau ANIMATIONS, puis indiquez le nom des états dans la colonne NAME ainsi que la première et la dernière image de chaque animation dans les colonnes START et END.

Figure 6.10

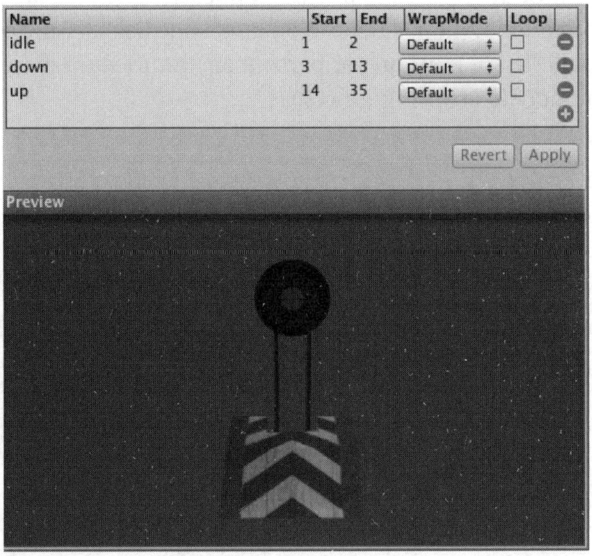

Une fois le tableau ANIMATIONS complété, n'oubliez pas de cliquer sur le bouton APPLY au bas du panneau pour confirmer tous les changements que vous avez apportés aux paramètres de cette ressource.

Positionner les cibles

Pour placer les cibles facilement sur la plate-forme, vous allez les définir comme des enfants de l'objet PLATFORM déjà présent dans la scène. Pour cela, faites simplement glisser le modèle TARGET depuis le dossier Coconut Game du panneau PROJECT sur l'objet parent PLATFORM dans le panneau HIERARCHY.

Une boîte de dialogue vous informe que l'ajout de cet objet enfant entraînera la perte de sa connexion avec l'élément préfabriqué. Cliquez sur le bouton CONTINUE. Ce message indique simplement que les modifications apportées aux composants attachés au modèle d'origine dans le panneau PROJECT – les paramètres de script, par exemple – ne s'appliqueront plus à cette copie dans la scène puisque le lien entre cette occurrence et la ressource originale ou l'élément préfabriqué est rompu.

Une fois que la cible est un enfant de l'objet PLATFORM, tous les objets enfants de ce dernier s'affichent dans le panneau HIERARCHY, y compris celui que vous venez d'ajouter.

Comme la cible se place par défaut au centre de la plate-forme, modifiez les valeurs du composant TRANSFORM dans le panneau INSPECTOR pour lui donner une position appropriée. Placez-la à (0, 1.7, 1.7).

Le script de détection des noix de coco

Vous avez besoin de détecter les collisions entre la cible du modèle TARGET (par opposition à son support ou à son socle), vous devez donc écrire un script de détection de collision sur cette partie du modèle. Sélectionnez le dossier Scripts dans le panneau PROJECT, puis cliquez sur le bouton CREATE et sélectionnez JAVASCRIPT dans le menu déroulant. Renommez ce script *CoconutCollision*, puis double-cliquez sur son icône pour l'ouvrir dans l'éditeur de script.

Déclarer les variables

Vous devez d'abord déclarer cinq variables :

- une variable publique `GameObject` pour stocker l'objet TARGET lui-même ;
- une variable booléenne `beenHit` pour vérifier l'état de la cible ;
- une variable privée à virgule flottante `timer` pour définir un délai avant la réinitialisation de la cible ;
- une variable publique audio `hitSound` ;
- une variable publique audio `resetSound`.

Pour cela, ajoutez les lignes suivantes au début du script :

```
var targetRoot : GameObject;
private var beenHit : boolean = false;
private var timer : float = 0.0;
var hitSound : AudioClip;
var resetSound : AudioClip;
```

beenHit et timer sont des variables privées. Leurs valeurs sont uniquement utilisées dans le script et n'ont pas besoin d'être définies dans le panneau INSPECTOR. Le préfixe private permet de ne pas les y afficher, contrairement aux variables publiques.

La détection de collision

Insérez ensuite la fonction de détection de collision suivante avant la fonction Update() existante :

```
function OnCollisionEnter(theObject : Collision) {
  if(beenHit==false && theObject.gameObject.name=="coconut"){
    audio.PlayOneShot(hitSound);
    targetRoot.animation.Play("down");
    beenHit=true;
  }
}
```

La fonction OnCollisionEnter() est différente des fonctions OnControllerColliderHit() et OnTriggerEnter() que vous avez déjà rencontrées. En effet, cette fonction gère les collisions ordinaires entre les colliders classiques – ceux qui ne sont ni en mode Déclencheur, ni intégrés à l'objet FIRST PERSON CONTROLLER.

Dans cette fonction, le paramètre theObject est une instance de la classe Collision, qui stocke des informations sur les vitesses, les corps rigides, les colliders, les transformations, les objets GameObject et les points de contact impliqués dans une collision. Par conséquent, la condition if interroge simplement cette classe, afin de savoir si ce paramètre stocke un objet gameObject nommé coconut. Pour s'assurer que la cible ne puisse pas être frappée à plusieurs reprises, l'instruction if contient une condition supplémentaire qui vérifie si la variable beenHit est définie à false, ce qui sera le cas au lancement du jeu. Lorsque cette collision se produit, beenHit prend la valeur true pour qu'il soit impossible de la déclencher accidentellement à deux reprises.

Cette fonction lance également la lecture du fichier audio attribué à la variable hitSound, puis lit l'état d'animation nommé down de l'objet que vous attribuez par glisser-déposer à la variable targetRoot. Vous assignerez l'objet parent TARGET à cette variable dans le panneau INSPECTOR après avoir écrit le script.

Réinitialiser la cible

Dans la fonction Update(), vous avez besoin d'utiliser la variable beenHit pour que la variable timer lance un décompte de trois secondes. Autrement dit, la variable timer comptera jusqu'à 3 à partir de l'image où la cible est touchée avant de déclencher sa réinitialisation. Pour cela, vous avez besoin de deux instructions `if` : une pour vérifier si la variable `beenHit` est `true` et incrémenter la valeur de la variable `timer`, l'autre pour vérifier si la variable `timer` a atteint 3 secondes. Ajoutez les quelques lignes suivantes dans la fonction `Update()` :

```
if(beenHit){
  timer += Time.deltaTime;
}
if(timer > 3){
  audio.PlayOneShot(resetSound);
  targetRoot.animation.Play("up");
  beenHit=false;
  timer=0.0;
}
```

La première instruction `if` attend que la variable `beenHit` ait la valeur `true` puis incrémente la variable `timer` à l'aide du compteur `Time.deltaTime`. Ce compteur est indépendant du nombre d'images par seconde, si bien que le décompte s'effectue en temps réel.

La seconde instruction `if` attend que la variable `timer` dépasse trois secondes puis lance la lecture du son assigné à la variable `resetSound`, lit l'état d'animation du modèle attribué à la variable `targetRoot` et réinitialise les variables `beenHit` et `timer` à leurs valeurs d'origine pour que la cible puisse être atteinte de nouveau.

Intégrer la source audio

Des sons étant lus, vous avez besoin d'ajouter la commande `RequireComponent` habituelle au bas du script afin de vous assurer qu'une source audio est ajoutée à l'objet sur lequel ce script est attaché. Placez la ligne suivante au bas du script après l'accolade de fermeture de la fonction `Update()` :

```
@script RequireComponent(AudioSource)
```

Cliquez sur File > Save dans l'éditeur de script et revenez dans Unity.

Assigner le script

Dans le panneau Hierarchy, cliquez sur la flèche qui précède le modèle target que vous avez ajouté à l'objet platform afin de voir les éléments qui le constituent. Affichez ensuite le contenu du groupe enfant target_pivot pour voir la cible et ses supports (voir Figure 6.11).

Figure 6.11

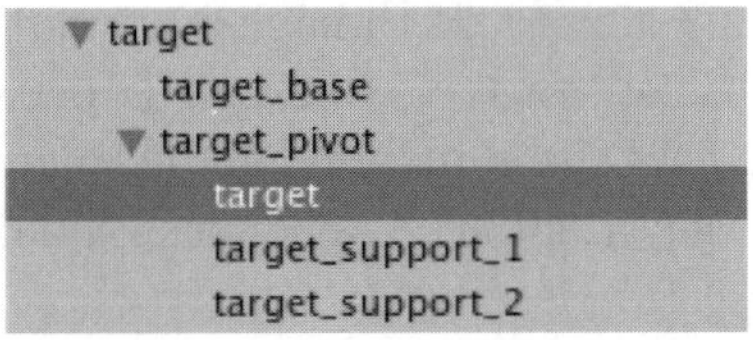

Dans cette figure, nous avons sélectionné la cible elle-même. Vous devez faire de même pour vous assurer que le script que vous venez d'écrire est affecté à cet objet et non à l'objet parent TARGET. Vous devez vérifier les collisions avec cet objet enfant ; en effet, la collision ne doit pas se déclencher si le joueur lance une noix de coco sur les supports qui soutiennent la cible, par exemple.

Une fois cet objet sélectionné, cliquez sur COMPONENT > SCRIPTS > COCONUTCOLLISION pour lui attacher le script que vous venez d'écrire et un composant AUDIO SOURCE. Faites ensuite glisser l'objet parent TARGET du panneau HIERARCHY sur la variable publique `Target Root` et les fichiers audio targetHit et targetReset du panneau PROJECT sur les variables publiques adéquates dans le panneau INSPECTOR (voir Figure 6.12).

Figure 6.12

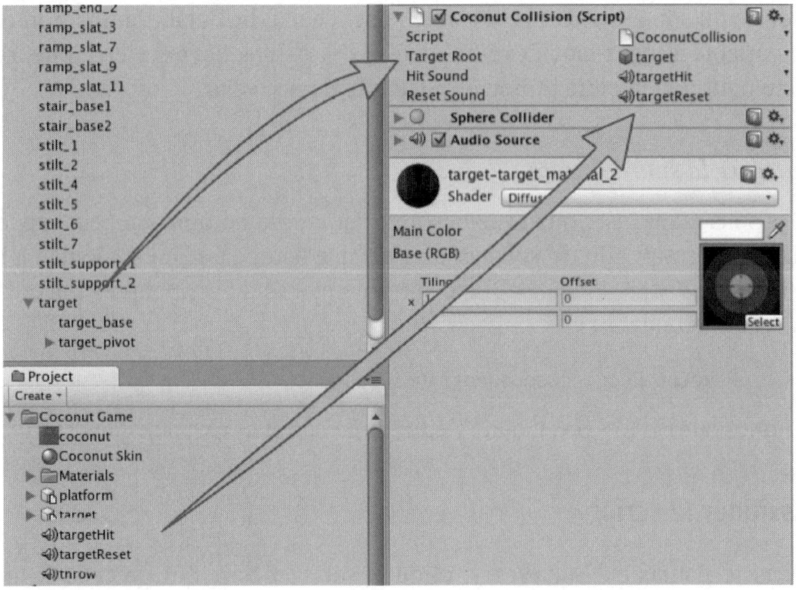

Cliquez sur FILE > SAVE SCENE dans Unity pour sauvegarder vos progrès. Cliquez ensuite sur le bouton PLAY pour tester le jeu ; marchez sur la plate-forme, en veillant à vous placer sur le pas de tir – vous devriez maintenant être en mesure de jeter des noix de coco et d'abattre la cible. Cliquez de nouveau sur PLAY pour terminer le test.

Pour compléter le mini-jeu, vous allez ajouter trois cibles supplémentaires à l'aide du système d'éléments préfabriqués.

Créer des cibles supplémentaires

Pour créer d'autres cibles, vous allez dupliquer la cible actuelle, après l'avoir transformée en élément préfabriqué. Pour cela, sélectionnez le dossier Prefabs dans le panneau PROJECT, cliquez sur le bouton CREATE et choisissez PREFAB, puis renommez ce nouvel élément préfabriqué *Target Prefab*. Faites ensuite glisser l'objet parent TARGET du panneau HIERARCHY sur cet élément préfabriqué pour l'enregistrer.

Le nom de l'objet parent TARGET dans le panneau HIERARCHY doit devenir bleu, pour indiquer qu'il est lié à un élément préfabriqué du projet.

Sélectionnez l'objet parent TARGET dans le panneau HIERARCHY puis appuyez sur Cmd/Ctrl+D pour le dupliquer.

La copie étant sélectionnée, réglez sa position X à 1,8 dans le composant TRANSFORM du panneau INSPECTOR. Répétez cette duplication pour créer une troisième cible puis définissez sa position X à –1,8.

Gagner la partie

Pour terminer le mini-jeu – le joueur doit obtenir la dernière pile dont il a besoin pour charger le mécanisme de la porte de l'avant-poste. Vous devez écrire un script qui vérifie si les trois cibles sont renversées à la fois.

Sélectionnez le dossier Scripts dans le panneau PROJECT puis cliquez sur le bouton CREATE pour créer un fichier JAVASCRIPT. Renommez ce script *CoconutWin*, puis double-cliquez sur son icône pour l'ouvrir dans l'éditeur de script.

Déclarer les variables

Ajoutez les quatre variables suivantes au début du script :

```
static var targets : int = 0;
private var haveWon : boolean = false;
var win : AudioClip;
var battery : GameObject;
```

La première variable, `targets`, est un compteur qui stocke le nombre de cibles abattues. Cette valeur proviendra d'une modification que vous apporterez au script `CoconutCollision` plus tard. La variable privée `haveWon` est ensuite définie à `true` afin qu'il soit impossible de rejouer à ce mini-jeu une fois le challenge remporté.

Les deux variables publiques suivantes stockent respectivement la séquence audio à lire en cas de victoire et l'élément préfabriqué BATTERY. Cela permet à ce script d'instancier ces éléments lorsque le joueur abat les trois cibles.

Vérifier la victoire du joueur

Ajoutez maintenant le code suivant dans la fonction `Update()` :

```
if(targets==3 && haveWon == false){
  targets=0;
  audio.PlayOneShot(win);
  Instantiate(battery, Vector3(transform.position.x, transform.position.y+2,
transform.position.z), transform.rotation);
  haveWon = true;
}
```

Cette déclaration `if` a deux conditions : elle garantit que la valeur de `targets` atteint la valeur 3, autrement dit que toutes les cibles ont été abattues, et que la variable `haveWon` est `false`, ce qui signifie ce qui signifie que le joueur n'a pas encore remporté ce challenge.

Lorsque ces conditions sont remplies, les commandes suivantes sont exécutées :

- Le script réinitialise la variable `targets` à 0 (ce qui est simplement un autre moyen de s'assurer que l'instruction `if` ne se déclenche pas de nouveau).
- La séquence audio `win` est lue pour fournir un signal sonore au joueur.
- Une instance de l'objet que vous assignez à la variable `battery` est instanciée. Sa position Vector3 est définie en fonction des valeurs de position X et Z de la plate-forme (puisque ce script sera appliqué à cet objet), en ajoutant 2 à la valeur Y.
- La variable est définie à `true` afin que le joueur ne puisse plus gagner de nouveau à ce jeu et générer davantage de piles.

Enfin, comme vous allez utiliser du son, ajoutez la ligne suivante à la dernière ligne du script :

```
@script RequireComponent(AudioSource)
```

Cliquez sur FILE > SAVE dans l'éditeur de script et revenez dans Unity.

Assigner le script

Sélectionnez l'objet parent PLATFORM dans le panneau HIERARCHY, puis cliquez sur COMPONENT > SCRIPTS > COCONUT WIN.

Pour finir, assignez l'élément préfabriqué BATTERY situé dans le dossier Prefabs du panneau PROJECT à la variable publique `battery` et l'effet sonore WIN du dossier Coconut Game à la variable publique `Win`. Le composant devrait être identique à la Figure 6.13.

Figure 6.13

Gérer le nombre de cibles abattues

Enfin, pour que le jeu fonctionne, vous devez revenir au script COCONUTCOLLISION afin d'augmenter de 1 la valeur de la variable statique `targets` du script `CoconutWin` lorsque le joueur abat une cible, et diminuer de 1 cette valeur lorsque les cibles se réinitialisent.

C'est simple à réaliser, puisque le script qui gère ces deux événements existe déjà. Double-cliquez sur l'icône du script COCONUTCOLLISION dans le dossier Scripts pour l'ouvrir dans l'éditeur de script.

Augmenter la valeur

Dans la fonction de détection de collision `OnCollisionEnter()`, l'instruction `if` contient une ligne définissant la variable `beenHit` à `true`. Ajoutez la ligne :

```
CoconutWin.targets++;
```

sous la ligne :

```
beenHit=true;
```

Diminuer la valeur

Comme la réinitialisation de la cible est gérée par la seconde instruction `if` de la fonction `Update()`, vous devez soustraire le nombre de cibles abattues ici. Ajoutez la ligne :

```
CoconutWin.targets--;
```

sous la ligne :

```
beenHit=false;
```

Dans les deux cas, vous passez par la syntaxe à point pour accéder au script `CoconutWin` (qui est, en fait, une classe) puis vous indiquez le nom de la variable, `targets`.

Cliquez sur File > Save dans l'éditeur de script et revenez dans Unity.

Cliquez sur le bouton Play et testez le jeu. Lancez des noix de coco et abattez les trois cibles à la fois. Une pile doit alors être instanciée. Appuyez sur la barre d'espacement afin de sauter par-dessus la barrière et de collecter la pile. Cliquez de nouveau sur Play pour terminer le test puis sur File > Save Scene dans Unity pour sauvegarder votre travail.

La touche finale

Pour améliorer ce mini-jeu, vous allez ajouter un viseur qui s'affichera lorsque le joueur se tiendra sur le pas de tir, puis vous utiliserez l'objet TextHint GUI existant pour donner des instructions au joueur sur le jeu de lancer de noix de coco.

Ajouter le viseur

Pour ajouter le viseur à l'écran, procédez de la façon suivante :

1. Ouvrez le dossier Coconut Game dans le panneau Project.
2. Sélectionnez le fichier de texture Crosshair.
3. Cliquez sur GameObject > Create Other > GUI Texture pour créer un objet GUI Texture du même nom et aux mêmes dimensions que le fichier de texture Crosshair.

Cet objet est automatiquement sélectionné dans le panneau Hierarchy, si bien que son composant GUI Texture s'affiche dans le panneau Inspector. L'image en forme de réticule de visée doit être visible dans le panneau Game et dans le panneau Scene lorsque l'option Game Overlay est activée. Comme elle est placée au centre de l'objet par défaut, cela fonctionne parfaitement avec ce fichier de texture de petite taille (64 × 64). Lorsque nous avons créé le fichier de texture de cet exemple, nous avons veillé à ce que les contours du viseur soient bien contrastés afin qu'il soit parfaitement visible aussi bien sur un fond clair que sombre.

Info

Si vous créez un objet GUI Texture sans sélectionner de fichier de texture, il utilisera le logo de Unity. Vous devez alors échanger cette image par votre texture dans le panneau Inspector et indiquer ses dimensions manuellement. C'est pourquoi il est préférable de toujours choisir au préalable la texture à utiliser pour l'objet GUI Texture.

Afficher le viseur GUI Texture

Ouvrez le script PlayerCollisions situé dans le dossier Scripts du panneau Project. Vous constatez que la fonction `OnControllerColliderHit()` contient déjà un script qui vérifie si le joueur se trouve sur le pas de tir. Le viseur ne doit être visible que si le joueur s'y trouve. Vous allez donc ajouter quelques lignes à ces instructions `if`.

Placez-vous avant l'instruction `if` suivante :

```
if(hit.collider == GameObject.Find("mat").collider){
  CoconutThrow.canThrow=true;
}
```

et ajoutez ces deux lignes :

```
var crosshairObj : GameObject = GameObject.Find("Crosshair");
var crosshair : GUITexture = crosshairObj.GetComponent(GUITexture);
```

La première variable retrouve l'objet en forme de viseur à l'aide de la commande `GameObject.Find` suivie du nom de l'objet, tandis que la seconde utilise la commande `GetComponent()` pour représenter la valeur précédente de la variable dans le composant `GUITexture`. De cette manière, vous pouvez facilement activer et désactiver le réticule de visée à l'aide des instructions `if` et `else`.

Ajoutez maintenant la ligne suivante dans l'instruction `if` indiquée précédemment :

```
crosshair.enabled = true;
```

Puis ajoutez la ligne suivante dans l'instruction `else` qui l'accompagne :

```
crosshair.enabled=false;
```

Informer le joueur

Vous allez utiliser l'objet TextHints GUI que vous avez créé au Chapitre 5, "Éléments préfabriqués, collections et HUD", pour afficher un message à l'écran qui indiquera au joueur ce qu'il doit faire lorsqu'il se trouve sur le pas de tir.

Ajoutez les lignes suivantes dans l'instruction `if` de la fonction `OnControllerColliderHit()` du script PlayerCollisions :

```
TextHints.textOn=true;
TextHints.message = "Abattez 3 cibles pour obtenir une pile !";
GameObject.Find("TextHint GUI").transform.position.y = 0.2;
```

Le script affiche l'objet TEXTHINT GUI en définissant sa variable statique `textOn` à `true` puis il envoie une chaîne de caractères à sa variable statique `message`. La minuterie du script `TextHints` fera disparaître ce message lorsque le joueur quittera l'aire de lancement.

Le script utilise également la commande `GameObject.Find` pour s'adresser à l'objet `TextHint GUI` lui-même et définir sa position sur l'axe Y à 0,2. En effet, les messages de l'objet TEXTHINT GUI apparaissent au centre de l'écran, si bien qu'ils chevaucheraient l'image du viseur. Pour éviter cela, la dernière des trois lignes de l'extrait de code précédent décale le message vers le bas de l'écran.

Ajoutez maintenant le texte suivant dans l'instruction `else` de la fonction `OnController ColliderHit()` :

```
GameObject.Find("TextHint GUI").transform.position.y = 0.5;
```

Cela réinitialise simplement l'objet TEXTHINT GUI à sa position d'origine lorsque le joueur a terminé le mini-jeu et quitte le pas de tir.

La fonction `OnControllerColliderHit()` complète doit être la suivante :

```
function OnControllerColliderHit(hit: ControllerColliderHit){
  var crosshairObj : GameObject = GameObject.Find("Crosshair");
  var crosshair : GUITexture = crosshairObj.GetComponent(GUITexture);
  if(hit.collider == GameObject.Find("mat").collider){
    CoconutThrow.canThrow=true;
    crosshair.enabled = true;
    TextHints.textOn=true;
    TextHints.message = "Abattez 3 cibles pour obtenir une pile !";
    GameObject.Find("TextHint GUI").transform.position.y = 0.2;
  }
  else{
    CoconutThrow.canThrow=false;
    crosshair.enabled = false;
    GameObject.Find("TextHint GUI").transform.position.y = 0.5;
  }
}
```

Cliquez sur FILE > SAVE dans l'éditeur de script pour sauvegarder vos modifications puis revenez dans Unity.

Cliquez sur le bouton PLAY et testez le jeu. Quand vous vous placez sur le pas de tir, un message vous indiquant le but du jeu doit apparaître. Quittez l'aire de lancement : le viseur doit disparaître immédiatement de l'écran, puis le message devenir invisible quelques secondes plus tard. Cliquez de nouveau sur PLAY pour terminer le test puis sur FILE > SAVE PROJECT pour sauvegarder votre travail.

En résumé

Au cours de ce chapitre, nous avons abordé divers sujets essentiels à la création d'un scénario de jeu. Vous avez vu comment implémenter les objets corps rigides qui utilisent le moteur physique et vous avez étudié le concept de l'instanciation, qu'il est très important d'apprendre à maîtriser. En effet, l'instanciation est un outil majeur pour le concepteur car elle permet de créer ou de cloner n'importe quelle ressource préfabriquée ou n'importe quel objet de jeu lors de l'exécution.

Vous avez également fourni au joueur des informations supplémentaires, en réutilisant l'objet TextHint GUI que vous aviez créé au Chapitre 5. Vous avez vu comment envoyer ces informations à cet objet dans le script.

Vous continuerez à vous servir de toutes ces notions au fil des pages de cet ouvrage et dans vos futurs projets. Au prochain chapitre, nous allons délaisser provisoirement l'écriture de script pour étudier les effets visuels de Unity. Vous découvrirez les systèmes de particules visant à créer un feu à proximité de l'avant-poste, afin de donner au joueur une récompense visuelle après qu'il a gagné le mini-jeu et ouvert la porte.

7

Systèmes de particules

Ce chapitre aborde certains effets de rendu que les développeurs peuvent employer dans Unity. Pour créer des mondes 3D plus dynamiques, outre les matériaux et les textures simples, on peut utiliser des effets pour reproduire les caractéristiques du monde réel, souvent en les exagérant. De nombreux jeux 3D ont ainsi adopté les conventions visuelles du cinéma, comme les effets de reflet sur l'objectif ou les traînées de lumière que l'œil humain ne perçoit pas dans la réalité.

Vous avez déjà vu l'effet de reflet du soleil sur l'objectif au Chapitre 2, "Environnements", avec lecomposant LIGHT de l'objet DIRECTIONAL LIGHT. Ici, vous allez découvrir comment obtenir des effets plus polyvalents avec les systèmes de particules dans le monde 3D. Les jeux utilisent les effets de particules pour de nombreux effets, du brouillard à la fumée en passant par les étincelles et les lasers. Vous verrez aux sections suivantes comment simuler l'effet d'un feu grâce à deux systèmes de particules.

Au cours de ce chapitre, vous apprendrez :

- de quoi est constitué un système de particules – ses composants et ses paramètres ;
- comment créer des systèmes de particules pour simuler le feu et la fumée ;

- à afficher de nouveau des instructions et des informations à l'écran pour le joueur ;
- utiliser des variables pour activer les systèmes de particules au cours de l'exécution du jeu.

Qu'est-ce qu'un système de particules ?

Dans Unity, un système de particules est plus qu'un composant. En effet, un certain nombre d'éléments doivent être combinés pour que l'effet escompté fonctionne correctement. Avant de commencer à travailler avec les systèmes de particules, vous devez connaître leurs différents composants et comprendre leurs rôles respectifs.

L'émetteur de particules

Dans tout système de particules, le composant émetteur est chargé de l'instanciation des particules individuelles. Unity dispose d'un composant ELLIPSOID PARTICLE EMITTER et d'un composant MESH PARTICLE EMITTER.

Le composant ELLIPSOID PARTICLE EMITTER s'utilise généralement pour les effets de fumée, la poussière et les autres éléments de l'environnement qui peuvent être créés dans un espace fermé. Il est dit *ellipsoïde* car il crée des particules à l'intérieur d'une sphère pouvant être étirée.

Le composant MESH PARTICLE EMITTER crée des particules liées directement à un maillage 3D et qui peuvent être soit animées le long des sommets du maillage soit émises sur les points du maillage. Il sert principalement lorsqu'on doit contrôler directement la position d'une particule. Le développeur, en ayant la possibilité de suivre les sommets d'un maillage, peut ainsi concevoir des systèmes de particules extrêmement précis et de n'importe quelle forme 3D.

En tant que composants, les deux émetteurs disposent des paramètres communs suivants :

- **Size.** La taille visible d'une particule.
- **Energy.** La durée de vie d'une particule dans le monde avant son autodestruction.
- **Emission.** Le nombre de particules émises à la fois.
- **Velocity.** La vitesse à laquelle les particules se déplacent.

Nous examinerons quelques-uns des réglages spécifiques de chaque type d'émetteur. Pour créer un feu, vous choisirez ELLIPSOID PARTICLE EMITTER qui permet d'obtenir un effet plus aléatoire car il n'est pas lié à un maillage.

Figure 7.1

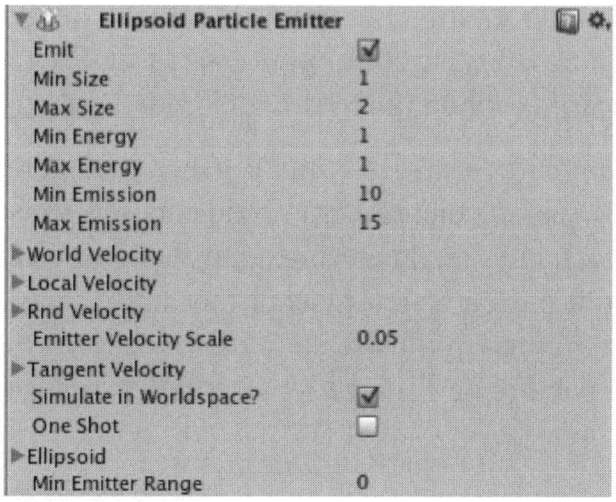

L'animateur de particule

Le composant Particle Animator régit le comportement de chaque particule dans le temps. Pour sembler dynamiques, les particules ont une durée de vie définie puis elles s'autodétruisent. Dans l'exemple d'un feu, l'idéal serait que chaque particule soit animée et change d'apparence au cours de sa vie dans le monde. Pour reproduire les variations de couleurs d'un feu dans le monde réel, ce composant est intéressant pour faire varier la couleur et la visibilité et pour appliquer des forces aux particules elles-mêmes.

Figure 7.2

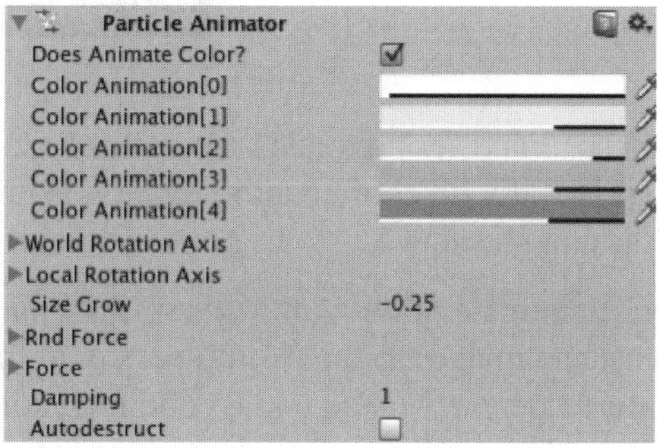

Le rendu des particules

Le composant Particle Renderer définit l'aspect visuel de chaque particule. Les particules sont, en fait, des images carrées en 2D (des *sprites*). Leur rendu s'effectue généralement de la même manière que celui de l'herbe que vous avez ajoutée au terrain au Chapitre 2 : la technique du billboarding est appliquée afin que les particules semblent toujours faire face à la caméra. Dans Unity, le composant PARTICLE RENDERER peut afficher les particules différemment, mais le billboarding est la méthode la mieux appropriée dans la plupart des cas.

Le composant PARTICLE RENDERER gère également les matériaux appliqués au système de particules. Ces dernières étant rendues comme de simples sprites, si vous appliquez des shaders de particules aux matériaux dans le composant, vous pouvez créer l'illusion que les sprites ne sont pas carrés en plaçant tout autour des textures sur une couche alpha (transparente). La Figure 7.3 illustre cette méthode que vous allez bientôt utiliser sur le matériau feu (la zone sombre de l'image représente les zones transparentes).

Figure 7.3

Grâce à la transparence, les particules n'ont plus l'aspect carré que le rendu donne habituellement aux sprites 2D. En combinant le rendu de la partie visible de cette texture avec des valeurs d'émission plus élevées, vous pouvez obtenir un effet de densité.

Les moteurs de rendu des particules peuvent aussi animer celles-ci avec l'animation UV de textures – plusieurs images sont alors utilisées pour modifier les textures d'une particule au cours de sa durée de vie. Mais comme cette technique dépasse la portée de ce livre, nous vous conseillons de vous reporter au manuel de Unity plus en savoir plus à ce sujet.

En résumé

Un système de particules fonctionne grâce à la collaboration de ses composants : l'émetteur, qui crée les particules ; l'animateur, qui régit leur comportement et leur évolution dans le temps ; et le moteur de rendu, qui définit leur aspect visuel en utilisant différents matériaux et paramètres d'affichage.

Vous allez maintenant voir comment créer un élément inédit dans votre jeu : un feu composé de deux systèmes de particules, un pour les flammes et un autre pour le panache de fumée.

Le but du jeu

Pour l'instant, votre jeu consiste à collecter quatre piles pour entrer dans l'avant-poste. Depuis le chapitre précédent, une de ces piles s'obtient en abattant les trois cibles avec des noix de coco.

Une fois dans l'avant-poste, le joueur risque d'être assez déçu, car le bâtiment est vide. Vous allez donc ajouter une boîte d'allumettes au centre de la pièce. Vous créerez également un feu à proximité de l'avant-poste qui pourra s'allumer uniquement si le joueur possède cette boîte d'allumettes. En voyant le tas de bois attendant de prendre feu, le joueur sera incité à trouver les allumettes et donc à remplir les tâches définies (c'est-à-dire, à ouvrir la porte).

Pour créer ce jeu, vous devez :

- installer un paquet de ressources, puis ajouter un modèle de feu de bois à la scène près de l'avant-poste ;
- créer des systèmes de particules pour les flammes et la fumée lorsque le feu est allumé, puis empêcher qu'ils se déclenchent trop tôt à l'aide d'un script ;
- utiliser la détection de collision entre le personnage du joueur et l'objet feu de bois de façon que l'allumage du feu déclenche le composant émetteur ;
- ajouter le modèle d'allumettes dans l'avant-poste et mettre en place une détection de collision pour que le joueur puisse les collecter et soit ensuite capable d'allumer le feu ;
- utiliser l'objet TextHint GUI pour donner des indications au joueur lorsqu'il s'approche du feu sans posséder les allumettes.

Télécharger les ressources

Pour obtenir les ressources nécessaires à la réalisation de cet exercice, recherchez le fichier nommé firePack.unitypackage extrait de l'archive fournie. Cliquez ensuite dans Unity sur Assets > Import Package, puis parcourez votre disque dur jusqu'au dossier où vous avez extrait ce paquet de ressources et sélectionnez-le.

Les fichiers suivants requis pour créer cette partie du jeu sont alors importés :

- un modèle 3D d'un feu de camp ;

- une texture de flamme pour le système de particules du feu ;
- une texture de fumée pour le système de particules de la fumée ;
- une séquence sonore de feu qui crépite ;
- un dossier Material contenant les modèles 3D.

Tous ces fichiers sont regroupés dans le dossier Fire feature du panneau PROJECT.

Ajouter le tas de bois

Sélectionnez le modèle CAMPFIRE dans le dossier Fire feature du panneau PROJECT, puis donnez la valeur 0,5 au paramètre SCALE FACTOR dans le composant FBXIMPORTER du panneau INSPECTOR si elle n'est pas déjà définie. Vous garantissez ainsi que le modèle est importé dans la scène à une taille raisonnable par rapport aux autres objets déjà présents. Cliquez sur le bouton APPLY au bas du panneau INSPECTOR pour valider.

Faites glisser ce modèle dans le panneau SCENE, puis avec l'outil TRANSFORM placez-le près de l'avant-poste et de la plate-forme de lancer des noix de coco déjà présents (voir figure 7.4).

Figure 7.4

Ce modèle doit disposer d'un collider (composant de collision) afin que le joueur ne puisse pas passer au travers. Pour des modèles aussi complexes, on utilise habituellement le composant FBX IMPORTER pour créer des MESH COLLIDERS (composants de collision respectant le maillage de l'objet) sur chaque maillage du modèle. Toutefois, étant donné que vous devez seulement veiller à ce que cet objet constitue un obstacle pour le joueur, vous pouvez simplement utiliser un collider de type capsule à la place. Cela fonctionnera tout aussi bien et permettra d'économiser la puissance de calcul car le processeur n'aura pas à construire un collider sur chaque partie du modèle.

Sélectionnez l'objet feu CAMPFIRE dans le panneau HIERARCHY, puis cliquez sur COMPONENT > PHYSICS > CAPSULE COLLIDER. La boîte de dialogue LOSING PREFAB s'affiche alors et vous demande de confirmer la suppression de la connexion entre ce modèle et l'original. Cliquez sur le bouton ADD comme d'habitude.

Un petit collider sphérique apparaît alors à la base du modèle de feu. Vous devez augmenter sa taille afin qu'il recouvre tout le modèle. Dans le nouveau composant CAPSULE COLLIDER du panneau INSPECTOR, donnez la valeur 2 au paramètre RADIUS et la valeur 5 au paramètre HEIGHT. Affichez ensuite les valeurs du paramètre CENTER puis donnez la valeur 1,5 à Y (voir Figure 7.5). Testez le jeu pour vérifier que le joueur est bloqué par l'objet.

Figure 7.5

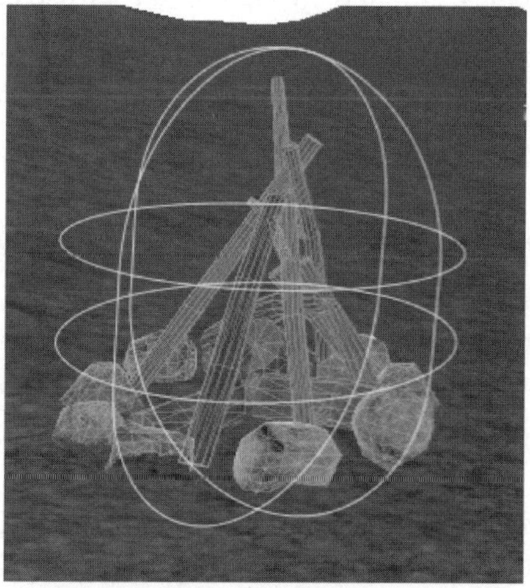

Créer les systèmes de particules pour le feu

À cette section, vous allez créer deux systèmes de particules différents, un pour le feu et l'autre pour sa fumée. En utilisant deux systèmes distincts, vous contrôlerez mieux l'animation des particules dans le temps car vous pourrez animer les flammes et la fumée indépendamment.

Créer le feu

Pour commencer à construire le système de particules du feu, vous allez ajouter un objet de jeu possédant les trois composants essentiels pour les particules. Pour cela, cliquez sur GameObject > Create Other > Particle System. Un nouvel objet de jeu Particle System apparaît alors dans les panneaux Scene et Hierarchy. Appuyez sur Entrée/F2 et renommez-le *FireSystem*, en vous assurant que le nom ne contient pas d'espace : c'est essentiel pour le script que vous allez créer ensuite.

Vous n'avez pas besoin de positionner le feu avant d'avoir terminé sa création. Vous pouvez tout à fait continuer sa conception là où Unity l'a placé de façon aléatoire dans le monde 3D.

Par défaut, les particules prennent l'apparence de petits points blancs aux contours flous et ressemblent un peu à un nuage de lucioles. Il s'agit tout simplement des paramètres les plus génériques de chaque composant. Pour le moment, l'émetteur de particules génère le plus petit nombre possible de particules, l'animateur régit l'apparition et la disparition progressive des particules, et le moteur de rendu n'utilise aucun matériau.

Vous allez maintenant définir chaque composant individuellement. Lorsque vous réglez les paramètres dans le panneau Inspector, vous pouvez visualiser un aperçu du système de particules dans le panneau Scene.

Les paramètres du composant Ellipsoid Particle Emitter

Commencez par définir la valeur de Min Size à 0,5 et celle de Max Size à 2. La taille des flammes augmente alors considérablement par rapport aux paramètres par défaut. Comme avec tous les paramètres Min et Max, la taille des particules créées par l'émetteur varie entre ces deux valeurs.

Donnez maintenant la valeur 1 au paramètre Min Energy et la valeur 1,5 au paramètre Max Energy. Ces paramètres définissent la durée de vie des particules : elles s'autodétruiront entre une seconde et une seconde et demie après leur création.

Donnez les valeurs 15 au paramètre Min Emission et 20 au paramètre Max Emission pour définir le nombre de particules présentes dans la scène à tout moment. Plus ces valeurs sont élevées et plus les particules seront nombreuses à l'écran, rendant ainsi le feu plus dense. Cependant, comme le coût pour le processeur peut être important, il est préférable en général de conserver des valeurs aussi faibles que possible pour ces paramètres, à partir du moment où le résultat visuel est acceptable.

Définissez la valeur Y du paramètre World Velocity à 0,1 pour que les particules s'élèvent au cours de leur durée de vie, comme le font les flammes. Ce paramètre sert pour les objets qui doivent toujours s'élever dans le monde du jeu. Si vous utilisiez le paramètre

Local Velocity sur un objet pouvant être déplacé et si celui-ci pivotait au cours du jeu, son axe Y local ne correspondrait alors plus à l'axe Y global.

Un baril enflammé régi par le moteur physique, par exemple, peut tomber, voire rouler au sol. Pourtant, les flammes doivent toujours s'élever d'un point de vue global. Bien que le feu de camp ne puisse pas être déplacé, vous devez comprendre la différence entre espace local et espace global dans ce cas précis.

Définissez ensuite la valeur Y de Rnd Velocity (Random, pour *aléatoire*) à 0,2 pour que des flammes s'élèvent un peu plus haut que les autres, de temps à autre et de façon aléatoire.

Fixez le paramètre Tangent Velocity à 0,2 sur les axes X et Z, en laissant l'axe Y à 0. Ce paramètre définit la vitesse originale de chaque particule. Avec une valeur faible sur X et Z, vous accélérez donc la vitesse des flammes sur le plan horizontal.

Le paramètre Emitter Velocity Scale sert uniquement à contrôler la vitesse à laquelle les particules se déplacent lorsque l'objet parent du système de particules est en mouvement. Il peut donc être défini à 0 ici, puisque la position de ce feu ne changera pas.

Le paramètre Simulate in Worldspace sera désactivé, puisque les particules doivent être créées en fonction de la position du système et non selon une position dans l'espace global.

Le paramètre One Shot peut lui aussi rester désactivé, car l'émission des particules doit être continue. Ce paramètre serait plus utile pour représenter la fumée sortant d'un canon, par exemple.

Toutes les valeurs du paramètre Ellipsoid peuvent être définies à 0,1. Cette valeur est faible, mais l'échelle du système de particules est également réduite – cette valeur devra, par exemple, être beaucoup plus élevée pour le système de particules du panache de fumée.

Les paramètres du composant Particle Animator

À présent, vous devez définir les paramètres du composant Particle Animator, qui régit le comportement des particules au cours de leur vie. Ici, vous avez besoin que les particules apparaissent et disparaissent (Fade In et Fade Out). Vous les animerez à l'aide de couleurs (tons de rouge et d'orange) et vous leur appliquerez des forces pour que les flammes aient un comportement plus réaliste.

Commencez par vous assurer que le paramètre Does Animate Color est activé, afin que les cinq paramètres Color Animation jouent un rôle. Cliquez ensuite sur chacun des champs de couleur situés à droite. Dans la boîte de dialogue Color qui s'affiche, sélectionnez la couleur blanche pour Color Animation[0], une couleur orange foncé pour Color Animation[4] et des teintes intermédiaires pour les paramètres restants.

Modifiez également la valeur A (alpha) de chaque couleur au bas du sélecteur de couleurs COLOR afin que les paramètres COLOR ANIMATION[0] et COLOR ANIMATION[4] aient une valeur alpha de 0, et que les états intermédiaires forment un fondu. La ligne blanche et noire sous chaque bloc de couleur dans le panneau INSPECTOR représente la valeur alpha. Vous pouvez utiliser la Figure 7.6 comme modèle pour vos couleurs.

Figure 7.6

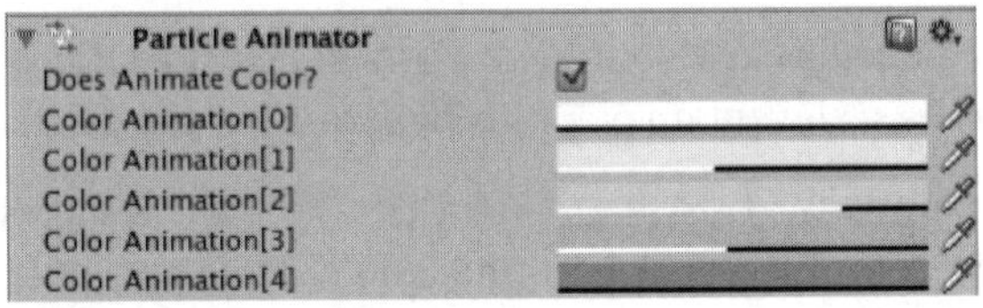

Le système de particules dans le panneau SCENE doit à présent se comporter de façon plus naturelle grâce aux couleurs et aux valeurs alpha que vous avez définies.

Info

L'effet du système Color Animation peut être plus ou moins visible selon les shaders spécifiques que les matériaux appliqués au système de particules utilisent, car certains shaders révèlent un peu plus de couleur que d'autres. Ceux avec de la transparence, par exemple, peuvent montrer les couleurs de manière moins efficace.

Conservez toutes les valeurs par défaut de 0 sur tous les axes des paramètres WORLD ROTATION AXIS et LOCAL ROTATION AXIS, puis donnez la valeur –0,3 au paramètre SIZE GROW. Avec une valeur négative, les particules diminuent de taille au cours de leur durée de vie, ce qui donne un aspect plus dynamique au feu.

Vous allez maintenant ajouter des forces pour rendre le mouvement du feu plus réaliste. Elles sont différentes des vitesses ajoutées dans le paramètre EMITTER, car elles sont appliquées lors de l'instanciation – ce qui entraîne une accélération puis une décélération des particules. Cliquez sur la flèche grise située à gauche du paramètre RND FORCE pour afficher ses options, puis donnez la valeur 1 aux axes X et Z. Affichez ensuite les options du paramètre FORCE de la même manière et entrez la valeur 1 pour l'axe Y.

Définissez la valeur du paramètre DAMPING à 0,8. Le damping (amortissement) définit le ralentissement des particules au cours de leur durée de vie. La valeur par défaut, 1, n'entraîne aucun amortissement et les valeurs comprises entre 0 et 1 provoquent un ralentissement (0 causant le ralentissement le plus important). On utilise ici une valeur de 0,8 afin que les particules ne ralentissent pas de manière trop artificielle.

Vous pouvez laisser le dernier paramètre AUTODESTRUCT désactivé. Toutes les particules s'autodétruisent naturellement à la fin de leur durée de vie, mais ce paramètre porte sur l'objet de jeu parent lui-même. S'il est activé, toutes les particules s'autodétruisent, puis l'objet de jeu est détruit. On l'utilise seulement lorsque le paramètre ONE SHOT est activé dans le composant émetteur. Pour un coup de canon, par exemple, l'objet de jeu serait détruit dès que toutes les particules se seraient autodétruites, ce qui économiserait les ressources du CPU, du GPU et de la RAM.

Les paramètres du composant Particle Renderer

Pour le système de particules du feu, vous avez simplement besoin d'appliquer un matériau de type particle-shaded contenant l'image du feu que vous avez téléchargée et importée. Mais avant cela, assurez-vous que le rendu des particules est correctement configuré.

Comme les particules ou les flammes doivent techniquement émettre de la lumière, vous allez désactiver les paramètres CAST SHADOWS et RECEIVE SHADOWS afin qu'aucune ombre ne soit projetée sur ou par le feu (cela est effectif seulement pour les utilisateurs de la version Unity Pro, la version gratuite de Unity ne permet pas le contrôle des ombres dynamiques).

Actuellement, aucun matériau n'est appliqué à ce système de particules, si bien que le paramètre Materials est vide (vous allez y remédier très bientôt). Assurez-vous que le paramètre CAMERA VELOCITY SCALE a une valeur de 0 – ce paramètre s'utilise uniquement lorsque le rendu des particules s'effectue avec une autre technique que le billboarding (toujours face à l'écran). Si vous aviez prévu de déformer les particules en fonction de l'angle de vue, vous devriez utiliser ce paramètre pour définir l'influence du mouvement de la caméra sur l'étirement des particules.

Le paramètre STRETCH PARTICLES doit être défini sur BILLBOARD pour garantir que les particules seront créées face au joueur, quel que soit l'angle à partir duquel celui-ci observe le feu. Comme les paramètres LENGTH SCALE et VELOCITY SCALE s'utilisent uniquement avec les particules étirées en fonction de l'angle de vue, vous pouvez conserver leurs valeurs à 0, les modifier n'aurait aucune influence sur le rendu des particules par la technique du billboarding.

MAX PARTICLE SIZE est le dernier paramètre à considérer, puisque nous n'utilisons pas les options UV Animation. Ce paramètre contrôle la taille qu'une particule peut avoir par rapport à la hauteur de l'écran. Si sa valeur est de 1, par exemple, la taille des particules peut être égale à la hauteur de l'écran ; si elle est de 0,5, leur taille maximale est égale à la moitié de la hauteur de l'écran, et ainsi de suite. Les particules de ce feu n'auront jamais besoin d'une taille aussi importante que la hauteur de l'écran, vous pouvez donc conserver la valeur par défaut de 0,25 pour ce paramètre.

Ajouter un matériau

Maintenant que le système de particules est défini, il ne vous reste plus qu'à créer un matériau qui utilise la texture de feu. Sélectionnez le dossier Fire feature dans le panneau PROJECT, cliquez sur le bouton CREATE en haut du panneau et choisissez MATERIAL pour créer une nouvelle ressource NEW MATERIAL dans le dossier. Renommez-la ensuite simplement *Flame*, puis sélectionnez-la pour afficher ses propriétés dans le panneau INSPECTOR.

Ouvrez le menu déroulant SHADER et choisissez PARTICLES > ADDITIVE (SOFT) pour obtenir une particule basée sur la couche alpha avec un rendu de la texture que vous appliquez. Faites glisser la texture appelée FIRE 1 du dossier Fire feature dans le panneau PROJECT, sur la place vide à la droite du paramètre PARTICLE TEXTURE qui indique pour l'instant None (Texture2D).

Pour appliquer ce matériau, faites-le simplement glisser du dossier Fire feature dans le panneau PROJECT sur l'objet FIRESYSTEM dans le panneau HIERARCHY.

Positionner l'objet FireSystem

Afin de placer le système de particules du feu plus facilement, vous devez créer un objet enfant de l'objet CAMPFIRE déjà présent dans la scène. Dans le panneau HIERARCHY, faites glisser l'objet FIRESYSTEM sur l'objet CAMPFIRE pour le premier devienne l'enfant du second. Réinitialisez ensuite sa position en cliquant sur l'icône en forme d'engrenage située à droite du composant TRANSFORM de l'objet FIRESYSTEM et choisissez RESET.

Figure 7.7

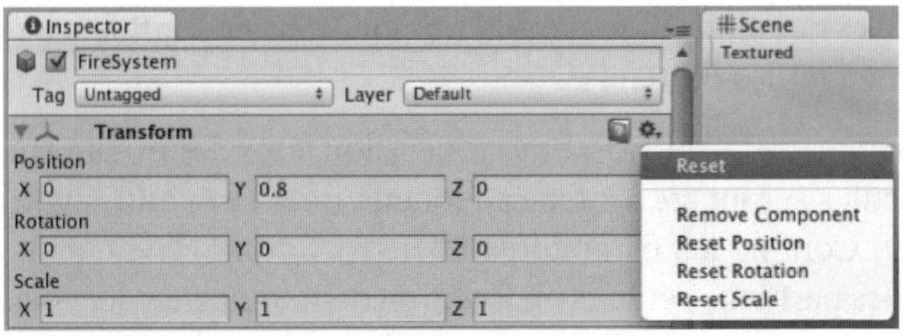

Le fait de réinitialiser sa position place le système de particules au centre de son objet parent. Or, comme vous pouvez le constater, cette position est trop basse. Si vous ne pouvez pas le voir, sélectionnez l'objet dans le panneau HIERARCHY, placez le curseur sur le panneau SCENE et appuyez sur la touche F pour centrer la vue sur cet objet. Toujours dans le composant TRANSFORM, définissez une valeur de 0,8 sur l'axe Y pour décaler légèrement le système de particules vers le haut.

Il est temps de tester !

Cliquez sur le bouton PLAY pour tester le jeu et admirez votre travail ! N'oubliez pas de cliquer de nouveau sur PLAY pour mettre un terme au test avant de passer à la section suivante.

Créer la fumée

Comme le dit l'adage, "Il n'y a pas de fumée sans feu" et *vice versa*. C'est pourquoi vous avez besoin qu'un panache de fumée s'échappe du sommet de votre feu de camp pour le rendre plus réaliste.

Pour commencer, cliquez sur GAMEOBJECT > CREATE OTHER > PARTICLE SYSTEM pour ajouter un système de particules à la scène. Renommez-le *SmokeSystem* dans le panneau HIERARCHY (encore une fois, vous ne devez pas utiliser d'espace dans le nom de l'objet).

Les paramètres du composant Ellipsoid Particle Emitter

Nous avons déjà étudié les différents paramètres lors de l'exercice précédent, aussi vous pouvez utiliser la liste suivante et observez les modifications que vous apportez au fur et à mesure. Tous les paramètres qui ne figurent pas sur cette liste doivent conserver leur valeur par défaut :

- MIN SIZE : 0,8 ;
- MAX SIZE : 2,5 ;
- MIN ENERGY : 8 ;
- MAX ENERGY : 10 ;
- MIN EMISSION : 10 ;
- MAX EMISSION : 15 ;
- WORLD VELOCITY Y : 1,5 ;
- RND VELOCITY Y : 0,2 ;
- EMITTER VELOCITY SCALE : 0,1.

Les paramètres du composant Particle Animator

Configurez le composant PARTICLE ANIMATOR pour que l'animation des particules s'effectue sur des nuances de gris (voir Figure 7.8).

Figure 7.8

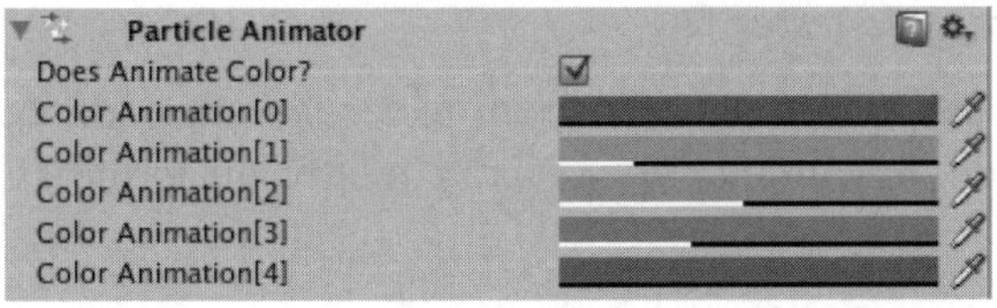

Encore une fois, les particules doivent être animées entre deux valeurs alpha égales à 0 afin qu'elles apparaissent et disparaissent de façon moins abrupte et plus naturelle.

Modifiez ensuite les paramètres suivants :

- Size Grow : 0,2 ;
- Rnd Force : (1.2, 0.8, 1.2) ;
- Force : (0.1, 0, 0.1) ;
- Autodestruct : non sélectionné.

Les paramètres du composant Particle Renderer

Avant de créer un matériau et de l'appliquer à la fumée, vérifiez que les paramètres suivants sont appliqués au composant Particle Renderer :

- Cast/Receive Shadows : désélectionnés tous les deux ;
- Stretch Particles : Billboard ;
- Camera Velocity Scale, Length Scale et Velocity Scale : 0 ;
- Max Particle Size : 0,25.

Reprenez maintenant les étapes de l'exercice "Ajouter un matériau" à la section "Créer le feu" de ce chapitre. Cette fois, en revanche, nommez le matériau *Smoke*, assignez-lui la texture smoke 1 et faites-le glisser sur l'objet de jeu SmokeSystem.

Positionnement

Répétez l'étape de positionnement du feu pour la fumée. Faites glisser l'objet SmokeSystem sur l'objet parent campfire dans le panneau Hierarchy. Cliquez ensuite sur l'icône en forme d'engrenage dans le panneau Inspector et choisissez Reset, puis redéfinissez la valeur de la position Y à 0,9. Cliquez sur le bouton Play. Le feu devrait maintenant s'allumer et le panache de fumée s'élever dans le ciel (voir Figure 7.9). Comme toujours, n'oubliez pas de cliquer de nouveau sur Play pour arrêter le test.

Figure 7.9

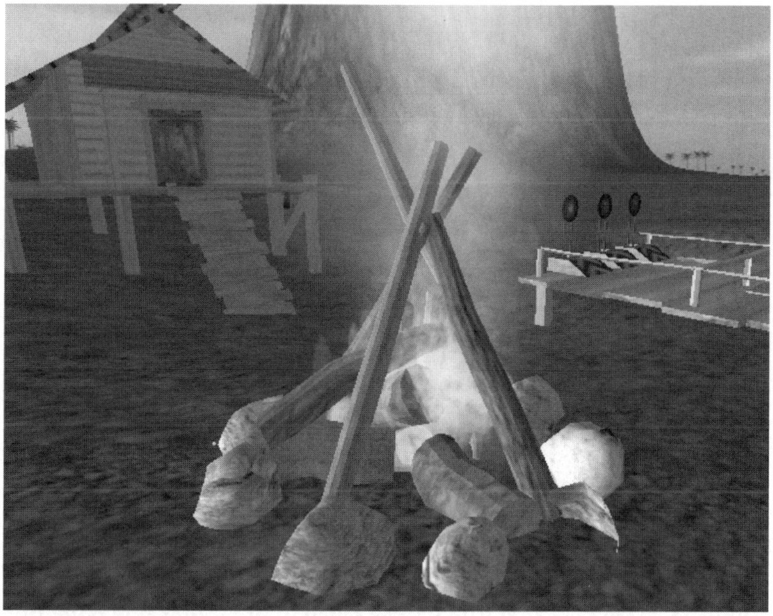

Ajouter du son au feu de camp

Maintenant que l'aspect visuel du feu est correct, vous devez ajouter un son qui reproduise l'atmosphère du crépitement du feu. Le fichier audio fire_atmosphere fourni dans le paquet de ressources que vous avez téléchargé est une séquence audio mono, conçue pour être lue en boucle. Ce fichier étant monophonique, le volume sonore diminue lorsque le joueur s'éloigne du feu de camp, ce qui semble logique.

Sélectionnez l'objet CAMPFIRE dans le panneau HIERARCHY, puis cliquez sur COMPONENT > AUDIO > AUDIO SOURCE pour ajouter un composant audio source à l'objet. Faites ensuite simplement glisser la séquence audio FIRE_ATMOSPHERE depuis le dossier FIRE FEATURE du panneau PROJECT sur le paramètre AUDIO SOURCE dans le panneau INSPECTOR. Pour finir, activez l'option LOOP.

Cliquez sur le bouton PLAY et approchez-vous du feu de camp en écoutant le crépitement des flammes. Éloignez-vous ensuite pour entendre le son décroître peu à peu.

Allumer le feu

Maintenant que la conception du feu est terminée, vous allez désactiver les systèmes de particules et l'audio afin qu'il soit éteint au lancement du jeu.

- Sélectionnez l'objet CAMPFIRE dans le panneau HIERARCHY, puis désactivez le paramètre Play on Awake du composant AUDIO SOURCE dans le panneau INSPECTOR.
- Sélectionnez l'objet enfant FIRESYSTEM de l'objet CAMPFIRE, puis désactivez le paramètre Emit dans le composant ELLIPSOID PARTICLE EMITTER.
- Sélectionnez l'objet enfant SMOKESYSTEM de l'objet CAMPFIRE et désactivez le paramètre Emit dans le composant ELLIPSOID PARTICLE EMITTER.

Il est temps maintenant d'ajouter la boîte d'allumettes à collecter et de créer l'interface qui indiquera que le joueur possède les allumettes. Pour cela, vous devez :

- ajouter dans l'avant-poste le modèle MATCHBOX que vous avez téléchargé plus tôt pour donner au joueur une raison d'ouvrir la porte ;
- créer une interface graphique (GUI TEXTURE) en utilisant une texture du dossier Fire feature, puis l'enregistrer comme élément préfabriqué ;
- modifier le script PLAYERCOLLISIONS existant et ajouter une détection de collision pour la boîte d'allumettes afin que celle-ci puisse être détruite, puis instancier l'élément préfabriqué matchbox GUI.

Ajouter la boîte d'allumettes

Sélectionnez le modèle MATCHBOX dans le dossier Fire feature du panneau PROJECT, puis faites-le glisser sur l'objet OUTPOST dans le panneau HIERARCHY pour que la boîte d'allumettes devienne un objet enfant de l'avant-poste. Elle sera ainsi plus facile à positionner.

L'objet MATCHBOX étant toujours sélectionné, définissez les valeurs POSITION à (0, 5.5, 0) et toutes les valeurs SCALE à 5 dans le composant TRANSFORM du panneau INSPECTOR.

Pour que le joueur puisse collecter la boîte d'allumettes, cet objet doit posséder un collider qui détecte les collisions avec lui. L'objet MATCHBOX toujours sélectionné, cliquez sur COMPONENT > PHYSICS > BOX COLLIDER, puis cliquez sur ADD dans la boîte de dialogue LOSING PREFAB. Pour éviter que le contact entre le joueur et l'objet entraîne un heurt, vous allez utiliser le mode Déclencheur pour ce collider. Pour cela, activez l'option IS TRIGGER du composant BOX COLLIDER dans le panneau INSPECTOR.

Pour montrer de façon plus évidente au joueur qu'il peut collecter cet objet, vous allez lui attacher le script que vous avez déjà utilisé pour faire tourner les piles sur elles-mêmes. Cliquez sur COMPONENT > SCRIPTS > ROTATE OBJECT. Donnez ensuite la valeur 2 au paramètre Rotation Amount dans le nouveau composant ROTATE OBJECT (SCRIPT) qui s'affiche dans le panneau INSPECTOR.

Créer l'interface graphique *Matches GUI*

Sélectionnez le fichier de texture MatchGUI dans le dossier Fire feature du panneau Project, puis cliquez sur GameObject > Create Other > GUI Texture. Vous n'avez pas besoin de définir la position de cette texture à l'écran, vous pourrez le faire lorsque vous l'instancierez en tant qu'élément préfabriqué.

Sélectionnez le dossier Fire feature dans le panneau Project, cliquez sur le bouton Create et sélectionnez Prefab. Renommez cet élément préfabriqué *MatchGUIprefab* puis faites glisser l'objet MatchGUI du panneau Hierarchy sur cet élément préfabriqué vide dans le panneau Project.

Enfin, sélectionnez de nouveau l'objet original MatchGUI dans le panneau Hierarchy puis appuyez sur Cmd+Retour arrière (Mac OS) ou Suppr (Windows) pour le supprimer de la scène.

La collecte des allumettes

Ouvrez le script PlayerCollisions situé dans le dossier Scripts du panneau Project. Pour que le joueur sache s'il a collecté les allumettes ou non, vous allez ajouter dans le script une variable booléenne qui aura pour valeur `true` quand le joueur les aura en sa possession. Ajoutez la ligne suivante au début du script :

```
private var haveMatches : boolean = false;
```

Vous avez également besoin d'une variable publique pour représenter l'élément préfabriqué Matches GUI Texture afin de pouvoir l'instancier lorsque le joueur collecte la boîte d'allumettes. Ajoutez la variable suivante au début du script :

```
var matchGUI : GameObject;
```

Maintenant, faites défiler le script jusqu'à la fonction `OnTriggerEnter()`, puis ajoutez cette instruction `if` à la suite de celle qui y est déjà :

```
if(collisionInfo.gameObject.name == "matchbox"){
  Destroy(collisionInfo.gameObject);
  haveMatches=true;
  audio.PlayOneShot(batteryCollect);
  var matchGUIobj : GameObject = Instantiate(matchGUI, Vector3(0.15,0.1,0),
  ➥transform.rotation);
  matchGUIobj.name = "matchGUI";
}
```

Cette condition vérifie le paramètre `collisionInfo`, qui enregistre chaque objet avec lequel le joueur entre en collision. La commande `gameObject.name` vérifie si `collisionInfo` contient un objet nommé `matchbox` puis compare ce nom à la chaîne de caractères "Matchbox". Si ces conditions sont réunies, alors le script :

- Détruit l'objet `matchbox`, en faisant référence à l'objet `gameObject` courant stocké dans `collisionInfo`.
- Définit la variable `haveMatches` à `true`.
- Lance la lecture de la séquence audio assignée à la variable `batteryCollect`. Comme le joueur est déjà habitué à ce son lorsqu'il collecte des objets, il est logique de le réutiliser.
- Instancie une occurrence de l'objet de jeu assigné à la variable publique `matchGUI` et la positionne à (0.15, 0.1, 0). Souvenez-vous que, pour les objets 2D, l'axe Z permet tout simplement de superposer plusieurs calques, d'où la valeur 0. La commande `transform.rotation` permet d'hériter de la rotation de l'objet parent – il est inutile de définir un paramètre de rotation pour les objets 2D.
- Nomme la nouvelle instance de l'objet à l'aide de la variable `matchGUIobj` qui est créée dans la ligne de l'instanciation. Elle sera utilisée plus tard pour supprimer l'interface graphique de l'écran.

Cliquez sur File > Save dans l'éditeur de script et revenez dans Unity. Cliquez sur le bouton Play et assurez-vous que vous pouvez vous procurer les allumettes si vous entrez en contact avec elles après être entré dans l'avant-poste. La texture de la boîte d'allumettes doit également s'afficher dans le coin inférieur gauche de l'écran. Maintenant, vous allez décider si le feu peut être allumé ou non avec la variable `haveMatches`.

Allumer le feu

Afin d'allumer le feu, vous devez vérifier les collisions entre le joueur et l'objet campfire. Pour cela, revenez dans l'éditeur de script pour modifier le script Player Collisions. Si vous l'avez fermé, double-cliquez sur son nom dans le dossier Scripts du panneau Project.

Recherchez la première ligne de la fonction `OnControllerColliderHit()` :

```
function OnControllerColliderHit(hit: ControllerColliderHit){
```

puis ajoutez l'instruction `if` suivante sur la ligne en dessous :

```
if(hit.collider.gameObject == GameObject.Find("campfire")){

}
```

Cette condition permettra de vérifier si le joueur touche l'objet campfire. Toutefois, vous devez également vérifier que le joueur dispose des allumettes. Pour cela, ajoutez les lignes suivantes à l'intérieur de cette instruction `if` :

```
if(haveMatches){
  haveMatches = false;
  lightFire();
}else{
  TextHints.textOn=true;
  TextHints.message = "vous avez besoin d'allumettes pour allumer ce feu...";
}
```

Ici, le script vérifie si la variable `haveMatches` est `true`. Si ce n'est pas le cas (`else`), il utilise le script `TextHints` pour afficher l'interface graphique `TextHint GUI` qui indique au joueur ce qu'il doit faire.

Si `haveMatches` est `true`, le script appelle une fonction `lightfire()`, que vous allez écrire, pour lancer la lecture de la séquence audio et déclencher les systèmes de particules. Placez-vous à la fin du script et ajoutez la fonction suivante avant la ligne `@script` :

```
function lightFire(){
  var campfire : GameObject = GameObject.Find("campfire");
  var campSound : AudioSource = campfire.GetComponent(AudioSource);
    campSound.Play();

  var flames : GameObject = GameObject.Find("FireSystem");
  var flameEmitter : ParticleEmitter = flames.GetComponent(ParticleEmitter);
    flameEmitter.emit = true;

  var smoke : GameObject = GameObject.Find("SmokeSystem");
  var smokeEmitter : ParticleEmitter = smoke.GetComponent(ParticleEmitter);
    smokeEmitter.emit = true;

    Destroy(GameObject.Find("matchGUI"));
}
```

Cette fonction réalise quatre opérations :

- Elle lance la lecture de la boucle audio pour le feu.
- Elle déclenche le système de particules Fire.
- Elle déclenche le système de particules Smoke.
- Elle supprime l'interface graphique Matches GUI de l'écran pour indiquer que les allumettes ont été utilisées.

Pour les trois premières opérations, le script doit créer une variable pour représenter l'objet auquel il s'adresse, par exemple :

```
var campfire : GameObject = GameObject.Find("campfire");
```

Cette ligne nomme la variable, déclare son type de données sur `GameObject` et utilise la commande `Find` pour la définir comme égale à l'objet de jeu `campfire`.

Puis il s'adresse à un composant spécifique de cet objet à l'aide de la variable qui vient d'être établie et de la commande `GetComponent` :

```
var campSound : AudioSource = campfire.GetComponent(AudioSource);
```

On déclare là encore une nouvelle variable pour représenter le composant, on fixe son type de données sur `AudioSource` et on utilise cette variable pour appeler une commande :

```
campSound.Play();
```

Comme la commande `Play` est spécifique aux composants `Audio Source`, Unity sait exactement quoi faire et lance simplement la lecture de la séquence audio assignée dans le panneau INSPECTOR.

La méthode est la même dans la deuxième et dans la troisième opération, sauf que le script concerne le paramètre `emit` du composant PARTICLE EMITTER, comme à la ligne suivante :

```
flameEmitter.emit = true;
```

Enfin, cette fonction exécute la commande `Destroy()`, qui trouve tout simplement l'objet GUI qui affiche la boîte d'allumettes, autrement dit l'objet nommé `matchGUI` à l'instanciation (reportez-vous à la section "La collecte des allumettes").

Cliquez sur FILE > SAVE dans l'éditeur de script et revenez dans Unity.

Comme vous avez créé une variable publique pour l'élément préfabriqué MATCHGUIPREFAB dans le script PLAYERCOLLISIONS, vous devez maintenant lui assigner une valeur. Cliquez sur les flèches grises qui précèdent tous les objets parents dans le panneau HIERARCHY pour que seuls ceux-ci restent affichés, puis sélectionnez l'objet FIRST PERSON CONTROLLER afin d'afficher ses composants dans le panneau INSPECTOR.

Localisez le composant PLAYER COLLISIONS (SCRIPT) puis faites glisser l'élément préfabriqué MATCHGUIPREFAB à partir du dossier Fire feature du panneau PROJECT sur la variable publique `Match GUI`.

Félicitations ! Le feu est maintenant terminé. Cliquez sur FILE > SAVE SCENE dans Unity pour sauvegarder votre projet.

Tests et confirmation

Chaque fois que vous modifiez votre jeu, il est essentiel d'effectuer des tests. Au Chapitre 9, vous verrez comment optimiser le jeu, comment vous assurer que les tests fonctionnent comme ils sont censés le faire, ainsi que différentes options pour diffuser votre jeu.

Pour l'instant, vous devez vous assurer que votre jeu fonctionne normalement. Même si aucune erreur ne s'est affichée dans la console de Unity (pour l'afficher, appuyez sur Cmd/Ctrl+Maj+C), vous devez toujours vous assurer qu'aucune erreur ne se produit pendant les différentes étapes de la partie.

Cliquez sur le bouton PLAY puis collectez les piles, lancez les noix de coco, récupérez la boîte d'allumettes et allumez le feu pour vous assurer que tous ces éléments fonctionnent. Si une erreur se produit, vérifiez que vos scripts correspondent bien à ceux indiqués dans cet ouvrage.

Info

En cas d'erreurs pendant les tests, le bouton PAUSE *situé en haut de l'interface de Unity permet de mettre le jeu en pause, de regarder l'erreur indiquée dans la console, puis de relancer le jeu. Lorsqu'une erreur s'affiche dans la console, double-cliquez dessus pour afficher la ligne du script qui la contient ou, du moins, l'emplacement où le script rencontre un problème.*

De là, vous pouvez diagnostiquer l'erreur ou vérifier le script à l'aide du manuel de référence Scripting Manual *de Unity pour vous assurer que votre approche est la bonne. Si vous ne parvenez pas à résoudre les erreurs, demandez de l'aide sur les forums de la communauté Unity ou sur le canal IRC. Pour de plus amples renseignements, consultez la page suivante :*

http://unity3d.com/support/community.

En résumé

Vous venez de voir comment intégrer les particules pour donner une touche plus dynamique à votre jeu. Les particules s'utilisent dans de nombreuses situations de jeu différentes, qu'il s'agisse de représenter la fumée qui s'échappe du pot d'échappement d'une voiture, des tuyères des vaisseaux spatiaux, du canon des armes à feu, ou encore la vapeur des systèmes de ventilation. La meilleure façon d'en apprendre plus sur ce sujet consiste à effectuer des essais. Les paramètres sont nombreux, si bien qu'il vous faudra un certain temps pour savoir ce que vous pouvez réaliser et pour obtenir les meilleurs résultats.

Au prochain chapitre, vous allez voir comment créer des menus pour votre jeu. Pour cela, vous utiliserez la classe GUI de Unity dans vos scripts, les ressources GUI Skin et vous créerez des comportements pour vos interfaces. La classe GUI est un élément particulier du moteur de Unity utilisé spécifiquement pour créer des menus, des HUD (*Heads Up Displays*, affichage tête haute). En combinant la classe GUI et les ressources GUI Skin, vous pouvez créer des éléments totalement personnalisables et réutilisables. Les ressources GUI Skin peuvent en effet être appliquées à autant de scripts de la classe GUI que vous le souhaitez. Vous pouvez ainsi créer un style cohérent dans tous vos projets Unity.

8

Conception de menus

Afin de créer un exemple de jeu complet, vous allez voir au long de ce chapitre comment créer une scène distincte de la scène de l'île qui servira de menu. Plusieurs méthodes existent pour concevoir des menus dans Unity, qui combinent des comportements intégrés et des textures 2D.

Les composants GUI Texture s'utilisent pour les écrans de démarrage incluant les logos des développeurs ou les écrans de chargement. Par contre, pour les menus interactifs, deux manières différentes sont possibles. La première repose sur l'utilisation des composants GUI Texture – que vous avez étudiés au Chapitre 6, "Instanciation et corps rigides", pour ajouter un viseur, et au chapitre précédent, pour afficher la boîte d'allumettes. L'autre méthode se base sur les classes UnityGUI et sur les ressources GUI skin pour créer une interface graphique personnalisée.

Au cours de ce chapitre, vous apprendrez à :

- concevoir une interface de deux manières différentes ;
- contrôler les composants GUI Texture avec des événements souris scriptés ;
- rédiger un script simple UnityGUI ;

- paramétrer les ressources GUI skin ;
- charger les scènes, les menus et le niveau de jeu.

Vous découvrirez deux méthodes pour ajouter des menus interactifs :

- **Méthode 1 :** composants GUI TEXTURE et contrôle des événements souris par le script. Cette méthode consiste à créer des objets GUI TEXTURE puis à gérer l'affichage de leurs textures à l'aide de scripts basés sur les événements souris – survol du menu, clic, bouton relâché. Elle nécessite moins de code pour créer les boutons eux-mêmes, mais toutes les actions doivent être contrôlées par des scripts.
- **Méthode 2 :** classe UnityGUI et ressources GUI skin. Avec cette méthode, la totalité du menu est créée à l'aide de scripts, contrairement à la précédente dans laquelle on crée des objets de jeu.

  La création des éléments de menu demande donc plus de code au début, mais des ressources GUI skin peuvent être créées pour définir l'apparence et le comportement des éléments dans le panneau INSPECTOR.

Les développeurs préfèrent généralement la seconde méthode pour créer des menus de jeu complet en raison de sa plus grande flexibilité. Les éléments du menu eux-mêmes sont créés dans le script, mais leur aspect est défini à l'aide des composants GUI. Cela est comparable à l'utilisation du code HTML et des CSS lors de la conception de pages web – les CSS (*Cascading Style Sheets*, feuilles de styles en cascade) contrôlent l'apparence tandis que le code HTML fournit le contenu.

Vous verrez que les composants GUI appliquent certaines conventions des CSS, pour les marges, le padding et la justification, ce qui vous sera utile si vous avez une expérience du développement web. Cependant, ne vous inquiétez pas si ce n'est pas le cas ; à l'instar de la plupart des fonctionnalités de Unity, les paramètres des composants GUI sont conçus pour qu'un minimum de connaissances préalables soit nécessaire.

Les interfaces et les menus

Les menus servent le plus fréquemment pour définir les contrôles et ajuster les paramètres du jeu – les options graphiques et sonores – ou pour charger ou sauvegarder une partie. Quel que soit le jeu, il est essentiel que le menu qui l'accompagne ne gêne pas l'accès au jeu ou à l'un de ses paramètres. C'est avant tout du jeu lui-même dont on se souvient, à moins que les menus ne soient particulièrement réussis ou mal conçus.

Les développeurs cherchent souvent à relier le menu du jeu au thème ou au principe du jeu. Par exemple, dans l'excellent *World of Goo* de 2D Boy, le curseur prend l'apparence d'une boule de Goo (les petites créatures rondes du jeu) suivie d'une traînée lumineuse dans les menus afin de créer un lien visuel entre le concept du jeu et son interface. Ainsi, la navigation dans le menu d'ouverture permet déjà au joueur de s'amuser.

Dans *LittleBigPlanet* de Media Molecule, ce concept est poussé encore plus loin, puisque le joueur doit apprendre à contrôler le personnage jouable pour pouvoir naviguer dans le menu.

Comme pour toute création, l'important est de rester cohérent. Dans notre exemple, vous devez veiller à utiliser des couleurs et une typographie en harmonie avec le contenu du jeu. Vous avez peut-être déjà rencontré des jeux mal conçus et qui utilisent trop de polices de caractères différentes ou trop de couleurs qui jurent. Or, le menu étant le premier élément que le joueur découvre, ces erreurs créent d'emblée un sentiment peu agréable et nuisent à la viabilité commerciale du jeu.

Les textures employées pour créer le menu de notre exemple de jeu sont disponibles sur la page web consacrée à cet ouvrage (**www.pearson.fr**). Décompressez si nécessaire le fichier nommé Menu.unitypackage puis revenez dans Unity. Cliquez sur Assets > Import package, parcourez votre disque dur jusqu'à l'emplacement de ces ressources et importez-les.

Une fois l'importation terminée, un dossier Menu s'affiche dans le panneau Project. Il contient les éléments suivants :

- des textures pour le menu principal du jeu et trois boutons : Play, Instructions et Quit ;
- une séquence audio (un bip pour les boutons de l'interface).

Créer le menu principal

À cette section, vous utiliserez l'île elle-même comme toile de fond de vos menus afin de donner aux joueurs un avant-goût de l'environnement qu'ils exploreront et de fixer le cadre visuel du jeu.

Vous allez dupliquer l'île existante, l'afficher en plaçant une caméra à une certaine distance, puis vous superposerez des éléments d'interface 2D en utilisant les deux méthodes que nous avons mentionnées au début de ce chapitre.

Créer la scène

Pour ces menus, l'environnement insulaire que vous avez créé va vous servir. En plaçant l'île à l'arrière-plan dans le menu, vous éveillerez la curiosité du joueur en lui présentant l'environnement qu'il pourra explorer lors du lancement de la partie. Ce type d'incitation visuelle peut sembler anodin, mais cela encourage le joueur à tester le jeu de manière quasi subliminale.

Un exemple visuel

La Figure 8.1 montre l'aspect qu'aura votre menu une fois terminé. Cet exemple est obtenu en suivant la méthode 1 ; les éléments de menu créés avec la méthode 2 auront un aspect différent.

Figure 8.1

Dupliquer l'île

Pour commencer, vous réutiliserez la scène Island Level que vous avez créée aux chapitres précédents. Pour faciliter la gestion des éléments, vous regrouperez les ressources essentielles de cet environnement afin de les distinguer des objets dont vous n'avez pas besoin, comme l'avant-poste et les piles. De cette façon, il vous suffira ensuite de tout supprimer à l'exception du groupe que vous allez créer dans la copie du niveau. Il est aussi facile de regrouper des éléments dans Unity que d'imbriquer des objets enfants dans un objet parent vide.

Regrouper les objets de l'environnement

Cliquez sur Game Object > Create Empty.

Un nouvel objet nommé GameObject est alors créé. Renommez-le *Environment.*

Dans le panneau Hierarchy, faites glisser les objets Directional Light, Daylight Simple Water et Terrain sur l'objet vide Environment. Vous êtes maintenant prêts à dupliquer ce niveau pour créer le menu dans une scène distincte.

Dupliquer la scène

Suivez les étapes suivantes pour dupliquer la scène :

1. Cliquez sur File > Save Scene pour vous assurer que la scène Island Level est enregistrée, puis sélectionnez la ressource Island Level dans le panneau Project.
2. Cliquez sur Edit > Duplicate ou utilisez les raccourcis clavier Cmd/Ctrl+D. Lors de la duplication, Unity ajoute simplement un numéro au nom de l'objet ou de la ressource, si bien que cette copie est baptisée *Island Level 1*. Assurez-vous qu'elle est sélectionnée dans le panneau Project puis renommez-la *Menu*.
3. Double-cliquez sur cette scène dans le panneau Project pour la charger et commencer à la modifier.
4. La scène Menu étant ouverte, vous pouvez maintenant supprimer tous les objets inutiles. Appuyez sur Cmd/Ctrl puis cliquez sur tous les objets dans le panneau Hierarchy à l'exception du groupe Environment pour les sélectionner.
5. Appuyez sur Cmd+Retour arrière (Mac OS) ou Maj+Suppr (Windows) pour les supprimer de cette scène.

Comme l'illustre la Figure 8.1, l'île apparaîtra vue de loin et dans le coin inférieur de l'écran dans le menu, tandis que le titre du jeu et le menu s'afficheront en surimpression du ciel et de la mer. Pour reproduire cela, vous devez ajouter une nouvelle caméra dans la scène, car la seule caméra existante était celle attachée à l'objet First Person Controller. Il n'y a donc aucune caméra dans la scène actuelle, rien qui permette de visualiser le monde 3D, si bien que le point de vue dans le panneau Game est maintenant complètement vide.

Pour créer une caméra, cliquez sur GameObject > Create Other > Camera. Assurez-vous que ce nouvel objet Camera est sélectionné dans le panneau Hierarchy, puis entrez les valeurs de Position suivantes dans le composant Transform du panneau Inspector : (150, 250, –650).

Annuler le mip mapping

Le *mip mapping* est une technique permettant de générer de plus petites versions de textures distantes dans un moteur de jeu, ce qui améliore les performances (jusqu'à 33 % dans le moteur de Unity). Toutefois, il ne s'applique qu'aux textures intégrées dans le monde en 3D et non aux textures 2D comme celles que vous allez utiliser pour le titre et les trois boutons de menu. Vous devez donc désactiver cette fonction dans les paramètres d'importation de chaque ressource.

Commencez par sélectionner le fichier de texture MainTitle dans le dossier Menu du panneau Project pour afficher les paramètres d'importation de cette texture dans le panneau Inspector. Désactivez ensuite l'option Generate Mip Maps.

Répétez cette étape pour les textures suivantes dans le dossier Menu :

- **InstructionsBtn**
- **InstructionsBtnOver**
- **PlayBtn**
- **PlayBtnOver**
- **QuitBtn**
- **QuitBtnOver**

Ajouter le titre

Maintenant, vous avez besoin d'un logo pour le jeu. Le plus simple consiste à partir d'une texture que vous avez conçue et à la définir comme un objet GUI Texture dans Unity.

Les formats des objets GUI Textures

Sélectionnez la texture MainTitle dans le dossier Menu du panneau Project. Cette texture créée dans Photoshop est enregistrée au format TIFF (*Tagged Image File Format*), un format qui convient pour toutes les textures que vous comptez utiliser pour vos interfaces graphiques. Il prend en charge la transparence en haute qualité non compressée, ce qui permet d'éviter certains problèmes avec les contours blancs que présentent les formats GIF (*Graphics Interchange Format*) ou PNG (*Portable Network Graphics*) notamment.

Créer les objets

Cette texture toujours sélectionnée, cliquez sur GameObject > Create Other > GUI Texture pour créer un nouvel objet GUI Texture basé sur cette texture. Nous l'avons déjà vu, les dimensions de la texture sélectionnée sont automatiquement définies. Un nouvel objet, MAINTITLE, s'affiche dans le panneau HIERARCHY (l'objet prend le nom du fichier sélectionné lors de sa création).

Positionnement

La plupart des ordinateurs actuels sont capables de gérer des résolutions égales ou supérieures à 1 024 × 768 pixels. Vous allez donc utiliser cet objet comme une norme pour tester votre menu. Vous définirez sa position de façon dynamique avec la classe `Screen`, afin que cela fonctionne dans d'autres résolutions. Le menu déroulant situé dans le coin supérieur gauche du panneau GAME (voir Figure 8.2) permet de spécifier différents ratios d'écran et résolutions. Cliquez dessus et sélectionnez STANDALONE (1024 × 768) pour afficher un aperçu de cette résolution.

Figure 8.2

Astuce

Gardez à l'esprit que si la résolution de votre propre ordinateur est proche de celle que vous sélectionnez, le panneau GAME *n'affichera pas un aperçu exact mais une version plus petite de l'image, car l'interface de Unity occupe une petite partie de l'écran.*

Pour afficher le panneau GAME *en mode plein écran (ainsi que tous les panneaux de l'interface de Unity) et le réduire, placez le curseur dessus, puis appuyez sur la barre d'espacement. Lorsque vous positionnez des éléments d'interface graphique, cette méthode vous permet de prévisualiser l'apparence de cette interface dans le jeu fini.*

Par défaut, tous les objets GUI TEXTURE se placent à (0.5, 0.5, 0), ce qui correspond au milieu de l'écran. On se souvient que les éléments 2D utilisent les coordonnées de l'écran comprises entre 0 et 1.

Définissez la position de l'objet MAINTITLE à (0.5, 0.8, 0) dans le composant TRANSFORM du panneau INSPECTOR pour placer le logo du titre principal du jeu en haut et au centre de l'écran. Maintenant, vous allez ajouter trois boutons à l'aide d'objets GUI TEXTURE supplémentaires.

La création du menu – méthode 1

Avec cette première méthode, vous créerez un menu avec une texture de fond transparente comme GUI Texture, de la même manière que vous venez de le faire avec le logo du titre principal.

Vous aurez ensuite besoin d'écrire un script afin que la texture puisse recevoir les événements souris (lorsque le curseur survole ou quitte le bouton et lorsque le joueur clique ou relâche le bouton de la souris).

Ajouter le bouton Play/Jouer

Sélectionnez la texture PlayBtn dans le dossier Menu du panneau Project, puis cliquez sur GameObject > Create Other > GUI Texture. Sélectionnez l'objet PlayBtn que vous venez de créer dans le panneau Hierarchy et réglez sa position dans le composant Transform du panneau Inspector à (0.5, 0.6, 0).

Le script du bouton *GUI Texture*

Comme il s'agit du premier des trois boutons que vous allez créer et qu'ils auront tous des fonctions en commun, ce script pourra être utilisé pour les trois boutons. Pour cela, vous choisirez des variables publiques pour définir les différents paramètres. Ainsi, chaque bouton doit :

- lancer la lecture d'un son lors du clic ;
- charger un autre niveau (ou une *scène,* selon la terminologie de Unity) lors du clic ;
- changer de texture lorsque la souris le survole pour être mis en évidence.

Sélectionnez le dossier Scripts dans le panneau Project, cliquez sur le bouton Create et sélectionnez JavaScript dans le menu déroulant. Renommez le script *MainMenuBtns*, puis double-cliquez sur son icône pour l'ouvrir dans l'éditeur de script.

Commencez par déclarer les quatre variables publiques suivantes au début du script :

```
var levelToLoad : String;
var normalTexture : Texture2D;
var rollOverTexture : Texture2D;
var beep : AudioClip;
```

La première variable stockera le nom du niveau à charger lorsque le joueur cliquera sur le bouton sur lequel ce script est appliqué. Le fait de placer ces informations dans une variable permet d'appliquer ce script à tous les boutons, puisque le niveau à charger est défini par le nom de la variable.

Les deuxième et troisième variables sont déclarées comme des variables de type `Texture2D`. Aucune texture en particulier n'est définie afin qu'elles puissent être assignées ensuite par glisser-déposer dans le panneau INSPECTOR.

Enfin, la variable de type `AudioClip` permet de lancer la lecture d'un son au clic de la souris.

Ajoutez maintenant la fonction suivante pour définir la texture utilisée par le composant GUI TEXTURE lorsque le curseur survole la zone que la texture occupe (on appelle généralement cet état *rollover* ou *survolé*) :

```
function OnMouseEnter(){
  guiTexture.texture = rollOverTexture;
}
```

Le paquet de ressources Menu que vous avez importé contient une texture pour l'état normal et l'état survolé de chaque bouton. Cette fonction `OnMouseEnter()` définit simplement que la texture utilisée dans le composant correspond à la valeur attribuée à la variable publique `rollOverTexture` dans le panneau INSPECTOR. Afin de savoir quand le curseur s'éloigne ou sort de la limite de cette texture, ajoutez la fonction suivante :

```
function OnMouseExit(){
  guiTexture.texture = normalTexture;
}
```

Sans cette seconde fonction, la texture `rollOverTexture` resterait affichée. Le joueur verrait alors cette option de menu toujours en surbrillance.

Pour gérer le son et le chargement de la scène appropriée, ajoutez la fonction suivante :

```
function OnMouseUp(){
  audio.PlayOneShot(beep);
  yield new WaitForSeconds(0.35);
  Application.LoadLevel(levelToLoad);
}
```

La première commande concerne le son. Elle permet d'être sûr qu'il se lancera avant le chargement de la scène suivante et qu'il ne sera pas coupé. La commande `yield` placée entre le déclenchement du son et le chargement de la scène suivante indique au script de faire une pause du nombre défini de secondes. Vous pouvez ainsi créer rapidement un délai sans devoir utiliser une commande `timer`.

La commande `yield` sert ici à créer un retard, mais elle peut également servir à exécuter tout un ensemble d'instructions avant la ligne de code suivante. En programmation, on appelle cette unité de traitement une *coroutine* pour la distinguer des autres procédures – les *routines*.

Ensuite, la commande `Application.LoadLevel()` charge la scène dans le jeu, en utilisant la valeur de la variable publique `levelToLoad` indiquée dans le panneau Inspector pour trouver le fichier approprié.

Astuce

Pour les interfaces, il est généralement conseillé de déclencher les actions lorsque le bouton de la souris est relâché (mouse up) plutôt qu'au moment du clic (mouse down). Cela permet au joueur de déplacer le curseur sans valider lorsqu'il s'est trompé et a sélectionné le mauvais élément.

Comme vous lancez la lecture d'un son, vous devez vous assurer que l'objet possède un composant `AudioSource` en ajoutant la ligne `RequireComponent` suivante à la fin du script :

```
@script RequireComponent(AudioSource)
```

Cliquez sur File > Save dans l'éditeur de script puis revenez dans Unity. Sélectionnez l'objet PlayBtn dans le panneau Hierarchy, puis cliquez sur Component > Scripts > Main Menu Btns pour lui appliquer le script que vous venez d'écrire. Le script doit alors apparaître sur la liste des composants de l'objet PlayBtn dans le panneau Inspector. En raison de la ligne `RequireComponent`, l'objet dispose également d'un composant Audio Source.

Assigner des variables publiques

Les variables publiques doivent être assignées avant que le script ne puisse fonctionner. Entrez le nom *Island Level* dans le champ de la variable Level To Load, afin que ce niveau se charge lorsqu'on clique sur le bouton. Faites ensuite glisser les textures PlayBtn et PlayBtnOver depuis le dossier Menu du panneau Project sur les variables Normal Texture et Roll Over Texture respectivement. Enfin, faites glisser la séquence audio menu_beep du même dossier sur la variable Beep. Une fois terminé, le composant doit être identique à celui de la Figure 8.3.

Figure 8.3

Tester le bouton

Cliquez sur le bouton Play pour tester la scène. Lorsque vous placez le curseur sur le bouton Play Game, la texture PlayBtnOver doit s'afficher (le texte s'affiche en couleur et s'accompagne d'un motif de flamme sur la droite). Lorsque vous éloignez le curseur du bouton, la texture par défaut doit s'afficher de nouveau.

Cliquez maintenant sur le bouton. Le message suivant s'affiche alors dans la console d'erreur au bas de l'écran :

Level Island Level couldn't be loaded because it is not added to the build settings (Le niveau Island Level n'a pas pu être chargé car il n'est pas ajouté aux paramètres Build).

Unity cherche ainsi à s'assurer que vous n'oublierez pas d'ajouter tous les niveaux inclus dans les paramètres Build Settings. Ces paramètres de compilation correspondent aux paramètres d'exportation de votre jeu fini ou de la version de test. Ils doivent contenir la liste de toutes les scènes incluses dans le jeu. Pour corriger cette erreur, cliquez sur le bouton Play pour arrêter le test du jeu puis sur File > Build Settings.

À la section Scenes to build du panneau Build Settings, cliquez sur le bouton Add Current pour ajouter la scène Menu sur laquelle vous travaillez actuellement. L'ordre des scènes sur la liste, représenté par le nombre à droite du nom de la scène, indique l'ordre dans lequel ces scènes apparaîtront dans le jeu. Vous devez vous assurer que la première scène qui se chargera sera toujours en position 0.

Faites glisser la scène Island Level du panneau Project sur la liste actuelle des scènes du panneau Build Settings afin qu'elle apparaisse sous la scène Menu.unity (voir Figure 8.4).

Figure 8.4

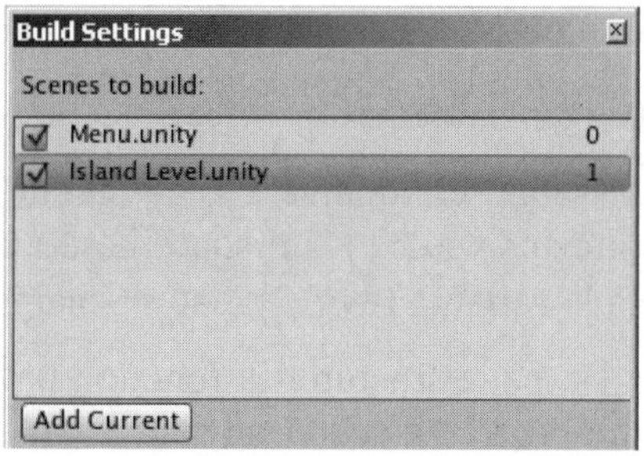

Le panneau Build Settings n'affiche aucun message de confirmation ou de bouton permettant de sauvegarder les paramètres. Fermez-le, cliquez sur le bouton Play puis sur le bouton Play Game dans Unity pour tester le jeu. La scène Island Level doit se charger après la lecture du son MENU_BEEP. Cliquez de nouveau sur le bouton PLAY pour arrêter le test et revenir à la scène MENU.

Ajouter le bouton des instructions

Pour ajouter le deuxième bouton, il vous suffit de sélectionner la texture INSTRUCTIONSBTN dans le dossier Menu du panneau PROJECT puis de cliquer sur GAMEOBJECT > CREATE OTHER > GUI TEXTURE. Un deuxième objet nommé INSTRUCTIONSBTN est créé dans le panneau HIERARCHY. Définissez sa position à (0.5, 0.5, 0) dans le composant TRANSFORM du panneau INSPECTOR.

Comme vous avez déjà écrit le script nécessaire, cliquez simplement sur COMPONENT > SCRIPTS > MAIN MENU BTNS pour l'ajouter à ce bouton, puis assignez les textures appropriées et la séquence audio MENU_BEEP de la même manière que vous l'avez fait pour le bouton précédent. La scène que ce bouton permettra de charger n'est pas encore créée, aussi entrez *Instructions* pour la variable `levelToLoad` (vous veillerez à nommer ainsi cette scène plus tard).

Ajouter le bouton Quit/Quitter

Ce bouton fonctionne de manière analogue aux deux premiers, mais il ne charge pas de scène. Au contraire, il appelle la classe APPLICATION et utilise la commande QUIT() pour fermer le jeu, comme les boutons permettant de quitter une application sur un système d'exploitation.

Vous devez par conséquent modifier le script `MainMenuBtns` pour tenir compte de cette différence. Double-cliquez sur ce script dans le dossier Scripts du panneau PROJECT pour l'ouvrir dans l'éditeur de script.

Commencez par ajouter la variable booléenne publique suivante au début du script :

```
var QuitButton : boolean = false;
```

Lorsque cette variable sera définie à `true`, le clic du bouton – la fonction `OnMouseUp()` – exécutera la commande `quit()`. Lorsqu'elle sera définie à `false` – son état par défaut – le niveau assigné à la variable `levelToLoad` se chargera.

Pour cela, vous devez restructurer la fonction `OnMouseUp()` avec une instruction `if else`, comme le montre l'extrait de code suivant :

```
function OnMouseUp(){
  audio.PlayOneShot(beep);
  yield new WaitForSeconds(0.35);
  if(QuitButton){
```

```
      Application.Quit();
    }
    else{
      Application.LoadLevel(levelToLoad);
    }
  }
```

La fonction ainsi modifiée lance la lecture du son et la commande `yield` (pause) quel que soit le bouton sur lequel on a cliqué. Toutefois, il existe maintenant deux options : si `quitButton` est true, alors la commande `Application.Quit()` est appelée ; dans le cas contraire (`else`), le niveau est chargé normalement.

Cliquez sur File > Save dans l'éditeur de script puis revenez dans Unity.

Sélectionnez la texture QuitBtn dans le dossier Menu du panneau Project puis cliquez sur GameObject > Create Other > GUI Texture pour créer un objet nommé QuitBtn dans le panneau Hierarchy. Définissez ensuite sa position à (0.5, 0.4, 0) dans le composant Transform du panneau Inspector.

L'objet QuitBtn étant toujours sélectionné dans le panneau Hierarchy, cliquez sur Component > Scripts > Main Menu Btns pour lui attacher le script. Définissez ensuite les valeurs des variables publiques dans le panneau Inspector comme précédemment, en laissant vide le champ de la variable level To Load, puis activez l'option de la nouvelle variable Quit Button.

Voici le script dans son intégralité pour que vous puissiez vérifier le vôtre :

```
var levelToLoad : String;
var normalTexture : Texture2D;
var rollOverTexture : Texture2D;
var beep : AudioClip;
var QuitButton : boolean = false;
function OnMouseEnter(){
  guiTexture.texture = rollOverTexture;
}
function OnMouseExit(){
  guiTexture.texture = normalTexture;
}
function OnMouseUp(){
  audio.PlayOneShot(beep);
  yield new WaitForSeconds(0.35);
  if(QuitButton){
    Application.Quit();
  }
  else{
```

```
      Application.LoadLevel(levelToLoad);
    }
  }
@script RequireComponent(AudioSource)
```

Cliquez maintenant sur FILE > SAVE SCENE, pour mettre à jour le projet, puis sur le bouton PLAY pour tester le menu. La scène ISLAND LEVEL doit se charger lorsque vous cliquez sur le bouton PLAY GAME. Un clic sur le bouton INSTRUCTIONS entraîne l'affichage de l'erreur "level could not be loaded" (le niveau ne peut pas être chargé), comme nous l'avons vu précédemment, puisque cette scène n'a pas encore été créée. Le bouton QUIT GAME ne provoque aucune erreur mais ne produit aucun effet dans Unity ; vous ne pourrez pas tester son fonctionnement tant que vous n'aurez pas créé une version complète du jeu.

N'oubliez pas de cliquer de nouveau sur le bouton PLAY pour terminer le test. La création d'un menu par la première méthode est terminée.

Utiliser les commandes de débogage pour vérifier les scripts

Bien que la commande `Application.Quit()` ne produise aucun effet dans l'éditeur de Unity, vous devez tout de même vous assurer que le bouton QUIT fonctionne. Pour tester une partie d'un script, il vous suffit de la placer dans une commande de débogage pour envoyer un message à la console d'erreur de Unity qui s'affiche au bas de l'interface.

Revenez au script MAINMENUBTNS dans l'éditeur de script, puis localisez la partie du script qui concerne le bouton `quitButton` :

```
if(QuitButton){
  Application.Quit();
}
```

Une commande de débogage peut être enregistrée sur une liste pour afficher des messages dans la console d'erreur. Elle se présente généralement comme suit :

```
Debug.Log("Cette partie fonctionne !");
```

En écrivant cette ligne de code à l'endroit où vous prévoyez que le script s'exécutera, vous pouvez découvrir si certaines parties de celui-ci fonctionnent effectivement. Si vous la placez après la commande `Application.Quit()` dans notre exemple, vous aurez alors la preuve que la commande s'exécute sans problème. Ajoutez cette ligne à votre script comme dans l'extrait de code suivant :

```
if(QuitButton){
  Application.Quit();
  Debug.Log("Cette partie fonctionne !");
}
```

Cliquez sur FILE > SAVE dans l'éditeur de script pour enregistrer le script, puis revenez dans Unity. Cliquez sur le bouton PLAY pour tester de nouveau le menu. Cliquez sur le bouton QUIT GAME pour afficher le message de la commande de débogage au bas de l'interface de Unity. Si nécessaire, appuyez sur Cmd/Ctrl+Maj+C pour ouvrir la console de Unity et afficher le message (voir Figure 8.5).

Figure 8.5

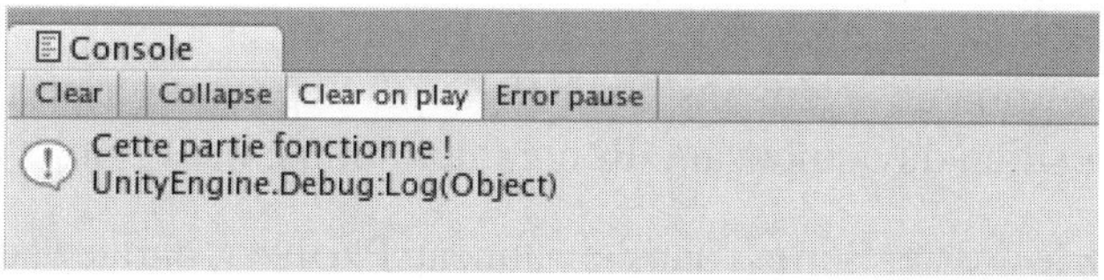

Cette technique peut être très utile pour diagnostiquer des problèmes dans les scripts. Elle l'est aussi lorsque vous concevez un script de façon théorique sans indiquer les véritables commandes.

Vous allez maintenant voir comment créer un menu fonctionnel à l'aide de la fonction ONGUI() (cette fonction est appelée *GUI 2.0 system* dans Unity car elle est apparue dans la version 2.0 du programme).

La création du menu – méthode 2

Comme vous disposez déjà d'un menu fonctionnel, vous allez désactiver temporairement les objets qui le composent plutôt que de le supprimer de la scène. De cette manière, vous pourrez choisir le menu que vous préférez par la suite.

Désactiver les *Game Objects*

Sélectionnez l'objet PLAYBTN dans le panneau HIERARCHY, puis décochez la case située à gauche de son nom dans le panneau INSPECTOR pour le désactiver.

Répétez ensuite l'opération pour les objets INSTRUCTIONSBTN et QUITBTN.

Assurez-vous que le nom de chacun de ces objets s'affiche en gris clair dans le panneau HIERARCHY et qu'ils ont disparu dans l'aperçu du panneau GAME.

Rédiger un script *OnGUI()* pour un menu simple

Cliquez sur GameObject > Create Empty pour créer un objet vide GameObject dans le panneau Hierarchy. Cet objet possède uniquement un composant Transform, que vous utiliserez pour stocker le menu GUI 2.0. Puisque le script que vous allez écrire doit être attaché à un composant pour fonctionner, il est plus pratique et logique de disposer d'un objet spécialement pour cette tâche.

Comme la position des éléments OnGUI est gérée par un script, c'est inutile d'ajuster les valeurs de position du composant. Renommez simplement l'objet *Menu2*.

Sélectionnez le dossier Scripts dans le panneau Project, cliquez sur le bouton Create puis choisissez JavaScript. Renommez ce script *MainMenuGUI2* puis double-cliquez sur son icône pour l'ouvrir dans l'éditeur de script.

Les classes *GUI* et *GUI Layout*

Pour cet exemple, vous emploierez la classe GUI Layout de Unity, car elle dispose de plus d'options de positionnement que la classe GUI, dont la position est fixe.

De nombreux développeurs préfèrent la classe GUI Layout car elle dispose automatiquement les éléments comme les formulaires et les boutons, les uns en dessous des autres. Elle permet donc au développeur de consacrer plus de temps à définir leur aspect à l'aide la ressource GUI skin qui, lorsqu'elle est appliquée à un script `OnGUI()`, fonctionne d'une manière analogue aux feuilles de styles utilisées pour la conception sur le Web.

Les variables publiques

Pour commencer le script, déclarez les quatre variables publiques suivantes :

```
var beep : AudioClip;
var menuSkin : GUISkin;
var areaWidth : float;
var areaHeight : float;
```

Ce script crée la même variable `beep` que dans la première méthode, puis une variable pour la ressource GUI skin à appliquer et enfin deux variables numériques permettant de définir la taille globale de la zone occupée par l'interface graphique.

La fonction *OnGUI()*

Ajoutez ensuite la fonction suivante :

```
function OnGUI(){
  GUI.skin = menuSkin;
}
```

Ainsi, l'aspect de tous les éléments GUI placés dans cette fonction `OnGUI()` (les boutons et les formulaires, notamment) sera régi par le style de thème (skin) appliqué à la variable `menuSkin`. Il est alors facile de permuter les skins et donc de modifier totalement l'apparence de l'interface graphique en une seule opération.

Le positionnement flexible des interfaces graphiques

Vous devez maintenant définir la zone qu'occuperont les boutons. Vous disposez déjà des variables `areaWidth` et `areaHeight`, mais vous devez vous assurer que la zone rectangulaire occupée par l'interface graphique tiendra compte de la résolution de l'écran sur lequel le jeu s'exécutera.

Sans cela, l'interface graphique s'afficherait de façon différente selon la résolution, ce qui semblerait assez peu professionnel. Vous allez donc créer quelques variables privées au sein de la fonction `OnGUI()` qui stockeront le centre de l'écran. Vous n'avez pas besoin de préfixe `private` car vous définissez ces variables à l'intérieur de la fonction ; elles sont implicitement privées.

Après la ligne `GUI.skin` que vous venez d'ajouter, déclarez les deux variables suivantes :

```
var ScreenX = ((Screen.width * 0.5) - (areaWidth * 0.5));
var ScreenY = ((Screen.height * 0.5) - (areaHeight * 0.5));
```

Leur valeur est égale au résultat d'une soustraction composée de deux parties :

```
((Screen.width * 0.5) - (areaWidth * 0.5));
```

Dans la ligne qui précède, `(screen.width * 0.5)` utilise le paramètre `width` (largeur) de la classe `Screen` (écran) pour obtenir la largeur actuelle de l'écran. En divisant ensuite cette valeur par deux, on obtient le centre de l'écran.

Info

Notez que le script utilise `* 0.5` plutôt que /2. En effet, une multiplication nécessite environ cent cycles CPU de moins qu'une division pour obtenir des valeurs dans Unity.

(areaWidth * 0.5) prend la largeur de la zone occupée par l'interface graphique et trouve son centre en divisant cette valeur par deux. On soustrait ensuite celle-ci du centre de l'écran car le point d'origine du tracé des zones GUI se trouve toujours à gauche. Cette zone serait par conséquent décalée sur la droite si elle était tracée depuis le centre de l'écran (voir Figure 8.6).

Figure 8.6

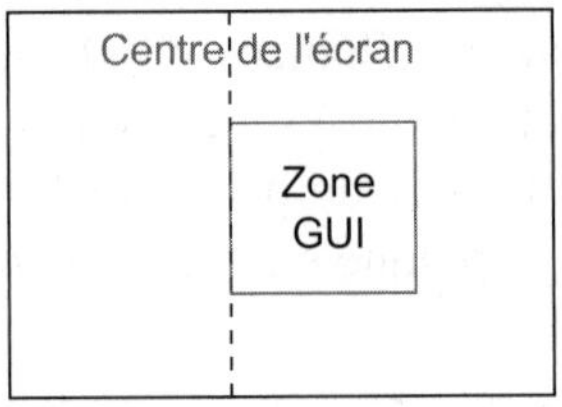

Zone GUI

En soustrayant la moitié de la largeur de l'interface graphique, on obtient une position centrale (voir Figure 8.7).

Figure 8.7

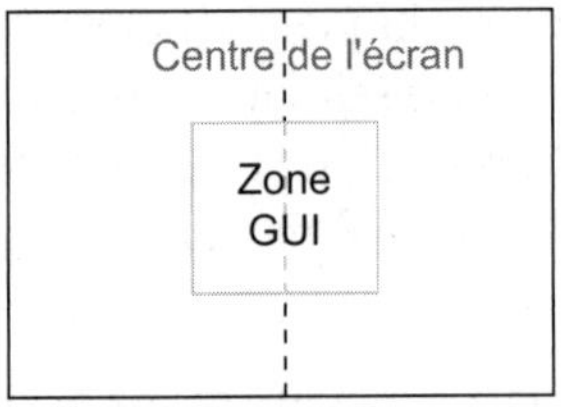

Les deux parties de la somme sont placées entre parenthèses afin que la soustraction porte sur leur résultat, qui devient la valeur de la variable. Ce processus se répète ensuite pour une seconde variable, screenY, afin de définir la position verticale de l'interface graphique.

Il est essentiel de définir la zone occupée par l'interface graphique pour la classe GUILayout. Sans cela, la fonction OnGUI() suppose que vous tracerez un menu sur toute la surface de l'écran, depuis son coin supérieur gauche. Vous devez donc utiliser la commande BeginArea() et préciser quatre paramètres :

```
GUILayout.BeginArea(Rect(distance depuis la gauche de l'écran, distance depuis
le haut de l'écran, largeur, hauteur));
```

La commande Rect() définit la zone rectangulaire qu'utilisera la commande BeginArea(). Vous pouvez indiquer la position de la zone rectangulaire à tracer avec les variables privées ScreenX et ScreenY. Pour définir sa largeur et sa hauteur, vous reprendrez les variables publiques déclarées au début du script.

Ajoutez la ligne suivante dans la fonction `OnGUI()` à la suite des deux variables privées que vous venez de déclarer :

```
GUILayout.BeginArea (Rect (ScreenX,ScreenY, areaWidth, areaHeight));
```

Le dessin de la zone doit également être fermé à l'aide de la commande `EndArea()`. Cela marquant la fin du tracé de la zone, tout le code de l'interface graphique doit se trouver avant cette ligne dans la fonction. Insérez plusieurs lignes après la commande `BeginArea()`, puis ajoutez la ligne suivante pour terminer le tracé de l'interface graphique :

```
GUILayout.EndArea();
```

Ajouter des boutons *UnityGUI*

Pour créer le premier bouton, ajoutez les lignes suivantes avant la ligne `EndArea()` :

```
if(GUILayout.Button ("Play")){
  OpenLevel("Island Level");
}
```

Un nouveau bouton `GUILayout.Button` est réalisé sur lequel est inscrit le mot PLAY. En plaçant cette instruction dans une condition `if`, le script crée non seulement le bouton mais indique également à Unity l'action à effectuer lorsqu'on clique dessus. Cette instruction appelle une fonction personnalisée nommée `OpenLevel()` possédant un seul paramètre – le nom du niveau. Vous écrirez la fonction `OpenLevel()` une fois la fonction `OnGUI()` complétée.

Ajoutez ensuite les deux conditions suivantes pour créer les deux autres boutons :

```
if(GUILayout.Button ("Instructions")){
  OpenLevel("Instructions");
}
if(GUILayout.Button ("Quit")){
  Application.Quit();
}
```

La deuxième condition `if` fait appel à la même fonction personnalisée `OpenLevel()` mais transmet une chaîne de caractères différente à son seul paramètre – le nom du niveau `Instructions` qui reste à créer.

Le bouton de la troisième condition `if` ne charge pas un niveau, mais appelle simplement la commande `Application.Quit()`, comme dans la première méthode de création du menu.

Lancer des scènes à l'aide de fonctions personnalisées

Il vous faut maintenant écrire la fonction personnalisée qui sera appelée pour charger un niveau en particulier. Placez-vous après l'accolade de fermeture de la fonction `OnGUI()`, puis déclarez cette nouvelle fonction de la façon suivante :

```
function OpenLevel(level : String){
}
```

Cette fonction contient un paramètre nommé `level` de type `String`. Cela signifie que, tant que l'on passe une chaîne de caractères pour appeler la fonction, on peut ensuite utiliser le terme `level` pour désigner le texte transmis. Or, dans la fonction `OnGUI()`, vous venez d'ajouter l'appel suivant :

```
OpenLevel("Island Level");
```

Dans cet exemple, les mots `"Island Level"` sont passés au paramètre `level` de la fonction `OpenLevel()`. Notez qu'il est inutile d'écrire `level = "Island Level"` puisque le script sait qu'il doit appliquer ce texte au paramètre de la fonction `OpenLevel()`. Une erreur s'affiche si le type de données transmis n'est pas le bon (un chiffre ou un nom de variable, par exemple), car seules les données de type `String` sont appropriées pour le paramètre `level`.

Le script lira la chaîne de caractères transmise chaque fois que le paramètre `level` sera utilisé.

Ajoutez maintenant les trois commandes suivantes dans cette fonction :

```
audio.PlayOneShot(beep);
yield new WaitForSeconds(0.35);
Application.LoadLevel(level);
```

Vous avez utilisé ces commandes dans la méthode 1. Vous pouvez vous y reporter, si nécessaire, mais la différence essentielle à noter ici tient à l'utilisation du paramètre `level` pour passer la chaîne de caractères dans la commande `Application.LoadLevel()`. Pour compléter le script, assurez-vous que la séquence audio sera lancée en ajoutant la ligne `RequireComponent` habituelle à la fin du script :

```
@script RequireComponent(AudioSource)
```

Cliquez sur File > Save dans l'éditeur de script et revenez dans Unity.

Voici le script en intégralité si vous souhaitez vérifier que vous n'avez pas fait d'erreur :

```
var beep : AudioClip;
var menuSkin : GUISkin;
```

```
var areaWidth : float;
var areaHeight : float;
function OnGUI(){
  GUI.skin = menuSkin;
  var ScreenX = ((Screen.width * 0.5) - (areaWidth * 0.5));
  var ScreenY = ((Screen.height * 0.5) - (areaHeight * 0.5));
  GUILayout.BeginArea (Rect (ScreenX,ScreenY, areaWidth, areaHeight));
  if(GUILayout.Button ("Play")){
    OpenLevel("Island Level");
  }
  if(GUILayout.Button ("Instructions")){
    OpenLevel("Instructions");
  }
  if(GUILayout.Button ("Quit")){
    Application.Quit();
  }
  GUILayout.EndArea();
}
function OpenLevel(level : String){
  audio.PlayOneShot(beep);
  yield new WaitForSeconds(0.35);
  Application.LoadLevel(level);
}
@script RequireComponent(AudioSource)
```

Appliquer le script et modifier l'apparence du menu

De retour dans Unity, sélectionnez l'objet de jeu vide MENU2 dans le panneau HIERARCHY, puis cliquez sur COMPONENT > SCRIPTS > MAIN MENU GUI2 pour ajouter ce script à cet objet.

Faites glisser la séquence audio MENU_BEEP depuis le dossier Menu dans le panneau PROJECT sur la variable publique BEEP de ce script dans le panneau INSPECTOR. Donnez ensuite une valeur de 200 aux paramètres AREA WIDTH et AREA HEIGHT.

Cliquez sur le bouton PLAY pour afficher le menu. Comme la classe GUI est compilée à partir d'un script, son rendu s'effectue uniquement lorsque le jeu est testé. L'aspect du menu que vous venez de créer avec le script est un peu terne (voir Figure 8.8).

Figure 8.8

Vous allez donc lui appliquer un style pour améliorer son apparence à l'aide des ressources GUI skins.

Pour cela, une ressource GUI skin doit être assignée à la variable `menuSkin`. Sélectionnez le dossier Menu dans le panneau PROJECT, puis cliquez sur le bouton CREATE et sélectionnez GUI SKIN dans le menu déroulant. Renommez *MainMenu* la nouvelle ressource New GUISkin.

Les paramètres de l'objet *GUI Skin*

Les objets GUI SKINS possèdent des paramètres pour chaque élément de la classe GUI :

- BOXES (boîtes) ;
- BUTTONS (boutons) ;
- TOGGLES (boutons bascule) ;
- LABELS (étiquettes) ;
- TEXT FIELDS et TEXT AREAS (champs et zones de texte) ;
- SLIDERS (curseurs), SCROLLBARS et SCROLLVIEWS (barres de défilement et d'affichage).

Le premier paramètre – Font (police) – est commun à tous les éléments régis par le thème (skin). Pour commencer, sélectionnez la police utilisée dans le jeu (la police Sugo si vous avez pris la même que nous) dans le panneau Project et déposez-la sur ce paramètre.

Ce thème (skin) va vous servir à définir le style des éléments boutons. Cliquez sur la flèche grise à gauche de l'élément Button du composant GUISkin dans le panneau Inspector pour afficher ses paramètres (voir Figure 8.9).

Figure 8.9

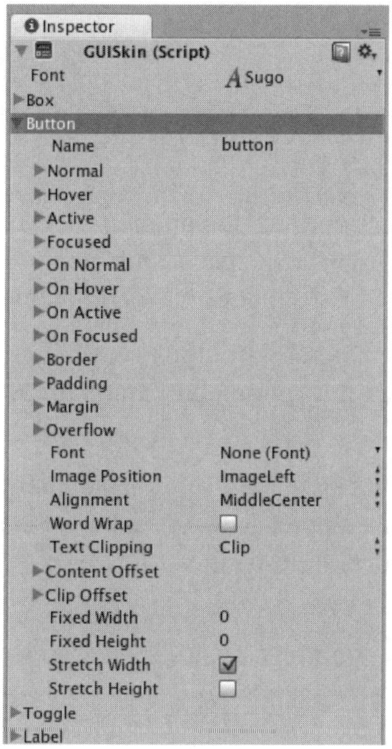

Cliquez sur la flèche grise qui précède les paramètres Normal, Hover et Active afin d'afficher les options Background et Text Color de chacun d'eux (voir Figure 8.10). Le paramètre Background définit la texture utilisée pour le fond du bouton – par défaut, Unity utilise une image aux coins arrondis et légèrement différente pour les états Hover et Active afin de les mettre en surbrillance. Conservez-les pour l'exemple de ce livre, mais n'hésitez pas à essayer d'autres couleurs lorsque vous créerez les menus de vos propres jeux. Pour le moment, cliquez sur chaque bloc de couleur de l'option Text Color puis, avec la pipette, choisissez une couleur pour les états Normal, Hover (au survol) et Active (au clic de la souris) du bouton.

Figure 8.10

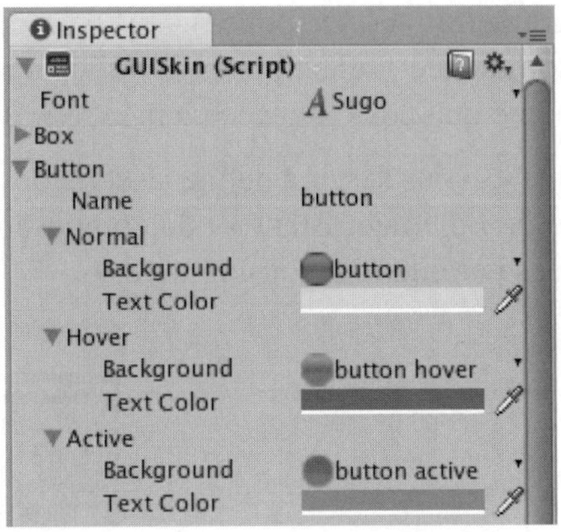

Affichez ensuite les options du paramètre PADDING et donnez la valeur 6 aux options TOP et BOTTOM pour augmenter l'espace entre les bords supérieur et inférieur du bouton et le texte lui-même. Ce paramètre fonctionne de la même façon qu'avec les CSS.

Pour espacer davantage les boutons verticalement, vous devez augmenter la marge du bas. Pour cela, affichez les options du paramètre MARGIN, puis donnez la valeur 10 à l'option BOTTOM.

Maintenant que vous avez ajusté ces paramètres, vous êtes prêt à les appliquer au script GUI. Sélectionnez l'objet MENU2 dans le panneau HIERARCHY, puis faites glisser l'objet MAINMENU depuis le panneau PROJECT sur la variable publique MENU SKIN dans le composant MAIN MENU GUI2.

Cliquez sur le bouton PLAY pour vérifier que le skin a été appliqué et pour afficher le rendu du script GUI (voir Figure 8.11).

Figure 8.11

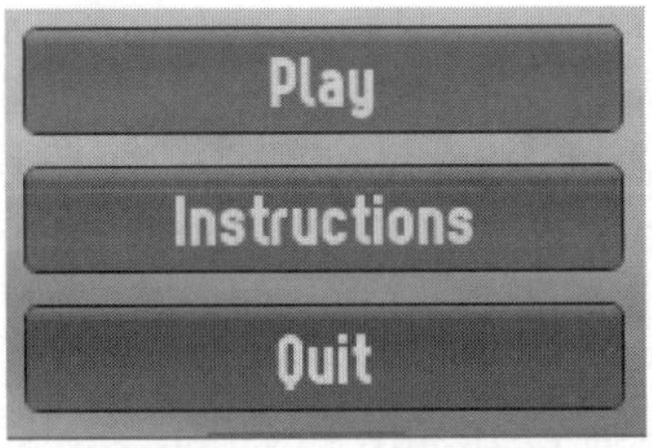

Le menu a maintenant un aspect plus professionnel et il s'intègre mieux au logo du jeu car sa police est la même que celle du jeu. Le menu complet doit maintenant ressembler à celui de la Figure 8.12.

Figure 8.12

Cliquez sur le bouton PLAY pour terminer le test du jeu puis sur FILE > SAVE SCENE dans Unity.

L'heure des décisions

C'est maintenant à votre tour de faire preuve de créativité ! Choisissez la méthode et le résultat que vous préférez. À partir de ce que vous avez appris à la section "Désactiver les *Game Objects*" de ce chapitre, vous pouvez choisir la deuxième méthode et laisser les trois objets de jeu GUI TEXTURE désactivés, ou désactiver MENU2 et réactiver ces objets en cochant leurs cases dans le panneau INSPECTOR.

Toutefois, nous vous conseillons de continuer avec la seconde méthode basée sur UnityGUI. Elle permet de créer beaucoup plus que de simples menus : présenter des statistiques au cours du test, par exemple, ou proposer des paramètres de compilation que le lecteur Unity peut ensuite ajuster. Autant de techniques plus avancées que vous rencontrerez sans doute lorsque vous connaîtrez mieux Unity.

En résumé

Nous venons d'étudier les deux principales méthodes de création des éléments d'interface dans Unity : les scripts GUI et les GUI TEXTURE. Vous devriez maintenant savoir comment implémenter l'une ou l'autre méthode pour réaliser des interfaces. Nous n'avons abordé ici que les notions essentielles dont vous aurez besoin chaque fois que vous écrirez un script GUI, mais cette méthode offre beaucoup plus de possibilités.

Il vous reste encore à créer la scène INSTRUCTIONS contenant des informations destinées au joueur. Ne vous inquiétez pas, vous allez le faire au prochain chapitre en découvrant de nouvelles techniques d'animation, tout en apportant certaines retouches au jeu lui-même.

9

Dernières retouches

Vous allez ici apporter les dernières retouches à l'île afin de transformer ce simple exemple de jeu en un produit prêt à être déployé. Jusqu'à présent, nous vous avons présenté un seul exemple à la fois afin que vous appreniez différentes compétences. Vous allez maintenant revoir certaines des notions déjà abordées et voir en détail la façon d'ajouter certains effets qui ne sont pas essentiels à la jouabilité, ce qui explique pourquoi il est préférable de les réaliser à la fin du cycle de développement.

Un jeu repose avant tout sur ses mécanismes de fonctionnement. Vous devez mettre en place ses éléments physiques fonctionnels avant de pouvoir ajouter des illustrations et améliorer l'aspect visuel de l'environnement. Dans la plupart des cas, vous serez contraint par le temps pour créer votre jeu, que cela soit de votre fait ou imposé par l'éditeur pour lequel vous travaillez. Vous devez consacrer tout votre temps à l'élément le plus important du jeu – le gameplay (la jouabilité) – et procéder aux dernières retouches à la toute fin du cycle de développement seulement.

Pour les besoins de cet ouvrage, nous partons du principe que les mécanismes de votre jeu sont terminés et fonctionnent comme prévu. Voyons maintenant ce que vous pouvez ajouter à l'environnement de l'île et du jeu en général pour l'améliorer.

Au cours de ce chapitre, vous ajouterez les éléments suivants :

- un système de particules à l'intérieur du volcan ;
- le bruit du grondement de la lave que le joueur entendra lorsqu'il s'approchera du volcan ;
- des traînées de lumière afin de montrer la trajectoire des noix de coco ;
- du brouillard, pour rendre l'horizon plus réaliste ;
- une scène animée INSTRUCTIONS pour expliquer le but du jeu au joueur ;
- un fondu en entrée lors du chargement du niveau ISLAND LEVEL à l'aide d'une interface graphique constituée d'une texture et d'un script qui modifie sa transparence ;
- un message indiquant au joueur qu'il a terminé le jeu.

Pour finir, vous verrez comment déployer le jeu et comment procéder à des tests pour rechercher les problèmes éventuels. Enfin, vous aborderez la distribution du jeu *via* des canaux indépendants.

Commençons tout d'abord par rendre le volcan plus dynamique.

Le volcan

Pour cette étape, vérifiez que la scène ISLAND LEVEL est ouverte dans Unity. Si ce n'est pas le cas, double-cliquez sur son fichier dans le panneau PROJECT ou cliquez sur FILE > OPEN SCENE, puis sélectionnez-la dans le dossier Assets. Les fichiers de scène sont faciles à repérer car ils utilisent le logo du programme Unity comme icône.

Au Chapitre 2, "Environnements", vous avez créé une île et le cratère d'un volcan avec l'éditeur de terrain. Pour rendre ce volcan un peu plus réaliste, vous allez lui ajouter un panache de fumée et une source audio mono, qui reproduit le bouillonnement de la lave en fusion. Grâce à ces éléments sonores et visuels, l'environnement devient plus dynamique et réaliste, ce qui devrait améliorer le sentiment d'immersion du joueur dans le jeu.

Cliquez sur GAMEOBJECT > CREATE OTHER > PARTICLE SYSTEM pour créer un système de particules dans Unity. Assurez-vous ensuite que ce système de particules, PARTICLE SYSTEM, est sélectionné dans le panneau HIERARCHY, puis renommez-le *Volcano Smoke*.

Positionner le système de particules

Pour positionner un objet de façon relative, on le définit généralement comme l'enfant d'un autre objet, puis on réinitialise sa position locale à (0, 0, 0). Mais comme le volcan est une partie de l'objet terrain et non un objet indépendant, il n'est pas possible de définir la position relative des particules de cette manière.

Dans ce cas, vous devez utiliser l'axe 3D du panneau SCENE. Commencez par cliquer sur l'axe Y (vert) de l'axe 3D pour passer de la vue Perspective à une vue du dessus de l'île. Le mot TOP s'affiche alors sous l'axe 3D.

Figure 9.1

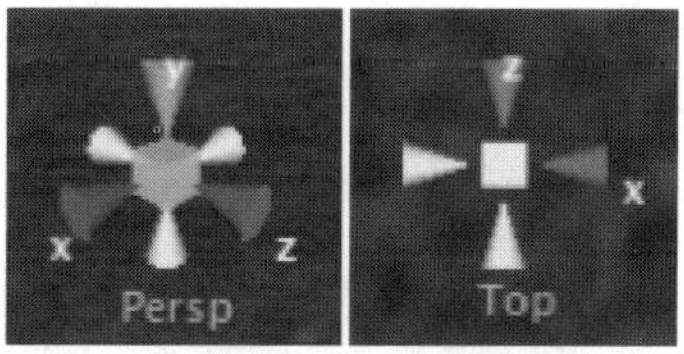

Pour voir où se trouve le système de particules, assurez-vous qu'il est sélectionné dans le panneau HIERARCHY, puis sélectionnez l'outil TRANSFORM (touche W) afin d'afficher ses axes dans le panneau SCENE.

Le système de particules a été créé au centre de la vue actuelle dans le panneau SCENE, aussi devez-vous le repositionner à l'intérieur du volcan dans cette vue du dessus (TOP). Vous devez voir à la fois les axes du système de particules et le volcan lui-même. Si vous devez zoomer en arrière, activez l'outil HAND (touche Q), appuyez sur Cmd/Ctrl puis faites glisser la souris vers la gauche. Sélectionnez ensuite l'outil Transform (touche W) de nouveau pour afficher les poignées d'axes de l'objet.

À l'aide de l'outil TRANSFORM, faites glisser l'une après l'autre les poignées des axes X (rouge) et Z (bleu) pour placer le système de particules au centre du cratère (voir Figure 9.2).

Figure 9.2

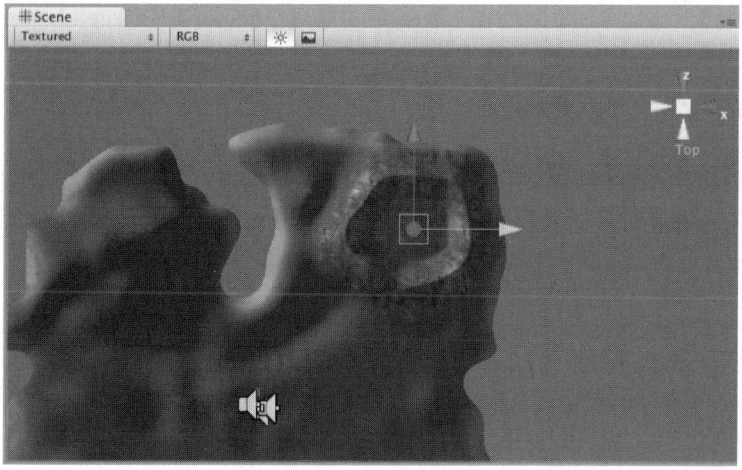

Ne vous inquiétez pas si la poignée d'axe que vous sélectionnez s'affiche en jaune, il s'agit toujours de la bonne poignée !

Cliquez ensuite sur la poignée de l'axe X (rouge) sur l'axe 3D en haut du panneau SCENE afin d'afficher une vue latérale de l'île. Avec l'outil TRANSFORM, faites glisser la poignée d'axe Y (vert) du système de particules pour le placer au centre du volcan (voir Figure 9.3).

Figure 9.3

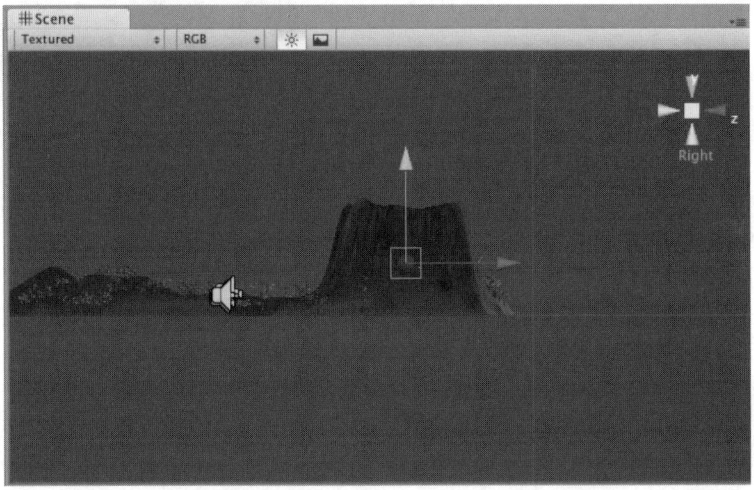

À la figure précédente, notez que la poignée d'axe verte est actuellement sélectionnée et s'affiche donc en jaune. Enfin, cliquez sur le cube blanc au centre de l'axe 3D en haut du panneau SCENE pour afficher de nouveau la vue en perspective.

Importer les ressources

Vous avez maintenant besoin d'ajouter certains éléments à votre projet pour compléter le volcan. Vous trouverez ces ressources dans l'archive disponible sur la page web consacrée à cet ouvrage (**www.pearson.fr**). Décompressez cette archive si nécessaire, localisez le paquet de ressources volcanoPack.unitypackage, puis revenez à Unity.

Cliquez sur ASSETS > IMPORT PACKAGE, parcourez votre disque dur jusqu'au paquet de ressources volcanoPack.unitypackage, sélectionnez-le et cliquez sur OUVRIR. Cliquez ensuite sur le bouton IMPORT dans le panneau IMPORTING PACKAGE pour confirmer. Un dossier Volcano est alors ajouté à votre projet. Il contient :

- la texture de fumée du volcan ;

- un fichier audio pour représenter le grondement de la lave ;
- un fichier de texture, nommé *white*, que vous utiliserez par la suite pour faire apparaître le niveau en fondu enchaîné.

Créer un matériau pour la fumée

Maintenant que vous avez importé les ressources adéquates, vous devez créer un matériau pour la texture de fumée du volcan. Afin que les éléments restent organisés, vous allez le créer dans le dossier Volcano. Sélectionnez-le dans le panneau PROJECT, cliquez sur le bouton CREATE et choisissez MATERIAL dans le menu déroulant.

Renommez ce nouveau matériau *Volcano Smoke Material*, puis assurez-vous qu'il est sélectionné dans le panneau PROJECT et que ses paramètres s'affichent dans le panneau INSPECTOR. Choisissez ensuite PARTICLES > MULTIPLY dans le menu déroulant SHADER afin que le style de rendu du matériau soit adapté à des particules – l'option MULTIPLY permet d'afficher le fond transparent des textures des particules et adoucit leurs contours. Faites glisser le fichier de texture VOLCANO_SMOKE du dossier Volcano sur l'emplacement vide à droite du paramètre PARTICLE TEXTURE. Conservez les valeurs par défaut des paramètres TILING et OFFSET.

Faites glisser le matériau VOLCANO SMOKE MATERIAL du dossier Volcano dans le panneau PROJECT sur le système de particules VOLCANO SMOKE dans le panneau HIERARCHY pour l'appliquer à cet objet.

Les paramètres du système de particules

Comme pour tout effet visuel, en particulier les systèmes de particules, de nombreux essais sont nécessaires pour obtenir le résultat souhaité. C'est pourquoi nous vous conseillons d'utiliser les paramètres indiqués ici comme guides, puis de prendre ensuite le temps de les ajuster par vous-même afin d'obtenir un effet :

- dont vous aimez l'apparence ;
- qui fonctionne bien avec le style du cratère de volcan que vous avez créé sur votre terrain.

Notez que seuls les paramètres dont la valeur par défaut a été modifiée sont indiqués ici.

Les paramètres du composant *Ellipsoid Particle Emitter*

- Min Size : 40 ;
- Max Size : 60 ;
- Min Energy : 10 ;
- Max Energy : 40 ;
- Min Emission : 2 ;
- Max Emission : 8 ;
- World Velocity Y axis : 30.

Les paramètres du composant *Particle Animator*

- Color Animation[0] : couleur orange, Alpha 5 % ;
- Color Animation[1] : couleur rouge, Alpha 25 % ;
- Color Animation[2] : couleur gris moyen, Alpha 40 % ;
- Color Animation[3] : couleur gris foncé, Alpha 25 % ;
- Color Animation[4] : couleur noire, Alpha 5 % ;
- Size Grow : 0,15 ;
- Rnd Force : (25, 0, 25) ;
- Force : (1, 0, 1).

Figure 9.4

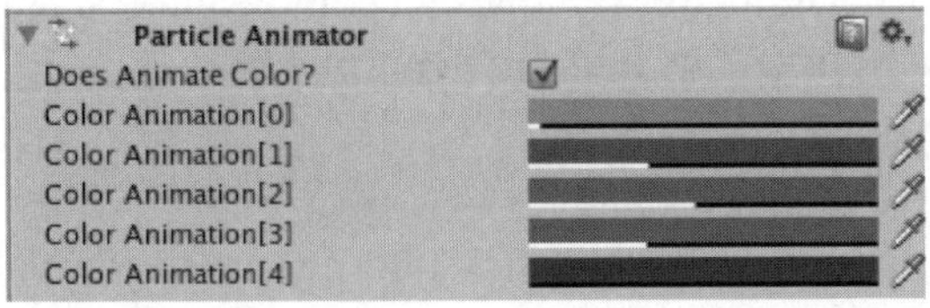

Prenez maintenant le temps de régler ces paramètres afin que le système de particules s'intègre au mieux à votre terrain.

Ajouter le son du volcan

Pour compléter le volcan et le rendre plus réaliste, vous allez lui ajouter une boucle sonore comme source audio.

Nous l'avons déjà indiqué, le volcan n'est pas un objet de jeu proprement dit, si bien que vous ne pouvez pas lui ajouter de composant. Cependant, vous disposez à présent d'un objet au centre du volcan, le système de particules, que vous pouvez utiliser pour ajouter le composant audio.

Assurez-vous que l'objet VOLCANO SMOKE est sélectionné dans le panneau HIERARCHY, puis cliquez sur COMPONENT > AUDIO > AUDIO SOURCE.

Un composant source audio s'ajoute alors au bas de la liste de composants dans le panneau INSPECTOR. Le système de particules ayant plusieurs composants, vous devrez peut-être faire défiler le contenu du panneau INSPECTOR vers le bas pour afficher le composant AUDIO SOURCE.

Assignez la séquence audio VOLCANO_RUMBLE du dossier Volcano au paramètre AUDIO CLIP, puis veillez à ce que l'option PLAY ON AWAKE soit activée – la lecture du son se déclenchera ainsi automatiquement dès le chargement de la scène. Réglez les paramètres VOLUME et MAX VOLUME à 200 afin que le son du volcan :

- Soit suffisamment élevé pour couvrir le son d'ambiance stéréo `hillside` appliqué au terrain.
- Atteigne cette valeur lorsque le joueur est proche de la source audio – autrement dit, lorsqu'il se tient près du volcan.

Laissez la valeur de MIN VOLUME à 0 pour que ce son soit inaudible lorsque le joueur se trouve loin du volcan.

Le paramètre ROLLOFF FACTOR (facteur d'éloignement) permet ensuite de définir la distance à laquelle doit se trouver le joueur pour que le volume diminue. Sur notre terrain, une valeur de 0,025 convient – avec ce paramètre, plus la valeur est élevée, plus le joueur doit être près de la source pour l'entendre. Par conséquent, quand la valeur est faible, comme ici, le son s'entend de loin, comme un volcan qui gronde est censé le faire. Vous pouvez commencer par cette valeur, puis en essayer d'autres lorsque vous testez le jeu. Enfin, activez l'option LOOP pour que le son se répète indéfiniment.

Tester le volcan

Maintenant que le volcan est terminé, vous devez tester l'efficacité des dernières modifications apportées. Cliquez d'abord sur File > Save Scene, afin de vous assurer de ne pas perdre votre travail, puis sur le bouton Play et marchez jusqu'au volcan. Les particules devraient s'élever dans le ciel. Plus vous approchez du volcan et plus le volume sonore devrait augmenter. S'il n'est pas assez fort à votre goût, modifiez simplement les valeurs du paramètre Volume ; s'il ne porte pas assez loin, diminuez la valeur du paramètre Rolloff Factor dans le composant Audio Source.

Astuce

Souvenez-vous que toutes les modifications que vous apportez dans le panneau Inspector lors du test du jeu sont annulées lorsque vous cliquez de nouveau sur le bouton Play pour interrompre le test. Après les avoir testées, vous devez donc de nouveau entrer ces valeurs dans le panneau Inspector lorsque vous avez cessé de tester le jeu.

Pour les tests, vous souhaiterez peut-être augmenter la vitesse de déplacement de l'objet First Person Controller afin d'atteindre les différentes parties de l'île plus rapidement. Pour cela, sélectionnez cet objet dans le panneau Hierarchy pendant le test du jeu. Donnez à la variable publique Speed du composant FPSWalker(script) la valeur souhaitée. Ce paramètre est modifié uniquement pour la durée du test et reprend sa valeur précédente lorsque vous cliquez de nouveau sur le bouton Play. Vous pouvez donc tout à fait définir une vitesse totalement irréaliste pour le test sans modifier la vitesse du personnage dans le jeu.

Traînées de lumière

Vous allez maintenant améliorer l'aspect visuel du jeu en ajoutant des traînées de lumière à l'élément préfabriqué `coconut`. Ainsi, lorsque le joueur lancera les noix de coco, une traînée lumineuse suivra la trajectoire du projectile, ce qui devrait donner un effet visuel intéressant.

Modifier l'élément préfabriqué

Pour effectuer cette modification, vous devez revenir à l'élément préfabriqué Coconut Prefab du Chapitre 6, car l'élément Trail Renderer que vous allez utiliser doit lui être attaché. Faites glisser la ressource Coconut Prefab depuis le dossier Prefabs du panneau

PROJECT dans le panneau SCENE afin de la modifier. Vous pourriez éditer les ressources directement dans le panneau PROJECT, mais il est préférable de les placer dans la scène afin de visualiser et de tester l'effet que vous créez. Souvenez-vous que vous pouvez zoomer directement à l'emplacement de l'objet sélectionné en appuyant sur la touche F lorsque le curseur se trouve sur le panneau SCENE.

Le composant *Trail Renderer*

Pour ajouter ce composant, assurez-vous que l'élément préfabriqué COCONUT PREFAB est toujours sélectionné dans le panneau HIERARCHY, puis cliquez sur COMPONENT > PARTICLES > TRAIL RENDERER. Un message indique que la connexion entre cet objet et l'élément préfabriqué est rompue. Ne vous inquiétez pas, vous mettrez à jour l'élément préfabriqué une fois la traînée terminée.

Ce composant trace simplement une ligne vectorielle courbe en ajoutant une suite de points derrière un objet lorsque celui-ci se déplace à travers le monde en 3D. En spécifiant la longueur, le matériau et la largeur du début et de la fin de la ligne, vous pouvez obtenir l'effet recherché. Cliquez sur le bouton PLAY pour afficher la configuration par défaut du moteur de rendu et observez la chute de la noix de coco sur le sol. Comme vous pouvez le constater, elle laisse une large trace de couleur sombre et assez laide derrière elle.

Premièrement, nous devons tenir compte des performances : comme vous n'avez pas besoin que des ombres soient projetées sur ou par cette ligne, décochez ces deux paramètres du composant TRAIL RENDERER dans le panneau INSPECTOR (les utilisateurs de la version Pro de Unity peuvent utiliser des ombres dynamiques). Les ombres ont généralement un coût élevé et le rendu de la traînée lumineuse elle-même sollicite davantage le processeur de l'ordinateur du joueur. On doit faire tout ce qui est possible pour le soulager.

Cliquez sur la flèche qui précède le paramètre MATERIALS pour afficher ses options SIZE et ELEMENT 0. Vous pouvez définir la texture de la traînée. Pour cela, vous allez réutiliser le matériau FLAME que vous avez créé car le type de shader qu'il utilise – Additive (soft) – convient parfaitement pour une traînée lumineuse. Ouvrez le dossier Fire Feature dans le panneau PROJECT, puis faites glisser le matériau FLAME sur le paramètre ELEMENT 0 dans le composant TRAIL RENDERER du panneau INSPECTOR.

Pour vous assurer que la longueur de la traînée lumineuse ne sera pas excessive, donnez la valeur 1 au paramètre TIME : la traînée durera une seconde. Autrement dit, les points situés à la fin de la ligne seront supprimés après ce laps de temps.

Donnez la valeur 0,25 à START WIDTH et la valeur 0,15 à END WIDTH. Ces options définissent la largeur du rendu du matériau à chaque extrémité de la ligne. En règle générale, il est logique que la largeur de la traînée lumineuse aille en diminuant.

Affichez les options du paramètre Colors afin d'animer l'apparition de la traînée en modifiant sa couleur et sa visibilité (ses paramètres alpha). Vous conserverez les couleurs de la texture de flamme et modifierez simplement la transparence de la traînée. Cliquez sur le premier bloc de couleur, puis modifiez sa valeur A (alpha) à 80. Répétez la même opération sur les autres blocs de couleur en réduisant chaque fois la valeur alpha de 20, jusqu'à ce que la dernière soit égale à 0.

Figure 9.5

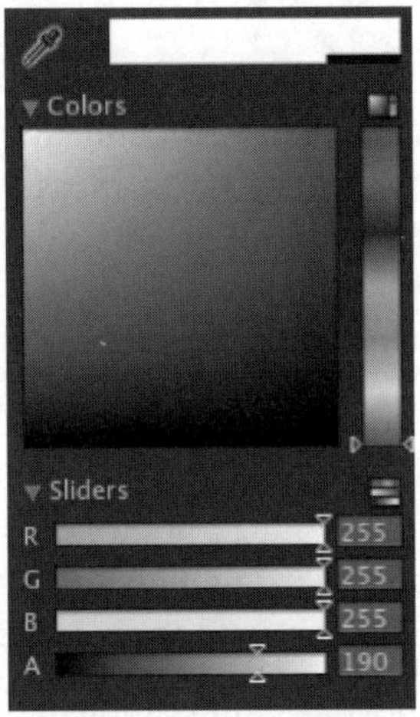

Vous devez obtenir un résultat analogue à celui de la Figure 9.6.

Figure 9.6

Les autres paramètres peuvent être laissés à leurs valeurs par défaut. Le paramètre Min Vertex Distance définit la distance la plus courte entre deux points de la ligne – plus le nombre de points est important et plus la ligne est détaillée, mais plus son coût est élevé. Le paramètre Autodestruct n'a pas besoin non plus d'être activé, car le script Coconut Tidy que vous avez écrit au Chapitre 6, "Instanciation et corps rigides" est attaché à cet objet et gère déjà la suppression de ces éléments préfabriqués.

Mettre à jour l'élément préfabriqué

Vous travaillez sur une instance de l'élément préfabriqué qui a perdu sa connexion avec la ressource originale – d'où le message d'avertissement apparu lorsque vous avez ajouté le composant TRAIL RENDERER. Vous devez donc maintenant appliquer ces modifications à la ressource d'origine afin que toutes les nouvelles occurrences de l'élément préfabriqué disposent de la traînée lumineuse.

Pour cela, deux options s'offrent à vous : soit sélectionner l'objet COCONUT PREFAB dans le panneau HIERARCHY puis cliquer sur GAMEOBJECT > APPLY CHANGES TO PREFAB, soit utiliser le bouton APPLY situé en haut du panneau INSPECTOR.

Figure 9.7

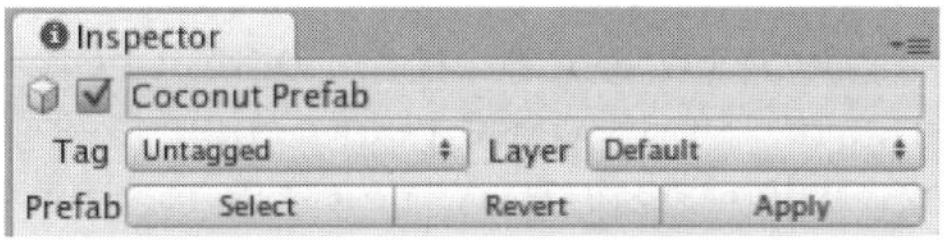

Une fois l'élément préfabriqué mis à jour, vous n'avez plus besoin de l'instance dans la scène. Sélectionnez-la puis appuyez sur Cmd+Retour arrière (Mac OS) ou Maj+Suppr (Windows).

Pour visualiser l'effet, testez et essayez le mini-jeu de lancer de noix de coco. Vous devriez voir une traînée flamboyante suivre chaque noix de coco que vous lancez.

L'amélioration des performances

À cette section, vous allez voir comment augmenter les performances de votre jeu final. Il est essentiel d'effectuer ce processus d'optimisation une fois que vous êtes sûr que votre jeu fonctionne comme prévu.

Modifier la distance du rendu des objets et ajouter du brouillard

Pour donner un aspect visuel plus agréable à l'île, vous activerez le brouillard. Dans Unity, il peut être activé très simplement et être utilisé en conjonction avec le paramètre FAR CLIP Plane pour ajuster la distance d'affichage. Le rendu des objets situés au-delà d'une certaine distance n'est pas effectué, ce qui permet d'améliorer les performances. Ce brouillard permet de masquer la coupure entre les objets rendus et ceux qui ne le sont pas, ce qui améliore le réalisme visuel du terrain. Vous avez déjà vu les paramètres FAR CLIP PLANE au Chapitre 3, "Personnages jouables", lorsque vous avez étudié l'objet FIRST PERSON CONTROLLER. Maintenant, vous allez ajuster cette valeur pour réduire la distance à laquelle la caméra procède au rendu des objets et ainsi améliorer les performances du jeu.

- Cliquez sur la flèche grise à gauche de l'objet FIRST PERSON CONTROLLER dans le panneau HIERARCHY pour afficher ses objets enfants.
- Sélectionnez l'objet enfant MAIN CAMERA.
- Donnez la valeur 600 au paramètre FAR CLIP PLANE du composant CAMERA dans le panneau INSPECTOR. En réduisant cette distance, exprimée en mètres, vous diminuez la portée de la vision du joueur, mais la brume masquera cette différence.

Cliquez sur EDIT > RENDER SETTINGS pour remplacer le panneau INSPECTOR par le panneau RENDER SETTINGS. Activez l'option FOG, puis cliquez sur le bloc de couleur à droite du paramètre FOG COLOR pour définir la couleur et la transparence du brouillard. Définissez une valeur ALPHA (A) de 60 % environ et une valeur FOG DENSITY de 0,004 (voir Figure 9.8).

Figure 9.8

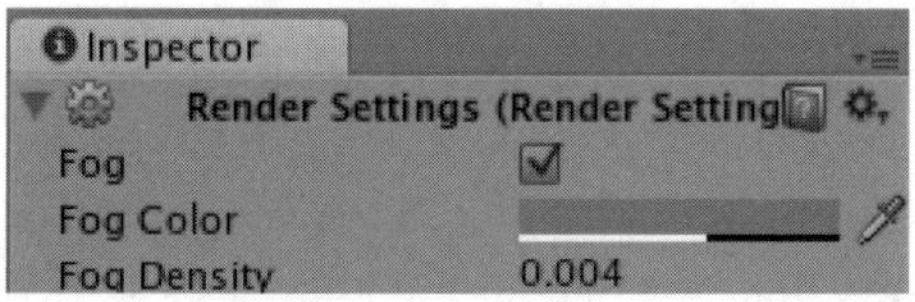

Avec les valeurs par défaut ou des valeurs supérieures pour les paramètres alpha de FOG COLOR et de FOG DENSITY, le brouillard réduirait tant la portée de la vision du joueur que les particules du volcan deviendraient invisibles, à moins qu'il ne se tienne tout près du volcan.

La lumière ambiante

Le panneau RENDER SETTINGS dispose également d'un paramètre AMBIENT LIGHT pour la scène. Bien que l'objet DIRECTIONAL LIGHT gère l'éclairage principal, en agissant comme le soleil dans notre exemple, le paramètre AMBIENT LIGHT permet de définir la luminosité générale et donc de simuler différentes heures du jour ou de la nuit. Cliquez sur le bloc de couleur à droite de ce paramètre puis, avec la pipette de la boîte de dialogue COLOR, testez différentes valeurs.

La scène *Instructions*

Pour finaliser le jeu, vous allez compléter le menu que vous avez réalisé au Chapitre 8, en créant la scène INSTRUCTIONS que le joueur devra lire. Pour cela, vous implémenterez une animation à l'aide de scripts et vous utiliserez une nouvelle commande appelée LINEAR INTERPOLATION.

Pour que la scène INSTRUCTIONS imite le reste du menu, vous prendrez la scène MENU comme point de départ. Avant cela, cliquez sur FILE > SAVE SCENE pour vous assurer que la scène ISLAND LEVEL est enregistrée. Sélectionnez ensuite la scène MENU dans le panneau PROJECT puis appuyez sur Cmd/Ctrl+D pour la dupliquer.

Renommez cette copie *Instructions* puis double-cliquez sur son icône pour l'ouvrir.

Ajouter du texte à l'écran

Comme les instructions destinées au joueur doivent s'afficher sur cet écran, vous allez utiliser un objet GUI TEXT. Cliquez sur GAMEOBJECT > CREATE OTHER > GUI TEXT, puis sélectionnez ce nouvel objet GUI TEXT dans le panneau HIERARCHY et renommez-le *Instruction Text*.

Pour rester cohérent, vous devez utiliser la même police de caractères que dans les autres scènes du jeu (la police libre de droit Sugo dans notre exemple). Pour cela, faites-la glisser du panneau PROJECT sur le champ du paramètre FONT dans le composant GUI TEXT.

Écrivez ensuite un court paragraphe qui explique au joueur le but du jeu. Ici, il s'agit d'allumer le feu de camp avec les allumettes pour survivre :

> *"Vous êtes bloqué sur une île déserte et risquez de périr de froid. Trouvez et allumez le feu de camp avant que la nuit ne tombe…"*

Afin que le texte se place sur plusieurs lignes dans le champ TEXT de ce composant, appuyez sur Option+Entrée (Mac OS) pour passer à la ligne suivante. Sous Windows, créez le texte sur le bloc-notes, puis copiez-le et collez-le dans le champ TEXT.

Enfin, positionnez ce bloc de texte de la position en entrant les valeurs suivantes dans les champs POSITION du composant TRANSFORM (0.5, 0.55, 0). Nous avons choisi de placer le texte sur trois lignes pour l'aligner avec le logo en haut de l'écran (voir Figure 9.9).

Figure 9.9

Animer le texte avec l'interpolation linéaire

Vous allez maintenant animer ce texte à l'aide d'un script. Sélectionnez le dossier Menu dans le panneau PROJECT, cliquez sur CREATE et choisissez JAVASCRIPT dans le menu déroulant.

Renommez ce nouveau script *Animator*, puis double-cliquez sur son icône pour l'ouvrir dans l'éditeur de script.

Vous commencerez par déclarer quelques variables publiques afin de contrôler le comportement de l'animation de texte dans le panneau INSPECTOR. Ajoutez les lignes suivantes au début du script :

```
var startPosition : float = -1.0;
var endPosition : float = 0.5;
var speed : float = 1.0;
private var StartTime : float;
```

Le nom de ces variables indique leurs fonctions respectives – les variables `startPosition` et `endPosition` contrôlent la position du texte selon les coordonnées de l'écran (d'où la valeur de –1 pour la position de départ, c'est-à-dire en dehors de l'écran). Il s'agit de variables publiques que vous pourrez ajuster dans le panneau INSPECTOR. La variable `speed` servira à multiplier la vitesse de l'animation au cours du temps, donc sa valeur par défaut est 1.

Enfin, la variable `StartTime` de type `float` est utilisée uniquement dans le script, aussi est-elle déclarée comme privée. Elle stockera la valeur de temps déjà écoulée au moment où la scène est chargée. Sans cela, les instructions seraient présentes à l'écran si le joueur revenait à cette scène, car la valeur de temps que vous allez utiliser décompte à partir du premier chargement du jeu.

Pour définir la valeur de cette variable, vous enregistrerez la commande `time` de Unity lors du chargement de la scène à l'aide de la fonction suivante :

```
function Start(){
  StartTime = Time.time;
}
```

À présent, la variable `StartTime` utilise cette valeur au chargement de la scène. Elle va vous servir à créer l'animation du texte.

Insérez quelques lignes avant l'accolade de fermeture de la fonction `Update()` puis ajoutez la ligne suivante :

```
transform.position.x = Mathf.Lerp(startPosition, endPosition,
➥(Time.time-StartTime)*speed);
```

Le script commence par indiquer l'axe spécifique du paramètre POSITION du composant TRANSFORM sur lequel il va agir :

```
transform.position.x
```

Puis il définit cette valeur comme égale à une fonction mathématique – `Mathf` –, appelée `lerp` (pour *linear interpolation*), qui effectue une interpolation linéaire entre deux valeurs. Les valeurs transmises à cette fonction sont définies par les variables `startPosition` et `endPosition`, si bien que la fonction `lerp` fournit un chiffre compris entre ces deux nombres pour la position du texte sur l'axe X.

Le troisième paramètre de la fonction `lerp` correspond à l'importance de l'interpolation ; avec une valeur de 1, la valeur renvoyée passe complètement de la valeur de début à la valeur de fin, tandis qu'aucun changement ne se produit avec une valeur de 0. Comme cette interpolation doit se dérouler dans le temps, le script n'utilise pas une seule valeur mais la commande prédéfinie `time.time` de Unity pour compter le temps écoulé et lui soustraire la valeur de `StartTime` définie plus tôt – une réinitialisation réelle de sa valeur afin de compter à partir de 0. Enfin, cette ligne modifie le temps en multipliant le résultat par la variable `speed`. Actuellement, cette variable `speed` est définie à 1, donc aucun changement ne sera apporté, mais toute valeur supérieure à 1 aura pour effet d'augmenter la vitesse, et toute valeur inférieure à 1 de la diminuer.

Cette commande doit être placée dans la fonction `Update()`, car les changements progressifs produits par la fonction `lerp` doivent s'effectuer à chaque image. Cela ne fonctionnerait pas si vous la placiez dans une fonction `Start()` par exemple.

Voici le script complet pour que vous puissiez le vérifier :

```
var startPosition : float = -1.0;
var endPosition : float = 0.5;
var speed : float = 1.0;
private var StartTime : float;

function Start(){
  StartTime = Time.time;
}

function Update () {
  transform.position.x = Mathf.Lerp(startPosition, endPosition, (Time.time-
StartTime)*speed);
}
```

Cliquez sur FILE > SAVE dans l'éditeur de script puis revenez dans Unity.

Maintenant, vous allez appliquer le script et régler les paramètres des variables publiques dans le panneau INSPECTOR pour vous assurer qu'il réalise ce que vous souhaitez. Sélectionnez l'objet INSTRUCTIONS TEXT dans le panneau HIERARCHY puis cliquez sur COMPONENT > SCRIPTS > ANIMATOR pour ajouter ce script comme composant.

Les valeurs par défaut des variables publiques définies dans le script s'affichent.

Figure 9.10

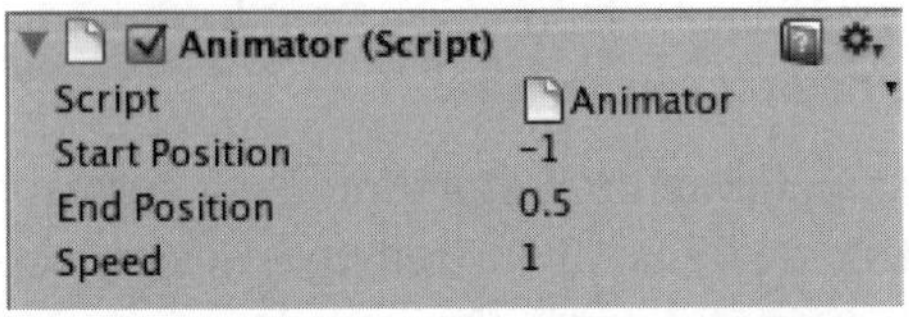

Pour voir cet effet en action, vous devez lancer la lecture de la scène. Mais avant, vous devez supprimer le menu qui a été dupliqué depuis la scène MENU originale. Si vous avez choisi le menu basé sur l'objet GUI TEXTURE, vous devez alors désactiver les trois objets boutons. Si vous utilisez le menu basé sur le script, désactivez l'objet sur lequel ce script est attaché en tant que composant. Reportez-vous au chapitre précédent pour en savoir plus sur la désactivation des éléments, si nécessaire.

Une fois le menu désactivé, revenez à l'objet INSTRUCTIONS TEXT. Définissez le paramètre ANCHOR sur MIDDLE CENTER et le paramètre ALIGNMENT sur LEFT dans le composant GUITEXT, puis cliquez sur le bouton PLAY pour visualiser l'animation. Votre texte doit se déplacer sur l'axe X et apparaître depuis la gauche de l'écran pour se placer à une position centrale de 0,5. Cliquez de nouveau sur PLAY pour terminer le test avant de poursuivre.

Pour que l'apparition du texte se produise de la droite vers la gauche, la valeur de la variable publique START POSITION doit être supérieure à 1,0 – puisque cela correspond aux coordonnées du bord droit de l'écran. En revanche, pour que l'animation se déroule sur l'axe Y, vous devriez modifier l'axe dans le script, en indiquant par exemple : `transform.position.y = Mathf (...)`.

Revenir au menu

La scène sur laquelle vous travaillez est distincte du menu principal et vous avez donc besoin d'intégrer un bouton qui permettra au joueur de revenir à la scène MENU elle-même. Sinon, il resterait coincé sur cet écran INSTRUCTIONS !

Pour cela, vous choisirez la technique d'écriture de scripts GUI abordée au chapitre précédent et vous dupliquerez une partie des travaux existants, ce qui vous fera gagner du temps. Sélectionnez le script MAINMENUGUI2 dans le dossier Scripts du panneau PROJECT, puis dupliquez-le (Cmd/Ctrl+D). Unity numérote les objets et les ressources qu'il crée, cette copie se nomme donc *MainMenuGUI3*. Renommez ce script *BackButtonGUI*, puis double-cliquez sur son icône pour l'ouvrir dans l'éditeur de script.

Dans la première instruction `if` de la fonction `OnGUI()`, modifiez le texte sur le bouton pour que le mot `Back` s'affiche au lieu de `Play`. Remplacez ensuite la chaîne de caractères `Island Level` dans l'appel à la fonction `OpenLevel()` par `Menu`. La condition doit être :

```
if(GUILayout.Button ("Back")){
  OpenLevel("Menu");
}
```

Ce script doit seulement générer un bouton ; vous devez supprimer les deux autres instructions `if` de la fonction pour ne conserver que celle qui concerne le retour à la scène `Menu`. Le seul problème concerne ici le positionnement du bouton. Comme nous utilisons la variable `screenY` du script MAINMENUGUI2, la zone de l'interface graphique dans laquelle est dessiné le bouton se trouve au centre de l'écran, si bien que ce dernier risque de chevaucher le texte. Pour contourner ce problème et décaler le bouton vers le bas, modifiez la déclaration de la variable `screenY` pour qu'elle utilise une valeur légèrement inférieure :

```
var ScreenY = ((Screen.height / 1.7) - (areaHeight / 2));
```

Ainsi, le bouton sera placé plus bas que le texte contenant les instructions.

Le script terminé BackButtonGUI doit être le suivant :

```
var beep : AudioClip;
var menuSkin : GUISkin;
var areaWidth : float;
var areaHeight : float;

function OnGUI(){
  GUI.skin = menuSkin;
  var ScreenX = ((Screen.width / 2) - (areaWidth / 2));
  var ScreenY = ((Screen.height / 1.7) - (areaHeight / 2));
  GUILayout.BeginArea (Rect (ScreenX,ScreenY, areaWidth, areaHeight));
  if(GUILayout.Button ("Back")){
    OpenLevel("Menu");
  }
 GUILayout.EndArea();
}

function OpenLevel(level : String){
  audio.PlayOneShot(beep);
  yield new WaitForSeconds(0.35);
  Application.LoadLevel(level);
}
@script RequireComponent(AudioSource)
```

Cliquez sur File > Save dans l'éditeur de script puis revenez à Unity.

Comme pour tous les éléments d'interface gérés par le script, vous devez attacher le script à un objet pour que ce bouton s'affiche. Aussi, cliquez sur GameObject > Create Empty pour créer un objet de jeu vide pour ce script. Renommez ensuite ce nouvel objet *Back Button* dans le panneau Hierarchy, puis cliquez sur Component > Scripts > Back Button GUI pour lui attacher le script que vous venez d'écrire. Les valeurs des variables publiques du script doivent être définies. Vous devez donc :

- faire glisser la séquence audio menu_beep depuis le dossier Menu du panneau Project sur la variable Beep ;
- faire glisser la ressource MainMenu du dossier Menu sur la variable Menu Skin ;
- définir la variable Area Width à 200 ;
- définir la variable Area Width à 75, puisque l'écran ne compte qu'un seul bouton.

Le bouton Back est maintenant terminé. Avant de tester le menu entier, vous devez ajouter la scène Instructions aux paramètres Build Settings du projet pour que Unity la charge pendant les tests. Cliquez sur File > Build Settings puis sur le bouton Add Current.

La liste des niveaux dans les paramètres BUILD SETTINGS doit maintenant correspondre à celle de la Figure 9.11.

Figure 9.11

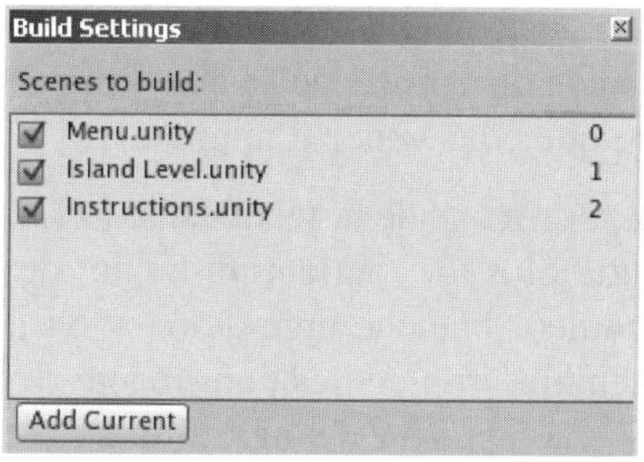

Fermez la boîte de dialogue BUILD SETTINGS puis cliquez sur le bouton PLAY pour tester la scène. Le bouton BACK doit s'afficher et l'animation de l'apparition du texte se dérouler. Cliquez sur le bouton BACK pour afficher la scène MENU. Si rien de tout cela ne fonctionne, vérifiez que votre script correspond aux changements énumérés précédemment.

La Figure 9.12 illustre l'aspect que doit avoir l'écran présentant les instructions.

Figure 9.12

Terminez le test de la scène, puis cliquez sur FILE > SAVE SCENE pour la sauvegarder.

L'apparition en fondu de la scène *Island Level*

Afin d'améliorer l'arrivée du joueur dans l'environnement du jeu, vous allez faire apparaître le niveau de l'île avec un fondu en entrée, à l'aide d'une texture GUI qui couvrira tout l'écran avant de disparaître peu à peu. Pour cela, vous appliquerez la technique d'interpolation linéaire que vous venez d'apprendre.

Double-cliquez sur l'icône de la scène Island Level pour l'ouvrir. Le dossier Volcano que vous avez importé plus tôt contient un fichier de texture nommé white. Cette texture est une image de couleur blanche unie de 64 × 64 pixels créée dans Photoshop. Ces dimensions peuvent sembler trop petites pour recouvrir tout l'écran, mais il n'est pas utile que le fichier soit plus grand puisqu'il s'agit d'un aplat de couleur – vous allez donc simplement l'agrandir à la taille de l'écran.

Sélectionnez la texture, puis décochez la case Generate Mip Maps dans le composant Texture Importer du panneau Inspector pour que Unity ne crée pas de versions plus petites de cette texture (cette option est utile pour les textures sur les objets 3D). Cliquez ensuite sur le bouton Apply situé au bas du composant pour confirmer cette modification. Vous allez écrire un script pour que cette texture occupe la totalité de l'écran puis, à l'aide d'une interpolation, qu'elle disparaisse en fondu lors du lancement de la scène. Le jeu s'affichera depuis un fondu au blanc.

Sélectionnez le dossier Scripts, cliquez sur le bouton Create et sélectionnez JavaScript dans le menu déroulant. Renommez ce script *FadeTexture*, puis double-cliquez sur son icône pour l'ouvrir dans l'éditeur de script.

Commencez par déclarer les deux variables publique et privée suivantes :

```
var theTexture : Texture2D;
private var StartTime : float;
```

La première variable stocke la texture blanche prête à être étirée sur toute la surface de l'écran. La seconde est un nombre à virgule flottante que vous utiliserez pour stocker une valeur de temps.

Pour transmettre la valeur `Time.time` à la variable `StartTime` lors du chargement du niveau, ajoutez la fonction suivante à votre script, sous les deux variables :

```
function OnLevelWasLoaded(){
  StartTime = Time.time;
}
```

Cette variable permet de saisir la durée écoulée car `Time.time` s'exécute au moment où la première scène du jeu (le menu) est chargée. Ce menu est le premier élément du jeu que voit le joueur, aussi `Time.time` n'est pas égal à 0 quand la scène Island Level se charge.

Vous soustrairez ensuite cette valeur de la variable qui stocke le temps courant afin d'obtenir une valeur à partir de laquelle compter.

Insérez le script suivant dans la fonction `Update()` :

```
if(Time.time-StartTime >= 3){
  Destroy(gameObject);
}
```

Cette instruction `if` contrôle la valeur actuelle de `Time.time` et lui soustrait le temps écoulé au chargement de la scène courante, `StartTime`. Si cette valeur est supérieure ou égale à 3, alors le script détruit l'objet de jeu sur lequel ce script est attaché après trois secondes. En effet, une fois que l'effet fondu s'est produit, cet objet n'a plus aucune utilité dans la scène.

Le rendu de la texture *UnityGUI*

Créez la fonction `OnGUI()` suivante dans votre script :

```
function OnGUI(){
  GUI.color = Color.white;
  GUI.color.a = Mathf.Lerp(1.0, 0.0, (Time.time-StartTime));
  GUI.DrawTexture(Rect(0, 0, Screen.width, Screen.height ), theTexture);
}
```

Ici, le script s'adresse directement à la classe GUI. La première ligne désigne le paramètre `color` et le définit comme égal à une constante prédéfinie de la classe `Color` nommée *white*.

Une fois cette couleur définie, le script utilise la commande `GUI.color.a` pour désigner son paramètre alpha – sa visibilité. La même commande `Mathf.Lerp` que vous avez utilisée pour animer l'objet GUI TEXT plus tôt crée ici une interpolation de la valeur alpha de 1.0 (entièrement visible) à 0.0 (invisible). Le troisième paramètre de la boucle définit la durée de cette interpolation. Comme celle-ci dépend du résultat de la soustraction `Time.time-StartTime`, le décompte commence effectivement à 0.0, puis sa valeur augmente à mesure que le temps passe. Ainsi, l'interpolation linéaire évolue dans le temps et produit un effet de fondu.

La troisième ligne procède au rendu de la texture elle-même, à l'aide de la commande `DrawTexture` de la classe GUI. Le paramètre `Rect` sert à tracer une zone rectangulaire à partir de 0.0 – le coin supérieur gauche de l'écran – puis à s'assurer que cette texture s'étire sur la totalité de l'écran à l'aide de `screen.width` et `screen.height`. En adaptant ainsi automatiquement la taille de la texture à celle de l'écran, le fondu fonctionnera quelle que soit la résolution.

Cliquez sur FILE > SAVE dans l'éditeur de script et revenez dans Unity.

Dans Unity, cliquez sur GameObject > Create Empty pour créer un objet GameObject dans le panneau Hierarchy. Renommez-le *Fader* puis cliquez sur Component > Scripts > Fade Texture pour lui attacher le script que vous venez d'écrire. Ensuite, faites glisser la texture white depuis le dossier Volcano du panneau Project sur la variable publique theTexture dans le panneau Inspector.

Cliquez sur le bouton Play. L'écran doit s'afficher en blanc puis la scène apparaître en fondu avant que l'objet white du panneau Hierarchy ne soit supprimé après trois secondes. Terminez le test, puis cliquez sur File > Save Scene pour sauvegarder le projet.

Notifier la fin du jeu

Pour finir, vous allez indiquer au joueur qu'il a terminé avec succès le jeu quand le feu est allumé, le but à atteindre.

Ouvrez le script PlayerCollisions dans le dossier Scripts du panneau Project puis faites défiler son contenu vers le bas. Vous allez ajouter quelques commandes supplémentaires dans la dernière fonction du script, `lightfire()`. Pour cela, insérez quelques lignes avant son accolade de fermeture, à la suite de cette ligne :

```
Destroy(GameObject.Find("matchGUI"));
```

Insérez ensuite les commandes suivantes :

```
TextHints.textOn=true;
TextHints.message = "Vous avez allumé le feu et vous survivrez à cette épreuve,
➥félicitations !";
yield new WaitForSeconds(5);
Application.LoadLevel("Menu");
```

Ces lignes utilisent l'objet GUI `TextHints` pour afficher à l'écran la chaîne de caractères : `"Vous avez allumé le feu…"`. La commande `yield` met ensuite le script en pause pendant cinq secondes, puis charge le niveau `Menu` du jeu, afin que le joueur puisse recommencer la partie.

Cliquez sur le bouton Play et testez le jeu dans son intégralité. Vous devez pouvoir collecter trois piles, gagner la quatrième en abattant les trois cibles à coups de noix de coco, entrer dans l'avant-poste, ramasser les allumettes et enfin allumer le feu. Le message du script précédent doit alors s'afficher et vous devez revenir à l'écran du menu principal.

Après avoir vérifié cela, arrêtez le test, puis cliquez sur File > Save Scene pour sauvegarder votre projet.

En résumé

Nous venons de voir comment apporter différentes touches de finition aux jeux. Les effets visuels, de lumière et les animations abordés ici ne font qu'effleurer la surface de ce qu'il est possible de faire avec Unity. Cependant, même si Unity permet de polir l'aspect de votre jeu afin qu'il se démarque vraiment, vous devez garder à l'esprit que ces opérations s'effectuent uniquement une fois que le gameplay de votre projet est terminé. Comme leur nom l'indique, les finitions sont un excellent moyen de finaliser un projet, mais la jouabilité doit toujours primer.

À présent que le jeu est terminé, vous verrez au prochain chapitre comment le compiler et tester différentes versions et vous apprendrez ce que recouvre ce processus de déploiement. Vous découvrirez également certaines optimisations supplémentaires et la manière de publier votre jeu en tant que développeur indépendant.

10

Compilation et partage

Afin de transformer ce simple exemple de jeu en une version de test, vous devez tenir compte des différentes plates-formes sur lesquelles il sera déployé et l'adapter à une diffusion sur le Web. La meilleure méthode pour un développeur consiste à partager son travail. Unity permet de créer différentes versions d'un jeu, à différentes tailles et avec plusieurs niveaux de compression des textures et des ressources. Vous devez également implémenter une méthode de détection de la plate-forme pour les jeux destinés au Web. En effet, certains paramètres devront être ajustés lors du déploiement en ligne, ce qui est inutile pour une application autonome.

Les versions standard et Pro de Unity permettent de créer des applications autonomes pour Mac OS et Windows, des widgets pour le *Dashboard (*Tableau de bord) de Mac OS X ou des jeux destinés aux navigateurs web (le joueur doit télécharger un plugin).

Au cours de ce chapitre, vous découvrirez de quelle manière personnaliser les ressources selon que vous créez un jeu destiné au Web ou une application autonome. Vous verrez comment :

- ajuster les paramètres BUILD SETTINGS afin d'exporter le jeu ;
- concevoir une version web et une version autonome du jeu ;

- détecter la plate-forme client pour supprimer des éléments dans le jeu destiné au Web ;
- partager les jeux avec d'autres personnes et en savoir plus sur le développement dans Unity.

Les paramètres *Build Settings*

Dans Unity, cliquez sur File > Build Settings, et observez les options disponibles. Vous devriez voir les différentes options mentionnées précédemment (voir Figure 10.1).

Figure 10.1

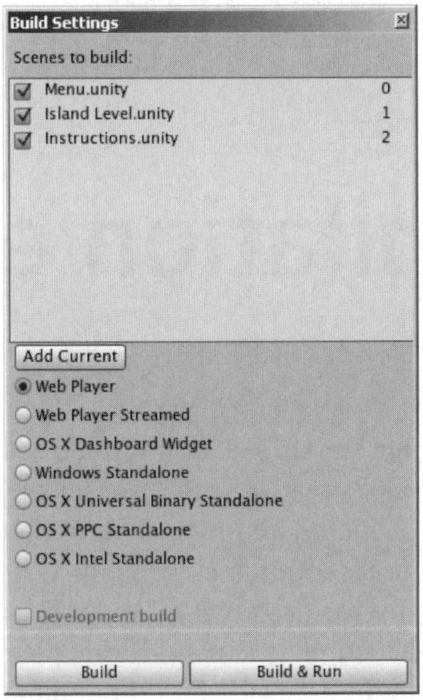

Dans la boîte de dialogue Build Settings, les créations destinées à une utilisation sous Mac OS sont marquées par le préfixe OS X, la génération actuelle de ce système d'exploitation. Plusieurs options sont disponibles car il existe différentes générations de Mac dont vous devez tenir compte : la génération précédente utilisait le processeur PowerPC tandis que la génération actuelle s'articule autour des processeurs Intel. Le paramètre Universal Binary crée un fichier binaire OS X qui peut s'exécuter aussi bien sur les anciens systèmes PowerPC que sur les nouveaux systèmes Intel. Le fichier est alors plus volumineux, puisque l'application contient dans les faits deux copies de votre jeu.

Dans notre exemple, la boîte de dialogue BUILD SETTINGS contient la liste des scènes que vous avez ajoutées au projet jusqu'à présent, à commencer par la scène MENU. Il est important que la première scène vue par le joueur soit le premier élément de la liste SCENES TO BUILD. Si votre menu ou la première scène n'est pas en tête de cette liste, faites glisser le nom des scènes vers le haut ou vers le bas pour modifier leur ordre d'apparition dans le jeu.

Commençons par examiner les différentes options et voir ce que chacune d'elles permet d'obtenir.

L'option *Web Player*

Pour diffuser sur le Web du contenu nécessitant un plugin, vous devez intégrer ce contenu en tant qu'objet qui appelle le plugin installé. Les joueurs devront télécharger le plugin pour leur navigateur web afin d'afficher les créations effectuées dans Unity, de la même manière que le contenu Adobe Flash oblige les utilisateurs à télécharger le lecteur Flash Player. L'option WEB PLAYER crée un fichier de jeu qui porte l'extension .unity3D et appelle le plugin Web Player, ainsi qu'un fichier HTML qui contient le code d'intégration nécessaire. Ce code HTML peut ensuite être intégré dans une page web de votre propre conception.

Les paramètres du lecteur web

Les lecteurs web utilisent le navigateur pour charger le code HTML contenant l'appel au plugin. Par conséquent, le navigateur sollicite déjà le processeur de l'ordinateur sur lequel le jeu s'exécute. Il est donc conseillé de réduire la résolution du jeu par rapport à celle que vous utiliseriez pour une application autonome. Le jeu de notre exemple a été conçu avec une résolution d'entrée de gamme de 1 024 × 768 pixels. Toutefois, lors du déploiement sur un site web, la taille de l'écran doit être réduite (640 × 480 par exemple). Cela permet de diminuer la charge sur le processeur car les images qu'il doit créer sont plus petites, ce qui améliore les performances.

Pour régler ces paramètres, vous devez étudier les paramètres PLAYER SETTINGS. Cliquez sur EDIT > PROJECT SETTINGS > PLAYER pour afficher les paramètres du projet dans le panneau INSPECTOR. Lors de la finalisation du jeu, votre projet se place effectivement dans un *lecteur* – qui appelle lui-même le plugin une fois sur le Web. Les paramètres PLAYER SETTINGS vous permettent de définir certains éléments que le joueur utilisera, comme la résolution de l'écran.

Figure 10.2

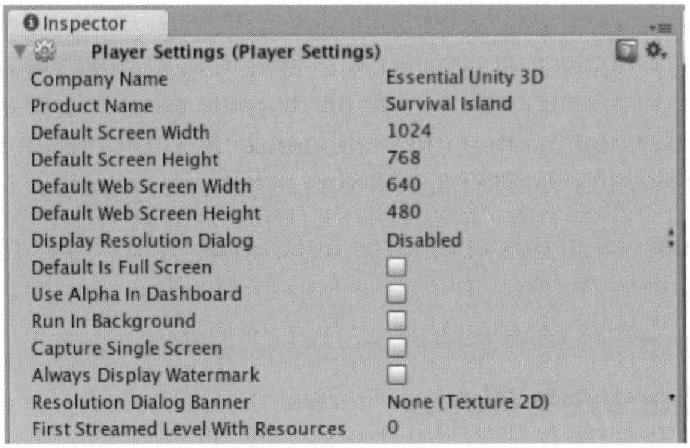

Vous devez commencer par indiquer certains détails sur votre projet. Ajoutez le nom de l'entreprise dans le champ Company Name et le nom du produit dans le champ Product Name (rien de très officiel dans notre exemple). Indiquez ensuite la largeur et la hauteur de l'écran par défaut dans les champs Default Screen Width et Default Screen height, en entrant *1024* × *768*, soit la résolution à laquelle le jeu a été conçu.

Donnez aux paramètres Default Web Screen Width et Default Web Screen Heigth les valeurs 640 et 480 respectivement (voir Figure 10.2). Le seul autre paramètre important pour le déploiement du lecteur web, First Streamed Level With Resources, permet de choisir le premier niveau sur votre liste pour lequel un ensemble de ressources doit être chargé. Vous pouvez ainsi créer des écrans de chargement dans votre jeu. Si tel est le cas, vous devez alors utiliser ce paramètre pour choisir le premier niveau qui contient les ressources à charger en indiquant son numéro sur la liste de la boîte de dialogue Build Settings.

Dans notre exemple, le premier écran (le menu) contient les ressources de l'île, si bien que vous pouvez conserver la valeur par défaut, 0, pour ce paramètre. Nous étudierons bientôt plus en détail les paramètres du lecteur lorsque vous verrez comment créer une application autonome.

L'option *Web Player Streamed*

Les utilisateurs sont généralement impatients, et il est important que vous limitiez autant que possible le temps d'attente lorsque vous créez des jeux destinés au Web. Avec l'option Web Player Streamed (lecteur web en continu), le joueur peut commencer à jouer avant que la totalité des ressources ne soit chargée – le chargement se poursuit pendant que le joueur interagit avec la première scène.

Ce facteur est absolument essentiel lorsque vous présentez votre création sur un portail de jeux comme **www.shockwave.com**, **www.wooglie.com** ou **www.blurst.com**. Pour ces sites, votre jeu doit être jouable dès que 1 Mo de données environ a été téléchargé. En acceptant ces directives, vous augmentez vos chances de voir ces sites présenter votre jeu, ce qui vous permet de toucher une plus large audience. Pour plus d'informations à ce sujet, visitez le site web de Unity.

L'option OS X *Dashboard Widget*

Sur les systèmes d'exploitation Mac OS (version 10.4 et suivantes), le Dashboard regroupe un ensemble d'outils et d'applications simples, les *widgets,* qui peuvent être affichés à tout moment en superposition sur l'écran. Unity peut publier votre jeu sous la forme d'un widget, vous offrant ainsi un autre moyen pour le diffuser. Ce type de déploiement peut être adapté pour un puzzle ou un jeu de passe-temps simple. Toutefois, cette méthode est moins adaptée à notre jeu de randonnée à la première personne.

La Figure 10.3 illustre l'aspect de notre jeu publié pour le Dashboard de Mac OS :

Figure 10.3

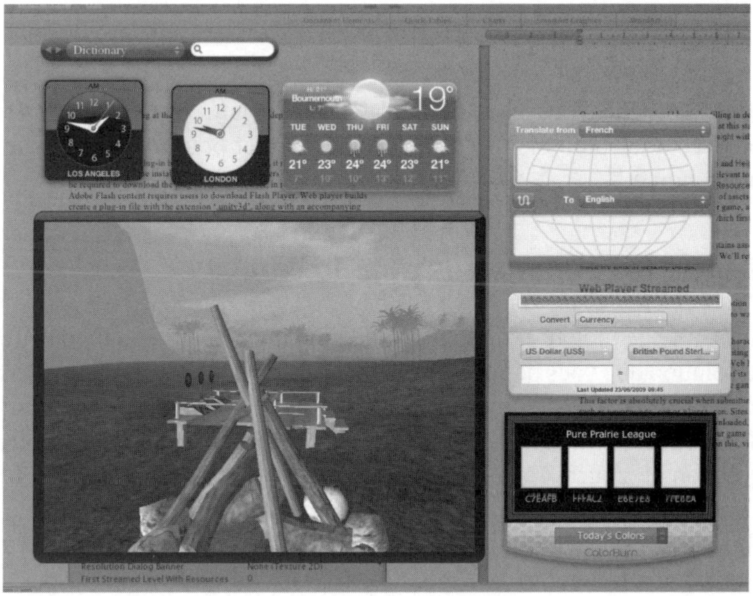

Dans l'idéal, les jeux déployés en tant que widgets doivent rester simples. Il est en effet préférable d'éviter le chargement de nombreuses données dans un widget car ce dernier reste en mémoire et le jeu se poursuit lorsque le Dashboard est activé et désactivé.

Les options OS X/Windows *Standalone*

Les applications autonomes sont des programmes à part entière qui peuvent être distribués de la même manière qu'un jeu commercial.

En créant une application autonome pour Mac OS X, vous obtenez un seul fichier applicatif qui regroupe toutes les ressources nécessaires. Sous Windows, cette option crée un dossier contenant un fichier .exe. (exécutable) et les ressources nécessaires au fonctionnement.

Une application autonome est la meilleure façon de garantir que les performances du jeu seront les meilleures, d'une part parce que les fichiers sont stockés en local et non en ligne mais aussi parce que la puissance du processeur n'est pas partiellement sollicitée par un navigateur ou par le Dashboard de Mac OS X.

Générer le jeu

Maintenant que vous êtes prêt à générer le jeu, vous devez examiner ces différentes méthodes de déploiement et adapter votre projet pour le diffuser sur le Web et en tant que jeu autonome.

Adapter les paramètres pour le Web

Dans Unity, le moteur redimensionne le monde 3D sur lequel vous travaillez en fonction de la résolution que vous définissez dans les paramètres Player Settings. Vous avez également conçu les menus de ce projet pour qu'ils s'adaptent à différentes résolutions, en utilisant la classe `Screen`, pour que les éléments de l'interface graphique se placent en fonction de la résolution en cours. Toutefois, afin d'en apprendre davantage sur la détection de la plateforme, vous allez supprimer un élément qui ne doit pas apparaître dans la version en ligne : le bouton Quit. Double-cliquez sur l'icône du script `MainMenuGUI2` situé dans le dossier Scripts du panneau Project, pour l'ouvrir dans l'éditeur de script.

Ajouter ou supprimer automatiquement le bouton Quit

Comme il s'agit d'une version du jeu destinée au Web, le bouton Quit du menu n'est pas utile. En effet, la commande `Application.Quit()` ne fonctionne pas lorsqu'un jeu Unity est exécuté dans un navigateur web. Les joueurs ferment tout simplement la page sur laquelle se trouve le jeu ou se rendent à une autre adresse lorsqu'ils ont fini de jouer. Vous devez donc retirer ce bouton du menu pour la version destinée au Web, mais sans le supprimer de votre script, puisqu'il doit être présent dans la version autonome du jeu.

Pour résoudre ce problème, vous allez utiliser une autre partie de la classe `Application` appelée `platform`, qui permet de détecter le type de déploiement (application autonome, Web ou widget du Dashboard) choisi pour le jeu.

Pour cela, vous devez ajouter la ligne suivante après l'instruction `if` :

```
if(Application.platform == RuntimePlatform.OSXWebPlayer ||
➥Application.platform == RuntimePlatform.WindowsWebPlayer)
```

Cette ligne vérifie le paramètre `platform` de la classe `Application` afin de savoir si le jeu est en cours d'exécution sous Mac OS (`OSXWebPlayer`) ou sous Windows (`WindowsWebPlayer`) – le symbole `||` signifie simplement "OU". Autrement dit, si le jeu est en cours d'exécution sur un lecteur web, le script doit réaliser une opération. Vous devez en outre combiner cette condition avec une instruction `else` car le rendu du bouton Quit doit être effectué si le jeu n'est pas déployé pour le Web.

Localisez l'instruction `if` chargée de créer le bouton Quit dans la fonction `OnGUI()` :

```
if(GUILayout.Button ("Quit")){
  Application.Quit();
}
```

Ajoutez la structure `if else` suivante, en plaçant l'instruction `if` du bouton Quit dans la section `else`. Le script doit maintenant ressembler à ceci :

```
if(Application.platform == RuntimePlatform.OSXWebPlayer || Application.platform
== RuntimePlatform.WindowsWebPlayer){
}
else{
  if(GUILayout.Button ("Quit")){
    Application.Quit();
  }
}
```

Nous avons laissé une ligne vide lorsque la condition `if` est satisfaite et placé le code du bouton Quit dans la partie `else`, afin qu'il soit créé uniquement si le script détecte que le jeu ne s'exécute pas sur le Web.

Maintenant localisez les deux instructions `if` qui procèdent au rendu des boutons Play et Instructions :

```
if(GUILayout.Button ("Play")){
  OpenLevel("Island Level");
}
if(GUILayout.Button ("Instructions")){
  OpenLevel("Instructions");
}
```

et placez-les dans la partie de l'instruction `if` que vous venez d'ajouter, afin que le script soit le suivant :

```
if (Application.platform == RuntimePlatform.OSXWebPlayer ||
➥Application.platform == RuntimePlatform.WindowsWebPlayer){
  if(GUILayout.Button ("Play")){
    OpenLevel("Island Level");
  }
  if(GUILayout.Button ("Instructions")){
    OpenLevel("Instructions");
  }
}
else{
  if(GUILayout.Button ("Quit")){
    Application.Quit();
  }
}
```

Ainsi, le script effectue le rendu des boutons Play et Instructions si la détection initiale découvre que le jeu s'exécute en ligne et le rendu du bouton Quit si le jeu n'est pas en ligne.

Mais vous avez également besoin des boutons Play et Instructions pour l'application autonome. Pour cela, copiez et collez la partie du code de ces boutons dans l'instruction `else` également. L'instruction de détection terminée doit être la suivante :

```
if (Application.platform == RuntimePlatform.OSXWebPlayer ||
➥Application.platform == RuntimePlatform.WindowsWebPlayer){
  if(GUILayout.Button ("Play")){
    OpenLevel("Island Level");
  }
```

```
    if(GUILayout.Button ("Instructions")){
      OpenLevel("Instructions");
    }
  }
  else{
    if(GUILayout.Button ("Play")){
      OpenLevel("Island Level");
    }
    if(GUILayout.Button ("Instructions")){
      OpenLevel("Instructions");
    }
    if(GUILayout.Button ("Quit")){
      Application.Quit();
    }
  }
```

Comme vous pouvez le constater, seuls les boutons Play et Instructions sont concernés dans la condition `if`, tandis que la condition `else` agit sur le rendu des boutons Play, Instructions et Quit. Cliquez sur File > Save dans l'éditeur de script puis revenez dans Unity. Le rendu du bouton Quit s'effectue automatiquement si le jeu n'est pas diffusé sur le Web.

Vous disposez maintenant d'un ensemble de ressources de scène qui peuvent être placées sur la liste des paramètres Build Settings avec le niveau Island Level pour le lecteur web Player ou Web Player Streamed.

Maintenant, voyons comment créer à la fois les versions Web et autonome du jeu.

La compression des textures et le débogage

Lorsque vous sélectionnez un système d'exploitation, Unity compresse pour vous les textures utilisées dans le jeu en fonction de leurs paramètres d'importation. Dans la plupart des cas, vous devez également désactiver l'option Development build lorsque votre jeu est prêt à être généré afin de supprimer tout le code superflu de la classe `Debug` de vos scripts – comme la commande `Debug.Log` que vous avez utilisée au Chapitre 8.

Créer une version autonome

Les versions autonomes du jeu s'ouvrent par défaut sur un écran de démarrage, la boîte de dialogue Resolution Dialog, qui permet aux utilisateurs de personnaliser la résolution du jeu, voire les paramètres d'entrée et d'affichage. En tant que développeur, vous pouvez ajouter une image dans cet écran.

La Figure 10.4 illustre l'aspect la boîte de dialogue RESOLUTION DIALOG par défaut (version Mac OS) :

Figure 10.4

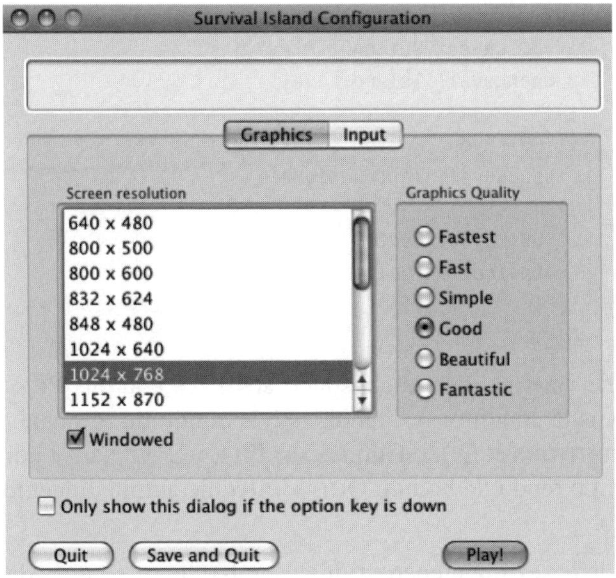

La plupart des développeurs préfèrent garder cet écran activé, car il permet au joueur de choisir la résolution et la qualité d'affichage qui correspondent le mieux à son ordinateur. Cependant, vous pouvez le désactiver si vous souhaitez forcer les utilisateurs à jouer dans une résolution en particulier.

Pour désactiver cet écran, cliquez sur EDIT > PROJECT SETTINGS > PLAYER et sélectionnez DISABLED pour le paramètre Display Resolution Dialog. Enfin, vous pouvez activer l'option DEFAULT IS FULL SCREEN pour que le jeu s'exécute obligatoirement en mode plein écran, si vous ne voulez que le jeu s'ouvre dans une fenêtre, comme c'est le cas par défaut. Néanmoins, les joueurs peuvent toujours afficher la boîte de dialogue RESOLUTION DIALOG en appuyant sur la touche Alt (aussi appelée *Option* sous Mac OS) lors du lancement de l'application (ce raccourci peut être très utile pour les versions de test).

Astuce

Pour intégrer une bannière graphique qui s'affiche dans la partie supérieure de la boîte de dialogue RESOLUTION DIALOG, vous devez enregistrer une image de 432 × 163 pixels dans votre projet, puis la sélectionner dans le menu déroulant RESOLUTION DIALOG BANNER du panneau PLAYER SETTINGS.

Cliquez sur File > Build Settings et veillez à ce que les trois scènes suivantes s'affichent sur la liste Scenes to build :

- Menu.unity
- Island Level.unity
- Instructions.unity

Info *Si une scène ne figure pas sur la liste, vous pouvez toujours la faire glisser depuis le panneau Project sur la liste Build Settings.*

Il est important que la scène Menu soit en première position sur la liste car elle doit se charger en premier. Aussi, assurez-vous qu'elle est en position 0.

La compression des textures permet au jeu de se charger plus rapidement mais la première compilation du jeu peut prendre plus de temps, car les textures sont compressées pour la première fois.

Sélectionnez le format à utiliser : Windows, pour créer une application pour Windows XP, Vista 7 et les versions suivantes, ou Mac OS – en tenant compte des processeurs PowerPC, Intel ou des deux (*universal binary*).

Cliquez sur le bouton Build au bas de la fenêtre de dialogue pour indiquer où vous souhaitez sauvegarder votre jeu. Parcourez ensuite le disque dur jusqu'à l'emplacement de votre choix, indiquez le nom du jeu dans le champ Nom du fichier ou Enregistrer sous, puis cliquez sur Enregistrer pour valider.

Attendez ensuite que Unity crée votre jeu. Différentes barres de progression indiquent que les ressources sont compressées, puis l'avancement de la compilation de chaque niveau. Une fois le processus terminé, le jeu finalisé, prêt à être utilisé, s'ouvre dans une fenêtre du système d'exploitation.

Pour lancer le jeu, double-cliquez sur l'application (Mac OS) ou ouvrez le dossier contenant le jeu, puis double-cliquez sur le fichier .exe (Windows). Gardez à l'esprit que, si vous construisez une version Windows sous Mac OS, ou *vice versa*, vous ne pouvez pas la tester en mode natif.

Unity et Unity Pro

Lorsque vous compilez un jeu avec la version gratuite de Unity, un écran portant le message *Powered by Unity* s'affiche avant le chargement du jeu (voir Figure 10.5). Ce n'est pas le cas avec la version Pro de Unity.

Figure 10.5

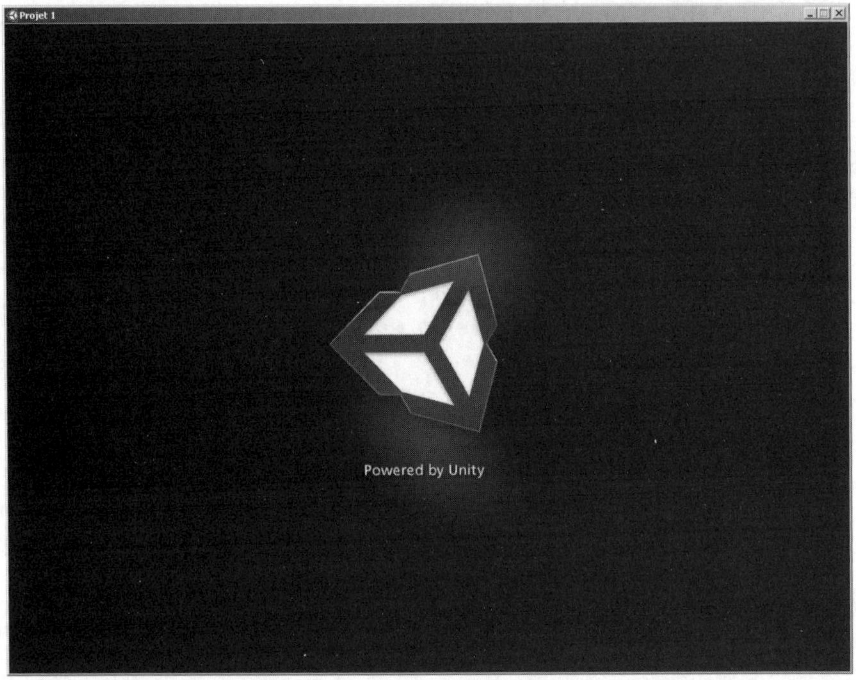

Les différences entre les deux versions, comme le manque d'ombres dynamiques dans la version gratuite, sont énumérées à l'adresse suivante :

http://unity3d.com/unity/licenses.html.

Compiler pour le Web

Dans Unity, cliquez sur File > Build Settings pour ouvrir la boîte de dialogue Build Settings, puis sur le bouton radio Web Player et, enfin, sur Build. Unity se charge des conversions et des compressions nécessaires pour créer un jeu fluide sur le Web. Et ce n'est que l'un de ses nombreux charmes !

Indiquez le nom du jeu et l'emplacement où enregistrer le fichier puis cliquez sur Enregistrer pour confirmer.

Une fois le processus terminé, le système d'exploitation affiche le dossier dans lequel le jeu est enregistré. Deux fichiers sont nécessaires pour que la compilation fonctionne : le jeu lui-même (un fichier portant l'extension `.unityweb`) et un fichier HTML contenant le script nécessaire (HTML et JavaScript) pour charger le jeu ou inviter l'utilisateur à télécharger le plugin Unity Web Player.

Pour lancer le jeu, ouvrez le fichier HTML dans le navigateur web de votre choix.

Adapter le jeu destiné au Web

Unity fournit par défaut le code HTML/JavaScript nécessaire pour intégrer le fichier `.unityweb` dans une page web. Aussi, il vous suffit de copier le script situé entre les balises `<head>` et `<body>` et de le coller dans une page web HTML/CSS de votre conception.

Le script de détection – balise <HEAD>

Ouvrez la page HTML qui accompagne le jeu compilé dans l'éditeur de script fourni avec Unity ou votre éditeur HTML favori, comme Dreamweaver, SciTE, TextMate ou Text-Wrangler. Sélectionnez tout le code de la partie `<head>` – de la balise d'ouverture `<script>` à la balise de fermeture `</script>` – puis copiez-le dans un nouveau document JavaScript. Enregistrez ensuite ce fichier sous le nom *UnityDetect.js*.

Vous pouvez ensuite sauvegarder ce fichier dans le même dossier que vos pages web et appeler ce code JavaScript dans la section d'en-tête (entre les balises `<head>`) de votre page web à l'aide de la ligne de code HTML suivante :

```
<script type="text/JavaScript" src="UnityDetect.js"></script>
```

Intégrer l'objet – balise <BODY>

Pour intégrer l'objet lui-même dans une page, copiez tout le code de la section `<body>` – de la balise d'ouverture `<script>` jusqu'à la balise de fermeture `</noscript>` puis collez cet extrait de code HTML qui appelle le lecteur de Unity dans votre propre page web.

Pour que cela fonctionne, souvenez-vous que le fichier `.unityweb` doit être dans le même dossier que la page contenant le code HTML qui l'appelle.

Les paramètres de qualité

Lors de l'exportation depuis Unity, vous pouvez contrôler la qualité de votre production. Cliquez sur Edit > Project Settings > Quality pour afficher les paramètres Quality Settings dans le panneau Inspector.

Vous pouvez choisir parmi six réglages de qualité prédéfinis : Fastest, Fast, Simple, Good, Beautiful et Fantastic. Vous pouvez également modifier ces préréglages pour obtenir des résultats plus précis. Comme vous débutez avec Unity, nous allons voir et comparer le réglage privilégiant la fluidité, Fastest, à celui qui privilégie la qualité, Fantastic.

Figure 10.6

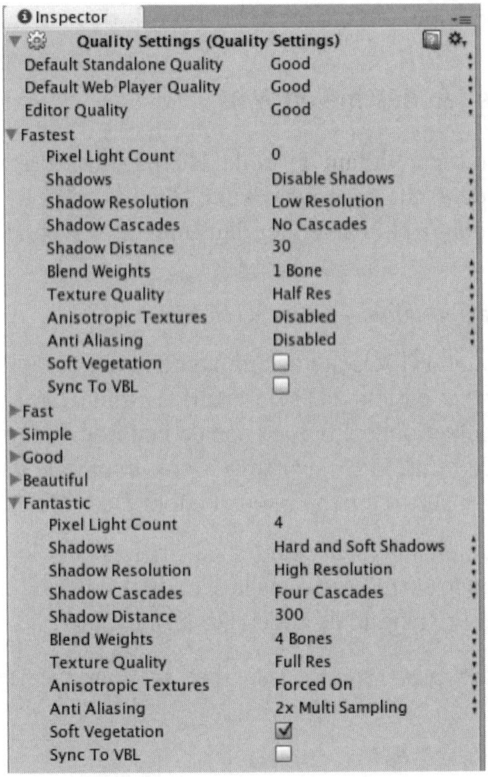

Comme vous pouvez le constater (voir Figure 10.6), les paramètres de chaque option sont définis de manière très différente :

- **Pixel Light Count.** Le nombre de lumières au pixel qui peut être utilisé dans une scène. Le rendu des lumières dans Unity s'effectue sous la forme d'un pixel ou d'un sommet, un processus qui améliore l'aspect des pixels mais qui est plus coûteux pour le processeur. Ce paramètre Pixel Light Count permet de définir le nombre de lumières au pixel (les autres lumières étant rendues comme des lumières au sommet). C'est pourquoi il est défini sur 0 dans le réglage prédéfini Fastest, avec lequel la qualité est la moins élevée.
- **Shadows.** Cette fonctionnalité est seulement effective dans la version Pro de Unity. Elle permet d'indiquer que le jeu ne doit pas utiliser les ombres dynamiques mais les ombres aux contours durs seulement ou les ombres aux contours durs et adoucis (les deux niveaux de qualité de l'ombre).

- **Shadow Resolution.** Ce paramètre, effectif, lui aussi, uniquement dans Unity Pro, permet de définir la qualité du rendu des ombres. Cela peut être utile pour améliorer les performances lorsque plusieurs objets ont des ombres dynamiques dans la scène – choisir une basse résolution permet d'optimiser les ombres sans les désactiver entièrement.
- **Shadow Cascades.** Unity Pro profite de Cascade Shadow Maps pour améliorer l'aspect des ombres sur les lumières directionnelles dans la scène en utilisant la même carte pour les ombres sur des zones plus importantes en fonction de la distance. Les zones les plus proches de la caméra du joueur ont une carte d'ombres plus détaillée, ce qui améliore la qualité.
- **Shadow Distance.** Analogue au paramètre FAR CLIP PLANE, qui limite la distance de rendu de la caméra, ce paramètre est un autre niveau de réglage des détails. Il peut être utilisé pour définir la distance après laquelle le rendu des ombres n'est pas effectué.
- **Blend Weights.** Sert lorsque des personnages disposent d'une ossature d'animation, en contrôlant son niveau de complexité. Unity Technologies conseille d'utiliser l'option 2 BONES pour obtenir un bon compromis entre performance et qualité visuelle.
- **Texture Quality.** Comme son nom l'indique, ce paramètre définit l'importance de la compression des textures.
- **Anisotropic Textures.** Le filtrage anisotropique peut contribuer à améliorer l'apparence des textures vues sous un angle prononcé, comme les collines, mais le coût en termes de performances est important. Gardez à l'esprit que vous pouvez également configurer le filtrage de chaque texture dans les paramètres IMPORT SETTINGS des ressources.
- **Anti Aliasing.** Pour adoucir les contours des éléments en 3D, ce qui améliore considérablement l'aspect du jeu. Comme pour les autres filtres cependant, le coût est élevé.
- **Soft Vegetation.** Permet aux éléments de terrain de Unity, comme la végétation et les arbres, d'utiliser le paramètre ALPHA BLENDING. Cela donne un meilleur aspect aux zones transparentes des textures utilisées pour représenter la végétation.
- **Sync to VBL.** Ce paramètre force le jeu à se synchroniser avec le taux de rafraîchissement du moniteur du joueur. En général, cela entraîne une dégradation des performances mais permet d'éviter l'effet de "déchirure" entre les éléments dans le jeu : les sommets semblent mal alignés si bien que les textures s'affichent décalées et séparées par une coupure horizontale.

Vous pouvez modifier ces réglages prédéfinis si cela apporte un avantage pour le joueur, puisque ce dernier aura la possibilité de les redéfinir dans la boîte de dialogue RÉSOLUTION DIALOG (voir la section "Créer une version autonome" de ce chapitre) lors du lancement du jeu, à moins que vous n'ayez désactivé cette option. Toutefois, nous vous conseillons, dans la plupart des cas, d'utiliser les réglages prédéfinis de Unity comme guides et de simplement ajuster certains paramètres en particulier, si cela est nécessaire.

Les paramètres d'entrée du lecteur

Bien que le joueur puisse ajuster les contrôles d'entrée de votre jeu sous l'onglet INPUT de la boîte de dialogue RÉSOLUTION DIALOG (voir Figure 10.7) lorsqu'il s'agit d'une application autonome, sachez que vous pouvez définir vos propres valeurs de contrôle par défaut dans les paramètres Player Input Settings. C'est particulièrement utile pour les jeux destinés au Web, car le joueur ne peut alors pas modifier ces paramètres lors du chargement du jeu. Il est donc préférable que vous les définissiez et les indiquiez au joueur dans l'interface graphique du jeu.

Figure 10.7

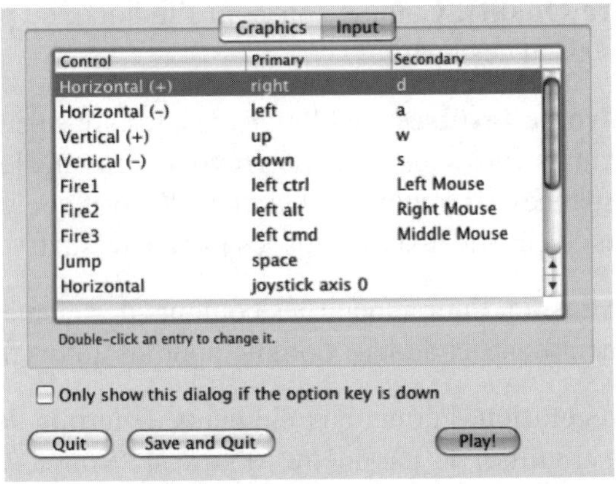

Dans Unity, cliquez sur EDIT > PROJECT SETTINGS > INPUT pour afficher les axes de contrôle disponibles dans le panneau INSPECTOR. La valeur Size indique simplement le nombre de contrôles existants. En augmentant cette valeur, vous pouvez créer vos propres contrôles. Vous pouvez également cliquer sur la flèche grise à gauche de chaque paramètre d'entrée pour afficher les axes disponibles et ajuster leurs valeurs.

Figure 10.8

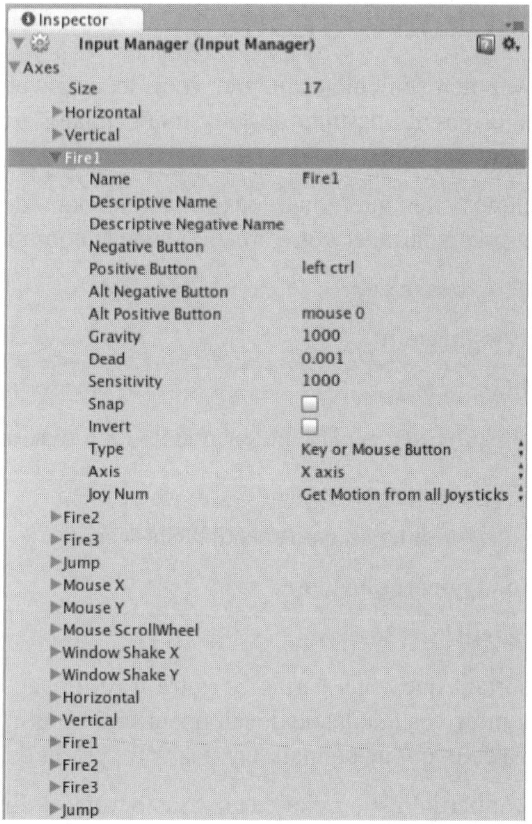

Vous pouvez voir comment lier ces axes dans le script `CoconutThrow` que vous avez écrit plus tôt :

```
if(Input.GetButtonUp("Fire1")
```

Ici, l'axe `Fire1` est référencé par son nom. En changeant la valeur du paramètre Name dans les paramètres d'entrée, vous pouvez définir ce qui doit être écrit dans le script. Pour plus d'informations sur les touches que vous pouvez lier à ces paramètres, reportez-vous à la page Input du manuel de référence de Unity disponible à l'adresse suivante :

http://unity3d.com/support/documentation/Manual/Input.html.

Diffuser votre création

Vous pouvez non seulement intégrer votre lecteur web dans votre propre site, mais aussi passer par différents portails de jeux indépendants qui permettent aux développeurs de partager leurs travaux.

Voici quelques sites que nous vous recommandons de visiter au moins une fois lorsque vous serez prêt à partager votre création avec la communauté en ligne :

- **www.shockwave.com**
- **www.wooglie.com**
- **www.blurst.com**
- **www.tigsource.com** (The Independent Gaming source)
- **www.thegameslist.com**
- **http://forum.unity3d.com** (section Showcase)
- **www.todaysfreegame.com**
- **www.learnUnity3d.com**

Il est important que vous partagiez votre travail avec d'autres personnes, non seulement pour démontrer vos talents de développeur, mais aussi pour avoir leur avis sur votre jeu et permettre à ceux qui ne connaissent pas votre projet de tester son fonctionnement.

Ce retour impartial est crucial car il vous permet d'éliminer les bogues et de corriger les parties de votre jeu dont le fonctionnement ou le but, évidents pour vous, se révèlent peu intuitifs pour le joueur ordinaire.

Sachez également que certains sites ne pourront pas héberger votre jeu au format `.unityweb` mais seront prêts à indiquer un lien vers votre propre blog qui intègre le jeu ou sur lequel une version autonome peut être téléchargée.

En résumé

Vous avez vu comment exporter votre jeu sur le Web et en tant qu'application autonome. En conclusion, nous allons revoir tout ce que nous avons abordé au cours de ce livre et nous vous indiquerons comment améliorer vos compétences et où chercher de l'aide pour vos futurs développements dans Unity.

11

Procédures de tests et lectures complémentaires

Nous avons abordé tout au long de cet ouvrage les sujets essentiels pour vous aider à développer avec le moteur de jeu Unity. Vous découvrirez que chaque nouvel élément de jeu que vous développerez dans Unity vous offrira de nouvelles possibilités d'améliorer vos connaissances. Mieux vous connaîtrez le fonctionnement des scripts et plus vous aurez des idées et des concepts de jeux. Au cours de ce chapitre, nous allons voir :

- comment tester et finaliser votre travail ;
- comment mesurer le nombre d'images par seconde pour les testeurs ;
- où trouver de l'aide sur Unity et ce que vous devez étudier ensuite.

Pour améliorer vos compétences, vous devriez prendre le temps d'approfondir vos connaissances dans les domaines suivants :

- le script ;
- le script ;
- le script.

Ce n'est pas de l'humour ! Unity s'enorgueillit d'offrir une interface graphique et des outils intuitifs permettant de créer des scènes et des objets de jeu et de développer des jeux d'une manière visuelle, mais vous devez absolument apprendre les classes et les commandes qui constituent le moteur de Unity lui-même.

En lisant le manuel de Unity, ainsi que les guides de référence *Component Reference* et *Script Reference*, qui s'installent avec le programme Unity et sont également disponibles en ligne, vous verrez quelles sont les meilleures méthodes pour créer tous les types d'éléments de jeu. Elles peuvent ne pas s'appliquer à votre projet en cours mais elles devraient vous aider à travailler plus efficacement sur le long terme :

- le manuel de référence des composants (**http://www.unity3d.com/support/documentation/Components/**) ;
- le manuel de référence des scripts (**http://www.unity3d.com/support/documentation/ScriptReference/**) ;
- le manuel de Unity (**http://www.unity3d.com/support/documentation/Manual/**).

Les tests et la finalisation

Pour le développement d'un jeu, il est particulièrement important de le faire tester par des utilisateurs qui n'ont aucune idée préconçue. Quel que soit votre projet, vous devez rester objectif, être ouvert aux critiques et considérer les tests comme une nécessité technique. En tant que développeur, vous connaissez les principes et les mécanismes de votre jeu, si bien que vous êtes souvent incapable de voir "l'arbre qui cache la forêt" et d'envisager les réactions des joueurs.

Les tests publics

Lorsque vous voulez faire tester votre jeu, envoyez des versions de test à différentes personnes capables de vous fournir en retour les informations suivantes :

- La configuration de leur ordinateur : veillez à ce que votre jeu soit testé sur des machines différentes afin d'en savoir plus sur les performances du jeu.
- Le format : essayez d'envoyer une version de test pour Mac OS et Windows chaque fois que c'est possible.
- La langue : vos testeurs parlent-ils tous la même langue que vous ? Peuvent-ils vous dire si vous expliquez convenablement les éléments du jeu dans les interfaces ?

On appelle version *bêta* la version publique du jeu proposée à plusieurs testeurs – la version *alpha* étant la version de test que d'autres développeurs et vous-même testez. En formalisant ce processus, vous pouvez obtenir des retours très utiles. Pour cela, établissez un questionnaire commun pour tous les testeurs afin de connaître leur avis sur le jeu mais également afin de recueillir des informations sur chacun d'eux en tant que joueur. De cette façon, vous pouvez tirer certaines conclusions sur votre jeu. Par exemple :

> *"Les joueurs de 18 à 24 ans comprennent le but du jeu et aiment ses mécanismes mais les joueurs de plus de 45 ans ne comprennent pas ce qu'ils doivent faire sans lire les instructions."*

en plus des informations techniques suivantes :

> *"Les joueurs dont le processeur a une fréquence inférieure à 2,4 GHz trouvent que le jeu réagit lentement."*

Le nombre d'images par seconde

Afin que les testeurs de votre jeu puissent vous fournir des informations précises sur les aspects techniques, comme le nombre d'images par seconde (la vitesse à laquelle les images du jeu s'affichent pendant l'exécution), vous pouvez ajouter un élément d'interface graphique indiquant cette valeur.

Nous ajouterons cette indication dans une scène à travers un exemple concret. Ouvrez la scène pour laquelle vous souhaitez afficher le nombre d'images en superposition, puis cliquez sur GameObject > Create Other > GUI Text pour créer un nouvel objet GUI Text qui affiche ces informations. Renommez cet objet *FPS Displayer*, puis définissez le paramètre Anchor sur upper center et le paramètre Alignment sur center dans le composant GUIText du panneau Inspector.

Sélectionnez le dossier Scripts dans le panneau Project, cliquez sur le bouton Create et sélectionnez JavaScript dans le menu déroulant. Renommez ce script *FPSdisplay* puis double-cliquez sur son icône pour l'ouvrir dans l'éditeur de script.

Comme le nombre d'images par seconde du jeu varie selon la configuration matérielle et logicielle, vous devez effectuer une somme qui tienne compte du nombre d'images qui sont rendues dans le jeu à chaque seconde. Pour commencer, déclarez les variables suivantes au début du script :

```
private var updatePeriod = 0.5;
private var nextUpdate : float = 0;
private var frames : float = 0;
private var fps : float = 0;
```

Ces quatre variables sont déclarées pour les raisons suivantes :

- updatePeriod. Le nombre de fois par seconde où le texte de l'interface graphique doit être mis à jour, et donc la période pendant laquelle le script évalue le nombre d'images rendues. Avec une valeur de 0.5, le texte est actualisé chaque demi-seconde, ce qui permet au testeur de le lire facilement – avec une valeur inférieure, le chiffre serait mis à jour trop souvent pour être lu aisément. Avec une valeur supérieure, une seconde par exemple, le résultat serait moins précis, car la fréquence des images peut varier considérablement en une seule seconde.
- nextUpdate. Cette valeur stocke le moment où vous devez vérifier et mettre à jour le nombre d'images par seconde.
- frames. Un numéro incrémenté à chaque image qui stocke la quantité d'images qui ont été rendues.
- fps. Stocke le nombre d'images par seconde. Cette valeur correspond au nombre d'images courant et s'obtient en divisant la valeur de la variable frames par la variable updatePeriod.

Insérez ensuite le code suivant dans la fonction Update() :

```
frames++;
if(Time.time > nextUpdate){
  fps = Mathf.Round(frames / updatePeriod);
  guiText.text = "Images par seconde : " + fps;
  nextUpdate = Time.time + updatePeriod;
  frames = 0;
}
```

Ce script effectue les opérations suivantes :

- La variable frames s'incrémente de 1 chaque fois que la fonction Update() s'exécute (après chaque image).
- L'instruction if attend que la valeur de Time.time – qui décompte en réel le temps écoulé depuis le début du jeu – soit supérieure à la valeur de la variable nextUpdate. Comme nextUpdate a une valeur de 0 au lancement du jeu, cela se produit immédiatement après le chargement de la scène dans laquelle ce script se trouve.
- Cette instruction if définit ensuite si la variable fps est égale à une valeur arrondie du décompte des images divisée par la valeur de updatePeriod, afin d'obtenir un chiffre entier du nombre d'images par seconde et non par demi-seconde – la valeur de 0.5 de la variable updatePeriod.
- Le script s'adresse au paramètre text du composant guiText et lui donne comme valeur la chaîne de caractères "Images par seconde :" suivie de la valeur de la variable fps.

- La valeur de la variable `nextUpdate` est définie comme égale à la somme de la valeur actuelle de `time` et de la variable `updatePeriod`. C'est essentiel pour que l'instruction `if` s'exécute de nouveau une demi-seconde plus tard.
- Enfin, la variable `frames` est réinitialisée pour que l'évaluation puisse recommencer à partir de zéro.

Insérez maintenant la ligne suivante après la fermeture de la fonction `Update()`, afin de vous assurer que vous attachez ce script à un objet disposant d'un composant GUIText :

```
@script RequireComponent(GUIText)
```

Cliquez sur File > Save dans l'éditeur de script puis revenez dans Unity. Assurez-vous que l'objet FPS Displayer est toujours sélectionné dans le panneau Hierarchy, puis donnez la valeur 0,9 ou 1 à son paramètre Position Y. Cliquez ensuite sur Component > Scripts > FPS display. Testez ensuite votre scène. L'objet GUI Text indiquant le nombre d'images par seconde s'affiche en haut de l'écran.

Votre jeu se comporte différemment en dehors de l'éditeur de Unity. Par conséquent, vous devez tenir compte uniquement des mesures qu'affiche l'objet FPS Displayer après avoir compilé le jeu, qu'il s'agisse d'une version destinée au Web ou d'une application autonome. Demandez ensuite aux testeurs de noter les valeurs maximales et minimales afin de disposer de données utilisables. Demandez également si certaines parties de votre jeu, comme les animations complexes de particules, ne sont pas particulièrement exigeantes. Demander des relevés distincts peut être intéressant lorsque ces éléments sont actifs.

Comme le jeu fonctionne différemment à l'intérieur et en dehors de l'éditeur de Unity, les valeurs affichées dans le jeu seront différentes de celles données dans l'onglet Stats du panneau Game (voir Figure 11.1).

Figure 11.1

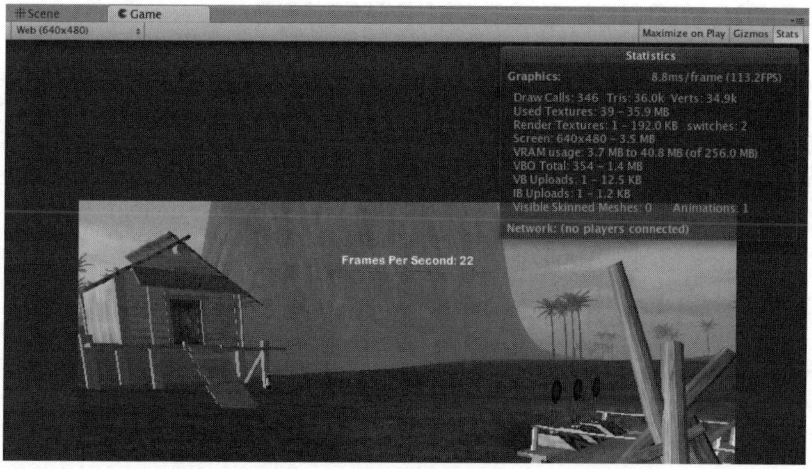

L'amélioration des performances

L'amélioration des performances de votre jeu en fonction des tests est un domaine d'étude à part entière. Cependant, nous vous conseillons de tenir compte des points suivants pour vos développements futurs :

- **Le nombre de polygones.** Les modèles 3D que vous importez doivent être conçus avec un nombre restreint de polygones (appelés aussi modèles *low poly*). Vous devez donc essayer de simplifier vos modèles autant que possible pour améliorer les performances.
- **La distance d'affichage.** Pensez à réduire la distance du paramètre FAR CLIP PLANE pour vos caméras afin que le jeu effectue le rendu d'une quantité moindre de terrain.
- **La taille des textures.** Intégrer des textures en haute résolution peut améliorer la clarté visuelle, mais elles sollicitent également davantage le moteur du jeu. Essayez de réduire leur taille autant que possible, en utilisant votre logiciel de retouche d'image et en ajustant les paramètres d'importation de vos ressources.
- **Des scripts efficaces.** Il existe plusieurs façons différentes d'écrire un script, aussi vous devez adopter la méthode la plus efficace. Commencez par lire le guide en ligne d'optimisation des scripts dans Unity (**http://unity3d.com/support/documentation/ScriptReference/index.Performance_Optimization.html**).
- **La présentation vidéo.** Regardez cette présentation sur l'optimisation des performances de Joachim Ante, le programmeur en chef de Unity Technologies (**http://unity3d.com/support/resources/unite-presentations/performance-optimization**).

Les méthodes d'apprentissage

Au fur et à mesure que vous progresserez, vous aurez besoin de développer une méthode d'étude. Sachez quand persévérer dans vos recherches pour trouver la solution par vous-même et quand demander de l'aide aux développeurs plus expérimentés. Si vous suivez les conseils présentés ci-après, vous devriez pouvoir aider les autres membres de la communauté au fur et à mesure que vous améliorez vos connaissances.

Couvrir le plus de bases possible

Il est fréquent de devoir apprendre un nouveau logiciel ou un nouveau langage de programmation dans un certain délai, que cela soit dans le cadre de votre travail ou en indépendant. Cela peut souvent conduire à une approche qui consiste uniquement à apprendre le strict nécessaire. Mais cette méthode se révèle souvent nuisible à long terme, car elle crée de mauvaises habitudes que l'on conserve ensuite – à tel point qu'on en arrive à utiliser des méthodes inefficaces.

C'est pourquoi nous vous conseillons de prendre le temps de lire la documentation officielle chaque fois que vous le pouvez. Même si vous êtes bloqué sur un problème de développement en particulier, elle peut souvent vous aider à le considérer sous un jour différent.

Ne pas hésiter à demander de l'aide

Il est également utile d'observer la manière dont les autres développeurs procèdent pour créer un élément de jeu. Vous découvrirez qu'il existe souvent plusieurs méthodes pour aborder le même problème (voir l'ouverture de la porte de l'avant-poste au Chapitre 5, "Éléments préfabriqués, collections et HUD"). Il est souvent tentant de recycler les compétences acquises pour résoudre un problème précédent, mais nous vous conseillons toujours de vérifier plusieurs fois que la méthode choisie est la plus efficace.

En demandant des informations sur le forum ou sur le canal IRC (*Internet Relay Chat*) de Unity, vous pourrez dégager un consensus sur la manière la plus efficace d'effectuer une tâche de développement en particulier – le plus souvent pour découvrir que votre première approche du problème était beaucoup plus complexe que nécessaire.

Lorsque vous sollicitez de l'aide, n'oubliez pas d'indiquer chaque fois que possible :

- Ce que vous essayez d'obtenir.
- Quelle approche vous semble la meilleure.
- Ce que vous avez essayé jusqu'à présent.

Ces informations permettront aux autres de vous aider le mieux possible. Pour que les réponses soient adaptées à votre problème, dévoilez autant d'informations que possible, même si vous pensez qu'elles n'ont pas d'importance.

La communauté Unity encourage l'apprentissage par l'exemple. Les sites tiers basés sur des wikis (**www.unifycommunity.com/wiki**) contiennent de très nombreux exemples de scripts et de plugins, de didacticiels, et bien plus encore. Vous trouverez des extraits de code utiles, libres de droits, pour compléter les exemples de scripts dans le manuel de référence et même des informations sur la façon d'implémenter ce code grâce à des didacticiels.

En résumé

Vous avez vu comment dépasser le cadre de cet ouvrage et comment recueillir des informations auprès des testeurs pour améliorer votre jeu.

Il ne nous reste plus qu'à vous souhaiter bonne chance pour vos développements futurs dans Unity. Toutes les personnes qui ont contribué à la création de cet ouvrage vous remercient de l'avoir lu et espèrent que vous l'avez apprécié – ce n'est que le commencement !

Index

G

H

I

J

L

M

O

P

R

S

Dépôt légal : juin 2010
IMPRIMÉ EN FRANCE

Achevé d'imprimer le 18 juin 2010
sur les presses de l'imprimerie « La Source d'Or »
63039 CLERMONT-FERRAND
Imprimeur n° 10575